U0126661

佛教的當代判釋的對話詮釋

吳汝鈞等著

臺灣 學生書局 印行

序

　　這是我又一次替國立中央大學中文研究所和哲學研究所開設的一門課的錄音記錄，包括同學的報告、我的回應和同學的提問，其中以我的回應所佔的篇幅最多，有時多得不成比例。上課是採取對話方式的，我先為同學擬好各自的探討題材，讓他們依序作報告，我則在報告之際提出回應，這包括補充、修正、質疑、新觀念和新問題的提醒。同學方面也會提出問題，師生大家一起討論。整個程序的氣氛是輕鬆的，大家都不感到壓力，能夠自由地發言，但態度還是挺認真的。遇到一些關鍵性的、重要的概念和問題，都抓得很緊，不輕易放過。每一期講課完畢，有關的同學各自回家整理錄了音的逐字稿，由我全部看過，作了一些修改與補充，整理成書稿，拿去出版。前此已出版了《當代新儒學的深層反思與對話詮釋》、《禪的存在體驗與對話詮釋》和《道家詮釋學與純粹力動現象學》等，都是由臺灣學生書局出版的。

　　這次所講授的一門課名為「佛教的當代判釋的對話詮釋」，以我在去年出版的《佛教的當代判釋》（臺灣學生書局，2011）一書作為主要材料，選擇其中有關部分來作討論。由於原書篇幅龐大，每學期只能集中在佛教的幾個教派來處理。這第一次處理的是佛教判教的基本判準、原始佛教的中道思想和淨土宗思想並京都學派對

它的開拓。全書估計需要四個學期才能講完。負責報告佛教判教的基本判準的是中央大學哲學研究所的博士生瞿慎思君,報告原始佛教的中道思想的是中央大學中文研究所的博士生張雅評君,玄奘大學宗教研究所的碩士生林美惠君則報告淨土思想與京都學派的開拓。另外有幾位同學是旁聽的,他/她們是:玄奘大學宗教系碩士生薛錦蓮君、淡江大學中文研究所碩士生張惟智君、在中央研究院中國文哲研究所作博士後研究的趙東明君和去年在中央大學中文研究所獲得碩士學位的許家瑞君。他們的表現都很好,特別是那些做逐字稿的同學。至於緒論則是我另外講的,由瞿慎思君記錄。

　　作學術性的研究是很辛苦的。特別是佛學研究,除了要修讀現代的語文外,還要學習那些古典語文,如梵文、巴利文、藏文之類。打從大學三年級開始,我自己便立下做學術研究的決定。迄今四十五年了,幾乎每日都與學術研究為伍,無日無之。在這幾十年中,聽過很多學者和哲學家的講課和演講,幾乎沒有一次有輕鬆之感。只是有一門課是例外,那是多年前在加拿大 McMaster 大學修的研究生課,課程名為「道德與宗教」(Morality and Religion),由三位教授主持,他們是 J. H. Nota、J. R. Robertson 和 G. Vallée。另外又有一些來自別的大學的教授參予。在開課之始,他們三人把我們召集在一起,擬定一些題材,讓我們各人選一項,回家閱讀有關資料,然後做報告,在講課時宣讀和闡釋。三位教授分別發言,對各人的報告提出回應,然後又向即場作報告的同學提出多方面的問題,要他即時回應。毫無疑問,我們每人都要在上課之先閱讀大量有關資料,包括亞里斯多德(Aristotle)、聖湯瑪斯(St. Thomas Aquinas)、康德(I. Kant)、柏格森(H. Bergson)、謝

勒（M. Scheler）等大哲的著作。這是一個很好的多元性的聚合，讓人留下深刻的印象。我在中央大學的講課方式，靈感基本上來自這一有關道德與宗教的課程。

另外一點是，為了培養一種自然的、即興的氣氛，在每次講課中，我都未有預先閱讀同學交來的報告，這讓我有每一講課都是一新的開始的感覺。我的回應都是即時的、自由自在的，這讓我更容易融入和同學討論的、對話的氣氛之中。

最後一點也是最重要的一點是，我一向替中央大學開課，有一個用心或目標，是引導同學如何去處理哲學的概念、觀念與問題，在思考方法上用功夫，俾能成為一個具有嚴格的理論意識與解析問題的能力的學者。在這個考量下，我對同學的報告的回應的問題點的偏重，有時便與其他學者的做法不同。例如對於「中道」一觀念或問題的解析，很多時是參照佛教邏輯中的「觀離」（apoha）的做法進行，透過對正面論題或概念的否定來突顯某一關鍵性的義理，例如通過雙邊否定亦即是「非有非無」的思考來闡釋中道的要義。這與佛學以至印度哲學的遮詮的表達方式也是相應的。又如在說到委身他力的淨土思想方面，對親鸞的淨土思想闡釋得較簡單，反而對京都學派在相關方面的發揮與開拓，用上較多的篇幅。這是由於親鸞的淨土思想全在於工夫實踐方面，在義理上是沒有甚麼東西可探究的。京都學派則善巧地運用了西方哲學的思考模式以展現、突顯淨土宗的要義，如西田幾多郎處理悲哀問題，田邊元發揮懺悔觀點和西谷啟治說身土不二的關係和情意的空觀，都有典範的意義，很具啟發性。關於這點，希望讀者垂注。

關於參考書目，由於上提拙著《佛教的當代判釋》各章後面都

有詳細交代相關資料，此書不擬重複。

吳汝鈞　2012.7.12 於中研院

佛教的當代判釋的對話詮釋

目　次

緒論：佛教全面的發展

釋迦牟尼（Śākyamuni）創立佛教，在印度北部發展，然後也在南部發展。在南部發展的流派盛行於南印度，到錫蘭，再到東南半島，除了越南，成了所謂的小乘佛教（Hīnayāna）。最近兩三百年，歐洲人到亞洲殖民，把一些本來不是他們的土地、國家收進來，看成為殖民地。在這種情況下，他們需要多瞭解東南亞，包括馬來西亞、蘇門答臘、婆羅洲、爪哇那些地方。因此要研究它們的文化，特別是宗教，另外也包括語言。在歐洲，特別是在北歐丹麥，流行一種小乘的學術研究。這種研究傳統一直到現在還是保留著，特別是語言方面。因為小乘佛教使用的語文是巴利文（pāli），所以在歐洲不少佛學研究中心或是大學的宗教系，都有巴利文的課程，而佛學就有開設南傳佛教或小乘佛教的課程。小乘佛教（Hīnayāna）就是南傳佛教。

以前我跟英國劍橋大學一位教授有些來往，他現在可能已經退休了，名字是 Richard Gombrich，他就是研究南傳佛教的學者，成績很好。

至於大乘佛教（Mahāyāna），在釋迦牟尼創教時，沒有大小乘的分別。釋迦自己也不想立很多派別。只是要把佛教的關鍵性思想、觀點：緣起性空，這方面的基本宗教的或者是哲學的觀點建構

起來。因此，釋迦或原始佛教，本來是沒有大乘、小乘的分別的。

小乘的有部或說一切有部（Sarvāsti-vāda）是較有勢力的學派，強調客觀世界的存在性，可是不承認生命存在有實在性，所以他們提出「法有我空」這方面的義理。現代很多學者都研究這問題：說一切有部的法有我無觀點。其實這種思想背離了釋迦牟尼的本懷。因為釋迦牟尼講「我法二空」，我跟存在世界都是空的。說一切有部是佛教裏很不同的宗派，它的觀點是實在論（Realism），像羅素（B. Russell）、摩爾（G. E. Moore）等分析哲學家的立場。佛教裏特別是大乘佛教，沒有實在論這種思想。因為它是直接跟「緣起性空」的基本立場對反的。不過，有人可能提經量部（Sautrāntika），視之為較溫和的實在主義。

佛教本來是在釋迦牟尼活動的地方慢慢擴展，向南擴展的是小乘佛教，向北是大乘佛教，主要有中觀學（Mādhyamika）與唯識學（Vijñāna-vāda）。前者的創始人是龍樹（Nāgārjuna），強調性空一面，後者則由無著（Asaṅga）和世親（Vasubandhu）兩兄弟開出，強調緣起一面。傳到中國、中土，開拓出所謂漢傳佛教。東漢時代開始傳進來，經過三國時代、南北朝、隋唐以下，領域發展越來越大，在義理上有更深、更廣的開拓。

大乘佛教從印度傳過來，發展為中國佛教，基本上在緣起性空上守得很緊，絕對不能動。因為中國人比較重視人的主體性，重視一種主體的世界。從外面講，就是說，做為一個有機的主體怎麼去證成終極真理；然後，在我們生命裏面來講，強調佛性（buddhatā），相當於印度佛學後期發展起來的如來藏（tathāgatagarbha）、自性清淨心。他們以為外面的絕對真理，通

常我們說「空」這種字眼，「空」、「真如」這方面的絕對真理跟生命裏的佛性是相通的，是同一的。有內外不同的發展，可是它們主要的內容與本質是同一的。所以這才讓天台宗的智者大師在隋唐的年代提出中道佛性來講終極真理，表示佛性跟終極真理是一。終極真理是中道，與我們內心的主體性、佛性，是一，不是二。結果他就發展出兩個字集中在一起的名相，就是「中道佛性」。當然還有其他教派：華嚴、禪。華嚴派以法藏或賢首大師為主，禪宗則由菩提達摩或達摩（Bodhidharma）至慧能而大盛。這三派最具有中國人思考的特色。在它們以前，也有一些，主要都是僧人在傳播、吸收從印度傳過來的佛教思想。最早是僧肇、竺道生，然後是吉藏。他們三位都是很了不起的佛門中人。僧肇所傳的是般若思想，就是《心經》（*Hṛdaya-sūtra*）、《金剛經》（*Vajracchedikā-sūtra*）那些文獻所代表的思想，強調空的概念，所以就有「不真空」的觀念，這也是一種複合概念。他的《肇論》裏面，有一篇〈不真空論〉，寫得非常精采。而且他能夠內在的承繼龍樹的中道（madhyamā pratipad）思想，那種空的思想。同時竺道生又出現，他專門發揚佛性這方面的思想。

再來到隋代，吉藏提出二諦論：俗諦跟真諦。具有中國思想特色的三個大宗派：天台、華嚴、禪以外，在它們以前也有人在佛教思想這方面發展。基本上保留印度佛學原本的內容。僧肇跟吉藏是三論宗裏面重要的人物，他們走般若思想和中觀學的路向。竺道生則是涅槃宗的開宗人物，以提出一切眾生皆有佛性的觀點而為人所留意。他們的思想在印度都有根源。三論宗就是以三本論典為基本文獻，是《中論》（*Madhyamaka-kārikā*）、《百論》、《十二門

論》（*Dvādaśamukha-śāstra*）這幾本書。竺道生思想的來源是《涅槃經》（*Parinirvāṇa-sūtra*）。發揚二諦學說的吉藏，也是在中國佛教界的三論宗宗師級的人物。另外三論宗又講《大智度論》（*Mahāprajñāpāramitā-śāstra*），視為龍樹的重要著作。但有關作者的問題（arthorship），一直都為國外學者所質疑，迄今仍未有定論。這基本上就是佛教在中國的發展。

在天台、華嚴、禪這幾個學派以外，還有另外一些學派，其根源也是可以推溯到印度方面，其中最普及的是淨土宗，在印度有龍樹和世親，在中國，也有一些重要的人物，像道綽、曇鸞這些人物。

到了唐代唐太宗以後，其他兩個大的宗派：天台、華嚴發展的情況不是很理想，看不到一些有原創性的論著出現。主要的發展就是禪宗，由慧能開拓的禪這種佛教的派別，繼續流傳下來。禪的發展歷史很難弄得清楚，因為它基本的態度是像達摩所說的，「教外別傳，不立文字，直指本心，見性成佛」。他們對文本、對理論、概念的開拓興趣不大；卻重在實踐修行。他們裏面也有不同的派別。禪宗雖然是大宗派，一般人講到禪宗，總是會提兩個人，一位是達摩（Bodhidharma），一位是六祖，如上面所提及。可是這裏面，如果我們從哲學觀點看禪宗的發展，雖然大家以禪宗標榜自己是這樣的人，可是從思想發展方面來看，禪宗至少有兩個系統，一個是如來禪，一個是祖師禪。如來禪強調如來藏自性清淨心，它是從達摩開始一直到弘忍，都被堅持下來。達摩是一祖，慧可是二祖，僧璨是三祖，道信是四祖，弘忍是五祖，他們都有如來禪的傾向。最後五祖弘忍和以前的祖師，不完全一樣，他有進一步的開

拓。如果從經來講，早期的祖師的思想、修行主要是以《楞伽經》作為依據。然後到了弘忍，他就把經擴大。不光是以《楞伽經》（*Laṅkāvatāra-sūtra*）作為依據，還以別的經籍為依據，裏面包括般若思想，特別是發揚空的思想最積極的《心經》跟《金剛經》。

到了慧能，他的發展路線就開始變化了，從如來禪轉到祖師禪。他的特色是，不通過分解的方式來講佛教的義理，不是單獨的講佛性、清淨心、自性，還講我們本來生而有的那種後天無明（avidyā）成素。在他的思想裏我們發現有一個背反：清淨那方面的因素跟染污的因素，總是對反的，可是它們總是混在一起，分不開。這種情況像康德（Immanual Kant）所講的二律背反（Antinomie）。所以慧能走的路線，是綜合的路線，不是分解的。把清淨跟染污同時包容，解脫要靠對生死、善惡、空假的背反，總總的背反，從內部加以突破，才能說。他不是要以清淨那面來克服染污那面，他不走那種實踐的方式，這是如來禪所走的。原因就是因為法性跟無明、煩惱跟菩提、涅槃跟生死等背反這兩方面的東西，在存有論方面是對等的。這表示，它們的存在層次是一樣的，我們不能夠以法性來克服無明，用明來克服無明，用善來克服惡，用生來克服死，我們不能這樣做。因為這樣做在存有論上過不去。生死、善惡、法性無明它們是同體的。你不能夠把他們分開，然後以一面來克服另一面，卻是要從背反裏面求一種突破。這個背反被突破以後，就被消解了。被克服的背反解構後就是絕對無相的境界，那就是悟。覺悟就是從這方面講。這是慧能禪的特色。所以他跟神秀（北宗的路線）禪的路線不一樣。神秀的禪基本上是守著達摩如來禪的走向。

慧能以後，神秀的北宗禪漸漸衰退了，慧能禪繼續流傳，開出五家。一花開五葉：臨濟、雲門、法眼、曹洞跟為仰。

宋代以後，持續傳承，到了明代、清代開始衰退，但卻東傳到日本，像日本曹洞禪的宗師道元，在宋代來中國學習禪法。他的老師就是曹洞宗的天童如淨。他的禪法在日本方面繼續發展下去。

另一個佛教的宗派，也非常流行，這是淨土宗。淨土宗在印度佛學裏就有了，如上面提到，龍樹、世親都有淨土的思想。傳到中土，道綽那些人接著發展。到日本，在規模、深度上發展比中國還強。最重要的人物就是親鸞，是很重要的人物。他把淨土再進一步開拓為有日本文化特色的那種宗派。他把這些發展說成所謂真宗。如果上溯到中國淨土，就叫中土真宗。親鸞那套淨土思想，我們在這裏沒有時間講，不過他提出非常有挑戰性的說法：惡人正機。這裏有一種想法，要擴大包容心，不光是包容善人，還有包容惡人，而且這裏面，越是惡人，越是我們要渡化的對象，這跟一般的思考不一樣，尤其是跟唯識宗講的種姓不同。它提出一闡提（icchantika），說這種眾生沒辦法得到覺悟，它有思想上的限制。親鸞打破這種限制，提出惡人正機。這學派影響京都學派，其中田邊元還有進一步的發展，而建立懺悔道哲學。這是大乘佛教在中國與日本的發展。

我們可以說，慧能禪跟天台學在思想上的關係非常特別、密切，這兩者都是走綜合的取向，不走分析的取向。祖師禪是綜合的取向。如來禪是分解的取向，分解就是把終極真理跟現象保持一個距離，沒有完全的圓融的關係。所謂如來禪是指如來藏自性清淨心。祖師禪強調背反的不可分開性，兩者是合在一起，你不能以一

種分解的方式來把它割開，讓正面那一方面去克服負面那一方面。結果整個生命充滿正面因素，這不行。問題的解決方法就是突破，把這個背反突破。日本人稱背反為大疑團，一衝破它就覺悟（vidyā）了。心靈就達到一種像《維摩經》（*Vimalakīrtinirdeśa-sūtra*）所講的不二的境界。那些背反如生死、善惡、無明法性、煩惱菩提，就給徹底的衝破了。這就是覺悟。

我講一個例子，京都學派第二代久松真一，他是承繼西田幾多郎下來，一般人都說他是一位禪者、禪的修行者，也有人把他說成真人，那是很尊敬的一種稱呼。他在作品裏有提到對大疑團的突破，這裏就不講了。他是 1889 年出生，到了 91 歲（1980 年）要死了，躺在床上，他的家人就很悲傷。他反而安慰他們：「你們不要為我悲傷，我不會死，因為我沒有生。有生才有死，如果沒有生，死就無從說起。」他在這裏所講的生死，從最高境界來講，還是在相對層面，生是對死來說，死也是對生來說，生以後一定有死，若突破了、克服了生死的背反，便覺悟了。我們通常都是以生死來說這樣的問題。

一個人如果已經衝破一切背反，像久松真一在實踐的生活裏已經突破大疑團，就表示他已經超越生死的境界。生死對他來講根本不是一個問題。人的生命就是這樣：出生，在世間待了幾十年，最長一百年，最後就死了，生命就完了。他們不是這樣看，他們是把生死看成相對性的背反，你如果能夠突破生死這背反，那你就覺悟了，超越時間與空間，達致永恆的境界。久松這樣講，意思也是很清楚。他說：「我不會死，因為我根本就沒有生。」生死在他眼中已經不是一個生命的問題，他已經達到超越生死，超越善惡，超越

煩惱菩提、生死涅槃那種相對境界,達致無生無死的大解脫
(mokṣa)。他最後還能講幾句話,講完這幾句話就死了。此後就
再無苦痛煩惱,生命臻於絕對永恆。

　　唐宋以後,大乘佛教在中國就沒有重要的發展。一般人可能會
提楊仁山、歐陽境無、呂澂,他們在南京辦了支那內學院。有人會
提他們的那種發展,說是延續佛教在中國發展的生命。我覺得這是
歷史事實,他們那幾位比較有名的人:歐陽大師、王恩洋、呂澂等
人,那時候都是在南京活動,可是他們只是拿唯識學原來的文獻來
研究,很難說有甚麼新的開拓。他們基本上保守著護法
(Dharmapāla) 承 著 世 親 而 寫 的 《 成 唯 識 論 》
(Vijñaptimātratāsiddhi)的立場,說不上發展,更無所謂開拓。講
開拓,只能就熊十力的《新唯識論》那一套來說,但已離開了佛
教,而歸宗儒學了。

　　佛教到日本有比較重大的發展,在淨土宗跟禪宗這方面,可以
說是他們提出有原創性的思想。禪這方面,久松是一個例子。久松
是一位禪者,他的生活是禪的生活。他提出一個新的概念:無相的
自我。無相的自我隱藏在我們的生命存在裏面,通常很少人對它有
所覺、覺悟。我們在實踐上要做的,就是把一切相對性、對象性捨
棄,達到所謂無相;把一切相對性化解、突破。有相的自我一定要
突破、克服(overcome)以後,真實的無相的主體性才能出來。一
方面是無相,一方面是自我。無相跟自我就是對同一個事物來講。
人就生活在一種相對性的環境裏面,其中有善惡、生死、福禍種種
的對反。依久松的講法,這些對反必需要突破,才能講主體性的呈
現。他就提這麼一種思想。這在他很多著作上可以看到。

　　另一方面，久松所涉及的層面非常廣泛，不光是禪的思想探究、實踐，也涉及一般生活節目。就是畫畫、書法、茶道、庭園、漢詩、俳句（日本短歌）。他就是過一種禪的生活。他組織了一個所謂「F. A. S.」協會，進行宗教運動。他提出三個觀念，F、A、S，來表示。F 就是 formless self（無相的自我），A 是 all mankind（全人類），S 是 superhistorical（超歷史的）。就是說要本著無相的自我向外開拓，以全人類為目標，超越歷史而又創造歷史。這協會現在還存在，久松死後由阿部正雄繼續發展，阿部五年前（2005）死掉，現在的情況我也不大清楚，不過他們還在進行。

　　日本佛學的另一方面的發展有淨土思想，田邊元提出懺悔道的哲學。一個人做淨土的修行，必須懺悔他以往所做的惡行，損人利己的惡行，才能說解脫、覺悟。進一步說，到了一種徹底懺悔的程度，會有一種「自己根本不值得存在於這世界」的極端的想法。因為做的壞事太多，這世界容不了你，再存在只會對世界帶來傷害。這是懺悔道哲學實踐的原則。可另外方面，如果你光是談懺悔，太消極。他說，當你在進行一種很深層的懺悔，覺得自己根本沒有資格、價值存在於這個世界，另一方面就會有生命內部的反彈，會讓自己產生另一種想法。越是覺得自己沒資格再生存下去，你內心方面就越會激發起一種力量，心靈的力量，精神的力量。你越是覺得自己沒有生存價值，就越是要生存下去。對於自己沒生存價值的原因，你所做的那些壞事，要進一步把它們作一種徹底的否定，然後才可以講新的生命。這講法在中國淨土裏沒有，是他的創作。所以，他就是搞出一套懺悔道的哲學來。這裏面有一種生命的反彈、辯證的思維。有些人越想越失望，越想越悲哀，最後就自我放棄，

算了，死掉算了。田邊說，不能這樣想，即便以前做過很多傷天害理的事，甚至真的有一種應該自殺了，不讓自己再向其他人進行損害的想法，田邊元提出我們生命裏面就有反彈的力量，越是覺得自己沒有生存價值，你就會更進一步的努力，做一些正面的善事，對世界作補償，讓自己有資格生存，有生存價值。所以他這樣講，跟一般淨土宗的阿彌陀佛的中心說法完全不一樣。一般淨土宗的講法是將生命的存在交給作為他力大能的阿彌陀佛，由祂來安排，由祂渡你到淨土，到那邊就有很好的修行環境，通過種種實踐修行作業，最後便能成佛。一般淨土是這樣講，可他們就沒有發現人的生命的奧底存在著一種非常強大的反彈的力量。

印度的大乘佛教在中國的發展，開拓出中國佛教，傳到朝鮮，又傳到日本。到了今天，佛教已經成為一個世界性的宗教。我們通常說世界上有三大宗教：基督教、伊斯蘭教、佛教，都很偉大。

佛教的實踐跟研究在西方還是蠻普遍的。很多西方的大學都有佛學研究這些課，你念博士學位，也可以拿佛教問題當博士論文題材來做。這非常普遍，反而大陸不行。大陸最近二十年，大規模的修整佛教寺院。他不是要提倡佛教宗教，他是把東西整修得漂亮、好看，來吸引遊客。它是做生意。有一次我到北京的雍和宮，香火很盛，很多外國人聚在那裏上香，那是西藏文化在北京的標誌。它要收入場費的，不便宜。我看到記者圍著一位喇嘛採訪。記者提出一個問題：「你對達賴喇嘛在國際上的活動有甚麼看法呢？」這在他那種環境很難回應。這位喇嘛也不是一般的僧人，他有他的見識跟應對的能力，他說：「達賴喇嘛畢竟是我們的師父。」這麼一句話，就解消了記者提出的難題。在這種機緣，你不能說支持達賴喇

嘛在國外的種種活動，西藏文化要獨立發展的訴求。你不能說我支持達賴喇嘛這種運動的動機。可是他還是很尊敬達賴喇嘛。他不能說我反對達賴喇嘛種種的宗教運動，因為這樣說是在講假話。可是也不能說我支持達賴喇嘛在國外的運動。他最後只能這麼說。這樣回應不是很聰明嗎？現在中國大陸有很多名剎都成為遊覽區，開放了，例如北京西山的臥佛寺，很多人都可以到裏面禮佛、參觀，可是它是收費的，拿來賺錢的。

漢傳佛教一方面向東發展，發展到朝鮮，另外向西發展，發展到西藏。可是那時候印度中觀學（Mādhyamika, Madhyamaka）也比較興旺，他們也有把中觀學推廣到西藏那方面的構想，結果引來對決、衝突。一方面中國佛教，尤其是禪宗要進來，另一方面印度中觀學要進來。那怎麼辦呢？結果，西藏王吃栗双提贊（khri-sroṅ-lde-bstan）就邀請兩方面派一個人來進行一次大辯論。因為中國在那個年代禪比較盛行，他們就派了一個大乘和尚，他也沒有名字，代表中國佛教。印度方面，中觀學的領袖寂護（Śāntarakṣita, Śāntirakṣita），派他的弟子蓮華戒（Kamalaśīla），去會中國方面的大乘和尚，在拉薩的桑耶寺（bSam-yas）進行大辯論。辯論結果哪邊贏呢？各有各的記錄。中國方面的文獻強調大乘和尚摩訶衍（Mahāyāna）贏了，印度這邊說是蓮華戒贏了。你沒在現場出現就不知道。但結果是，中國佛教在西藏就傳不進去，印度佛教就傳進去了，成了西藏宗教最重要的一種。所以我們可以從這裏推想，大概在大辯論裏，是蓮華戒贏了，最後才有這種結果。兩邊都不認輸，輸不起。西藏裏面所流行的佛教是印度方面的佛教，而且是以中觀學為主。那當然是跟寂護、蓮華戒有關聯，因為他們是中觀派

的領導人物。

最後一點，大乘佛教從中國傳到朝鮮，再傳到日本，因為日本對外開放的關係，跟歐美有很多來往。結果佛教中印度佛教、中國佛教，通過日本作為一道橋樑，傳到歐美。這一點跟不少人的努力有關係，比如說鈴木大拙，他是很積極在海外推廣大乘佛教的一個重要人物。鈴木以後還有一位叫柴山全慶，他是一位禪師，在美國講坐禪的實踐。不過他的條件沒鈴木那麼好，鈴木的英文講得很好，柴山就要靠弟子翻譯。以後又有京都學派的阿部正雄，因為他跟西方的宗教界有比較密切的接觸，他在這方面也有相當的影響力。他是 1915 年出生，1980 年退休，65 歲退休，由奈良教育大學退休，做名譽教授。然後他跑到美國幾所大學進行演講、講學，超過 10 年，到 90 年代才回到日本。他也是把大乘佛教從東方傳到西方的重要人物。

西藏佛教繼續傳到蒙古、西域（絲綢之路），所以你可以在西域那裏發現很多古蹟跟佛教有很密切的關係。像敦煌的壁畫，就是佛教裏的東西。這是整個佛教全面發展的一個概略。

有人會問：密教又如何呢？它在今天很流行呀，很多人信仰和修習密宗。我們可以這樣說，印度大乘佛教發展到後期，影響力逐漸減弱，同時原來的婆羅門教（Brahmanism，今稱印度教 Hinduism）也有復興之勢。佛教原來是反對婆羅門教的大梵（Brahman）實體觀念而興起的，強調事物的緣起性空，根本沒有實體或自性。現在婆羅門教要復興，它為求生存下去，不得不在教義裏，特別是在修行法上改動，提倡阿字觀，觀曼陀羅（maṇḍala），表示若專心唸阿字的聲音，觀想曼陀羅的幾何圖

型，就能見到本尊的佛，見到法界或真理的世界，而得覺悟、解脫。另一方面，印度佛教傳入西藏，和西藏原來的棒教結合，而成為一種新的宗教，這便是西藏密宗。

· 佛教的當代判釋的對話詮釋 ·

第一章　關於佛教的判教基準

前　言

　　本報告以《佛教的當代判釋》的〈第三章　我的判教基準〉之闡釋為主，第一部分以讀書報告的形式，整理老師的文本說明。第二部分則是我對文本的想法與討論。

　　佛教的判教是對佛教教義的分析與釐定，並依據詮釋者的理論脈絡，將各種不同的主張與理論做出一種分判與名義上的定位。佛教發展源遠流長，範圍廣大。文本中處理的範圍主要是印度、中國與日本的佛教派別與其理論，以看作者的判教原則或基準。

一、文本整理[1]

(一)佛教判教的歷史背景

1　本小節整理自吳汝鈞著，《佛教的當代判釋》（臺北：臺灣學生書局，2011，初版），頁 59-84。

　　佛教的義理中包含了觀念論、實在論、救贖論（或解脫論）、存有論（或存在論）、認識論、推理論（或因明學）、實體主義、非實體主義等等。在印度佛學的發展中曾有《解深密經》（*Saṃdhinirmocana-sūtra*）和寂護（Śāntirakṣita）處理過這問題；在中國佛學的發展有智顗、法藏、宗密、太虛和印順等等，著力於此論題。其中天台宗的智顗大師以真理觀為主軸，輔以實踐真理的方法，作為判教的基準。

老師：妳這裏說佛教義理有很多方面，我就感覺到很多方面的論點在很多內容方面互相重疊、相通。是講哪一方面的問題？我舉個例，實在論、存有論、實體主義、非實體主義，這四種學問，裏面有很多地方重疊。其實它們都是形而上學，不過它們的意含比較確定，比較專門。形而上學這學問的名相概括性很廣，你可以說所講的這幾種觀點，都可以算是一種形而上學。這裏也沒有提宇宙論，這是很重要的一種形而上學。我們通常提形而上學，通常是用兩種來概括，一種是存有論或本體論，主要是本體論（ontology）。現在一般流行講存有論，那是從本體論推衍出來的，因為本體論的重心是形而上的本體，而存有論的重心除了形而上學性格的東西以外，還包括存有。存有也是一種意義模糊的概念，有形而上方面的存有，也有經驗世界的存有，形而下的、經驗的、現象性的、感性的東西都講。所以這些就不是很明顯。

　　實體主義與非實體主義，跟實在論和存有論有很多地方是重疊的。非實體主義，一般來講比較少人提到，尤其是西方哲學那方面的人，他們不是很注意非實體主義的哲學。他們那邊的哲學主流是

實體主義，很少屬於非實體主義的形態。非實體主義是東方哲學發展比較明顯的一種學問。這些問題都需要交待。妳不要介意，我的回應純粹是客觀的，沒有針對個人。

妳提推理論或因明學，是佛教或印度哲學的名相，它流行的範圍很窄，講西方哲學時不會用這種字眼。因明學這名相是從梵文發展出來的。是印度哲學、印度佛教發展出來的。推理論跟因明學都可以放在邏輯這個學術的名相裏面，這會比較清楚。一般我們談推理規則，談起一些形式性的學問，跟實際世界沒有關聯的那種學問，就可以放在邏輯學裏面。像「龜毛兔角」，這些東西就會在邏輯裏出現，實際上並沒有存在性。所以我們講實在論或宇宙論，或一般的存有論不會提這些名相，這是沒有的東西，是我們的思想、知性、理論理性或是邏輯那種思考所做出來的。所以這個推理論或因明學應該屬於邏輯的範圍。這方面的界線問題，需要抓得比較緊一點。一般人好像不是很重視這些說法，可是嚴格來講，它們的界線還是蠻清楚的。有沒有關聯？如果有關聯的話還可以再問，哪方面有關聯？可以舉一些例子，這樣思考就會比較清楚。

智顗大師的真理觀有兩層義理：「空」與「中道」。而體證真理的方法，他提出「析法」與「體法」。析法指分解、析離諸法，體法是當下就諸法本身來看，不作析離。在更高層次方面，他提出歷別與圓頓，歷別是依循階段實踐，是漸次的；圓頓是頓然地、一下子地成就。若以上述方法為基準，智顗的判教可以以下列的分判表示出來：

1.「析法入空」：藏教或小乘（包括原始佛教）。

2.「體法入空」：通教（包括般若思想、中觀學和《維摩經》思想）。

3.「歷別入中」：別教（包括佛性或如來藏思想）。

4.「圓頓入中」：圓教。

在他主張的真理觀中，「空」是自性的否定，是一種靜態的狀態義，不具動感。「中」是中道，等同於佛性，具有動感。對於他來說，終極真理是具有動感的。

老師： 妳這裏提兩個觀念，一個是「空」，一個是「中道」。在佛教裏面，我們對於終極真理的瞭解，差不多每一個派別都有對終極真理的瞭解與立名，叫「空」或叫「中道」，怎麼叫法都不一樣。這裏提「空」跟「中道」，是其中兩種提法。而且主要是印度佛學方面的提法，這裏面它們都有代表性，可是後來印度佛教傳到中國，最初一段時間是吸收的階段，後來才是發展，以至開宗立派。發展到了很盛的時候，很多名相都給提出來，來說這種終極真理。有些是有印度佛教的背景，有些是沒有的。我舉一些例子，從「空」這觀念來說，這當然是印度佛教，所謂「空宗」所通行的，這是講終極真理的方式。若偏向以一種否定的方式來顯現真理，這種否定的說法，就是說一切世間事物都是現象而已，都沒有實體，沒有自性，是空的。都是緣起的。所以你講真理的時候可以講空，也可以講緣起。「空」是著重本質，「緣起」是著重外表上有種種不同的事物，事物各有各的形狀、作用。你從這方面來講真理，也可以。所以最初的時候我們看印度佛教，他們講真理基本上就是緣起、性空。「緣起」是有宗的講法，「性空」是空宗的講法。

　　有宗方面，是唯識學的講法。講空以般若思想跟中觀學為主。在印度佛學這方面，主要是這種講法。傳到中國，因為畢竟中國佛學還是中國佛學，有不少是從印度佛學方面吸收過來，也有一些重要觀點是中國人自己開拓出來，因而有中國人的思維特色。在表達終極真理的名相方面都有不同。很明顯，在禪宗這方面，禪宗講自性（慧能提出），他是用自性來表述真理。這自性也不是緣起性空所說的，一切諸法都沒自性，都是空，沒有關連。這自性不同。慧能講的自性，就是佛性。佛性是很重要的表示終極真理的觀念。在印度佛學有好些文獻是講佛性的，以佛性來講真理。其中一部分文獻講得比較多的，是《如來藏經》（*Tathāgatagarbha-sūtra*），「如來藏」就是佛性。在印度佛學方面，講終極真理，以不同名相來講，除了空跟中道以外，就是佛性。講佛性的傳統，就是《大般涅槃經》（*Mahāparinirvāṇa-sūtra*），一直下來，也包括一些論典，像《佛性論》（*Buddhatā-śāstra*）。這些論典都是以佛性作為終極真理。

　　然後傳到中國，我們剛才提到慧能，他講終極真理，最常用的就是「自性」，等同於佛性。這不是空宗要否定那種常住不變的自性。在天台宗、華嚴宗，在這方面都有比較獨特的講法。比如說，天台宗提「中道佛性」，就是把中道跟佛性關連起來，概括終極真理。就是說，終極真理一方面是中道，另一方面是佛性。真理有兩方面的面向，一邊是中道，一邊是佛性。這表示一種獨特的思考型態。我們可以這樣看，有關中道，我們通常是把它看成一種「理」。像宋明儒學講「性即理」、「心即理」。這個「理」，就是中道。講到理，他們最常用的名相，就是中道。這是屬於客觀真

理這方面。天台所瞭解的終極真理，除了以中道表示客觀的面向之外，另一面也是一個主體性，一個讓人最後能夠覺悟、解脫，達到終極境界的能力。它就是所謂的「心」、「真心」。真心就是佛性。佛性就是讓我們可以達到覺悟解脫，最後成佛的那種性能。所以，他就提出中道佛性作為真理。一方面是客觀的理則、理法，另一方面是能動的心靈能力，這就有很大的發展。

然後，「諦」就是真理，在印度佛學裏就有。不過，印度佛學講的諦通常只講兩諦：真諦跟俗諦。天台方面也把諦作為真理來瞭解，可它開拓出一種以諦來表示真理的一個串連，講一諦、二諦、三諦、四諦，他們就是從這方式來講真理。一諦是一實諦，無二亦無三；二諦就是真諦、俗諦；三諦就是真諦俗諦以外把中道加上去；四諦就是回歸到原始佛教佛陀創教時所提出來的四諦：苦、集、滅、道。然後再有五種三諦、七種二諦的這些講法，這就比較瑣碎，我們就不管了。這是中國佛學在天台方面對終極真理的瞭解，從名相方面就可以看到。

另一種講法是華嚴宗，講法界（緣起），法界就是真理。華嚴宗也不光是講一層的法界，它有四層，四法界。就是說我們要體證終極真理，要經過四個步驟，要經過四個階段來體證。第一是事法界，第二是理法界，第三是理事無礙，第四是事事無礙。四法界這學說有很濃厚的方法論的意味。我們先體證事法界，然後再體證理法界，再進一步把兩方面都融合起來，而不會有互相妨礙的關係那種情況，就是事理法界或理事法界。到了最高的階段，連作為一個中介的理，都把它挪開了、不要了，就是講事事無礙法界。為甚麼可以說事事無礙？因為每一種現象、物體，都是以空無自性為背

景，每一種事物的背景都是空。既然是空，就不會有障礙。事事物物在現象世界裏面，都能夠很自由自在的發展。事跟事之間，事物跟事物之間都有一種圓融的關係，所謂圓融就是不妨礙。所以最後就帶出一種真理的圓融意味來。這是華嚴宗講真理，有進於印度佛教的地方。印度佛教沒有講四法界，華嚴宗才提出來。那便是創教的賢首，或是法藏提出來的。

　　妳這裏講四種體證真理的方法，一種是析法入空，一種是體法入空，一種是歷別入中，一種是圓頓入中。妳試用自己的語言，用個人的講法來講。

瞿慎思：析法入空是用分析的方法，把一些不需要的東西分析出來，掌握空的性質，掌握現象下真理的本質。將一些障礙或是對意識產生虛妄的事物提取出來。舉例來說，眼前有一塊蛋糕，我產生想要吃的感覺，但是這種感覺是一種起心動念，我們就要用分析的方式來想，為甚麼我對蛋糕有執著？

老師：這樣講，不對勁。所謂「析」，分析，不是在思想上、概念上的處理，而是實際上，從實際生活情況來進行一些工作。分離，析就是分離的意味。通過現實上分離的方式，來顯出空的意味。我們可以舉一個例子，比如說汽車。臺灣現在很多人有轎車或機車。那如果要對這一台轎車進行析法入空的體證，體證這台轎車的根本性格是空，我們怎麼做呢？就算你不開轎車，總會想到外表跟形狀以及裏頭的構造，請同學提出來。

張惟智：轎車有方向盤、四個輪子、引擎、座位、車子外殼、後車

箱，再去細分細節，引擎又有很多零件，管線、儀器、晶片等等。

老師：我們通常叫這些作零件。所謂析法就是把零件一件一件拿掉，先把四個輪子脫離，把車蓋拿開。然後把裏面最主要的方向盤拿出來，裏頭的手把拿掉，一塊一塊零件都拿出來，最後剩下車子底部一塊鐵板，其他都沒有了。最後還把鐵板拿走，那汽車就消失了，解構了。用這種方法來體會空，就是說，把汽車所有的零件都拿走，最後變成一無所有，就把它說成為空。

薛錦蓮：所以還是認定它本來是有？

老師：對，一塊一塊零件是依據設計方式而聚合起來，那就成為一台轎車。現在用還原的方法，把零件一塊一塊的拿走，最後就甚麼都沒有了。這就是所謂的析法。這種瞭解空的方式，其實也不是直接讓你體證到空的真理的方法。這是一種很笨拙的方法。因為像剛剛講的拆除方法，去體證一部車的空性，如果透過這種方式來提出，那你就為了得到關於空的瞭解，而把整部汽車毀掉。如果要你處理的具體東西不是一台車，而是一棟 101 大樓，那是不是要犧牲 101 大樓才能體證大樓是空的這種真理呢？你要付出很大的代價，這種代價付出根本就是不需要。下面就是體法入空。

析法入空是把現實構成因素都拿走，所謂「析」就是析離，哲學用語上是解構（deconstruction）。結果，真的，你把轎車所有零件拿走，車就不見了，你就體證到它是空的，沒有獨立的自己。空，是沒有獨立的自己，沒有獨立的存在性，可是這種理解的方法是很笨的。因為你要犧牲眼前的那些東西，把它破壞了，才能體證

到空的真理。如果你把這種方式，跟下面所謂體法入空做一個比較，你這種方法就顯得很笨拙了。

　　體法是當下就法的緣起性格，來做一種體驗。說它既然是緣起，應該就沒有自性，這就是空。這是從比較高的層次來看，來證成它的空的那種性格。這就是體法入空。

瞿慎思：聽說佛教一些法師有秘密修行的方式，比如禪修的不淨觀，說拿真正屍體帶去偏僻的山洞裏修練，讓屍體在眼前慢慢崩解、腐壞，進而對這件事產生體悟，解消掉對自己的執著。這也可以是一種析法入空嗎？

老師：這比我剛剛講的析法更笨，人已經死了，還這樣亂搞。一直要到骨頭都腐爛、碎掉，才能體證、知道人的本性是空。

薛錦蓮：這應該是藉由觀它的不淨，來證成自己的不執著。

老師：如果要看完整的屍體慢慢發展到解體，血肉混在一起，骨頭變得很脆弱，裂成一段一段，要等多久才有這結果？你把一具屍體放在房間裏面，等待，可能等到你變成屍體的樣子，你所希望看到的現象還沒有出現哩。體證這不淨性根本不需要這種方式，這是沒有正確的方法才這樣做。這是勞而無功。因為你跟身邊的屍體生活在一起，那不好受。它會發出一種臭味，讓你根本沒辦法忍受。這是一種頭陀行的方式，頭陀行有很多種，就是苦行。釋迦牟尼有五、六年的時間隱居在深山野嶺的地方，盡量讓自己身體受到傷害，不吃、不喝，睡在樹下。過了好幾年都沒效，反而讓自己變得骨瘦如柴，沒有成績。所以苦行是不行的。

　　這四種體證真理的方式，是智者大師自己提出來的。他根據這四種體證真理的方法來區分，作為一個準則，來區分不同派別的義理。「析法入空」是小乘的方式，是要以一種滅掉具體存在的東西，讓它狀態從有變成無，最後才體證出原本在時空裏好好存在著的東西，結果消失了。你把裏面的構造的零件都析離，不是分析，而是一個動作，是拿走，不是腦袋裏的分析。破壞一個東西的完整性，才能體證到真理。智者大師批評這方式是拙、笨拙。他是講藏教，藏教所用的方式就是這樣。通教就比較聰明，比較巧妙，它不需要在實際行動上對事物做一種析離，破壞它的結構，把構成它不同部分的東西都丟掉，才能體證空，或是無。它用另一種比較高明的方法，就它目前的狀態，以智慧去看，滲透到它的核心、本質這方面，這樣來想，想甚麼呢？想這東西的存在是由不同的因素形成的。比如說，一個人有兩隻手，兩條腿，有眼睛，有耳、鼻，有很多器官。一個人有很多器官。如果要像析法入空這種方式來體證空理的話，你非要把他毀掉不可，要把生命毀了，才能證成空的真理，這是很大的罪孽。殺人才能體證真理，所以是笨拙。就人的本身，他的身體結構，來進行一種構想，一種分析，他這完整的人是由不同器官組合而成，那不同器官拿走了，那個人本身就變了形，最後就沒了，這不需要真的去做。你就是能用這想法，走比較理性的路，就可以體證到空了。甚麼器官都拿走了，人就消失不見了，這就是空。這裏面有巧、有拙的分別。同樣都是體證空理，可是做法不一樣，一種是析法，一種是體法。所謂「體」就是如其目前的狀態，不要動一根毛、移動，不做任何動作，來修這個空。就其完整的情況，你要用正確的思維滲透到生命存在的內裏，體證到整個

生命存在，不過是多種器官的結合而已。如果把那些器官拿掉，最後就沒有自己的獨立存在性。通過這種方式來體證這個空的真理，緣起性空的真理，這是「巧」。智者大師對每一種體證真理的方法，都給一個字來描述。析法入空是「拙」；體法入空是「巧」，因為它不用破壞任何東西，就能夠體證到它的終極性格。這終極的性格就是空。有沒有問題？

瞿慎思：這兩種是從外界事物去瞭解空性，而不是處理自己的問題。那跟自己有甚麼關係？那我把外在的世界都空掉之後，我想得到甚麼？

老師：這是一樣，對它、對你，進行一種體法入空的方式。對象是不成問題，甚麼對象都可以進行體法入空的方式。至於後面那問題是另外要處理的問題，就是說，妳光是說體法入空，即便這樣做，也有這樣的結果，那進一步妳就會對當前所對的對象，知道它們的共同的空性，便沒有甚麼願望、要求、執著，因為它們是緣起，是空的，所以就不要執著它的自性。不起執著，就不會有不正確的行為。你如果不產生不正確的行為，那你就不會有煩惱。一個沒煩惱的人，就是最快樂的人。體法入空下面還有很多步驟，不是搞通體法入空便馬上覺悟，只有慧能才能這樣做，我們都是凡夫，不能一聽五祖說應無所住而生其心就大悟。有些和尚念《金剛經》（*Vajracchedikā-sūtra*）念十年都沒有結果，慧能是一個例外。就是說你瞭解這道理之後，以後生活的層次，看東西的層次都會改變。你瞭解到這些東西是緣起性空以後，那你就有正確見解。然後，你所做的事與發出的行為就是正確的，不是虛妄的。你沒有虛

妄的見解與行為，那你就沒有煩惱了。那你在心靈上就有一種很完滿的感覺，沒有遺憾，沒有種種不好的想法。這一步一步上去，越來越接近成熟的階段，最後便能水到渠成，成大覺。

張惟智：我有兩個問題。第一，體法入空需不需要有析法的經驗才能體法？我們怎麼樣才能夠在沒經驗過事物的毀壞，就認識事物是空的？他好像需要先得到一個析法的經驗，才可以進入體法。

老師：你這問題提得蠻好的，你在析法的階段，一切都是物質性的，你去解構對象，是物質性的東西，你身體進行種種活動，也是物質性的。你沒有用腦袋。一切都要靠具體的程序做完。像前面轎車的例子，最後把車子都拆掉了，才能知道空。這其實根本沒用腦袋。你本來有智慧的，你不用，而是用笨拙的方式去瞭解緣起性空的道理。你的生活當然還是在現實世界裏生活，你只是注意到具體的動作，沒有用腦袋，沒有用本來有的智慧。所以，體法入空，主要是要用你的智慧來瞭解。就像是一頭動物，像豬，我們看起來怪可憐的，母豬生十個小豬，天天吃一般人吃剩的東西，最後長大了就給人宰掉了，然後把肉切出來，大家拿來吃，像豬排。這樣對豬沒有慈悲心，你只是想到牠的味道，變成午餐、晚餐的一部分。可是豬也不是完全不會用腦袋，豬也有豬腦，也有人說過，豬還是屬於一種聰明的動物。人大概就是比牠高一等，我們會運用智慧。不然的話，人類怎麼能夠活到今天呢？析法入空，是沒有用智慧，沒有用腦袋的做法。智者大師批評這種做法是拙，對他們沒有不公平。他是純粹看那種作法，完全沒有智慧。體法入空代表一種智慧，從現象表面滲透到本質，來證成它的空的性格。所以後來他又

講「觀」，一心三觀，不是用眼睛來看，而是用心來觀。

張惟智：另一個問題，性空跟不執著好像沒有必然的關係。我認識這世界的狀態是緣起性空，可是我還是會對幻相執著。好像這裏沒有一個很緊密或必然的關係。

老師：這樣說好了，你面對眼前一些東西，花草樹木，或金銀珠寶。如果你認為它們都有實在性，都是永久可以存在的，那你對它就有執著。甚麼樣的執著呢？最明顯的就是你要擁有它，比如說金銀珠寶。你認為它有實在性，外表那麼吸引人，那麼它裏面一定有一些常住不變的那種性格的成分，如果你是這樣想的話，你的念頭就會起來，這種想法會引起佔有它的欲望。本來那是拿來展覽的，只能看，不能拿走。可是如果你有這種想法，你不光是看就滿足，你想要佔有它，這念頭會引起一種行動，去偷、去搶，總而言之你要得到它才能放手。所以你這種不正確的虛妄的想法，就會引起虛妄的行為。結果你把自己的前途都毀掉了，被人抓住關到牢獄裏。你喜歡金銀珠寶，或是看到女人戴著那些東西，你要得到它，就尾隨她，到一個沒有人的地方就搶去她的金銀珠寶。這事還沒有完，你會成為警察追蹤的對象。這種虛妄就會帶來無窮無盡的煩惱。它有一連串的關係。你眼前看到的東西是某種東西，你對它有一種希望得到的念頭。最初是看到這東西，覺得可愛，要佔有，這一層一層心念就來了，有一種心念要把它拿到手上才覺得滿足，然後你就會在行為上下手。那行為就是虛妄的行為。你成了小偷，偷人家的金銀珠寶，最後被警察抓住，關在牢獄，一連串的惡果就來了。

　　因為一個人不光是有眼睛，還有欲望，可以發起一些行動。如

果你第一步看到那些漂亮的東西，你以為它有自性，你有了它就永遠有了它，然後你就會想盡辦法把它得到手，拿到它才滿足，所以就表現不合法、虛妄的行為。虛妄的念頭產生虛妄的行為，最後自食其果，關在牢獄裏，下一生就做不了人，做畜生了。這些我們都可以不講。只是我們人生活在世界上，不光是看那麼簡單。而是看了以後對它會有一種執著，一種念想，就會有下面一連串的行為，那些行為都是執著、虛妄的行為，甚至是犯法的行為，這樣前途就丟掉了。

瞿慎思：我也可以看到一個東西，為它努力賺錢，存錢買它，這也是行為，可是這樣是虛妄的行為嗎？我的這些行為是從我對這個東西很執著開始的。比如說年輕人想要一棟房子，就存錢。還是我連買房子的念頭都不要生起？

老師：如果妳是用正確的方式來得到它，你就不會有虛妄的行為。妳規規矩矩地工作賺錢，不偷不搶，好好地生活、工作，十年、八年就可以存到那一筆錢，這是正道。如果不從正道來行，去偷去搶，就完全不一樣。憑自己的能力去賺錢，是正確的，沒有虛妄，沒有不好。

凡是損人利己的事情、違法的事情、傷天害理的事情都不要做，這都包括在八正道裏。你如果真正要擁有一棟房子，那你就規規矩矩地去賺錢，八正道裏面有一種正精進，這沒有甚麼別的意思，就是努力，努力去實現自己的理想。這種精進是「正」才行，如果是邪的精進就不行。

張惟智：那我想要解脫的動力，不是來自緣起性空，是我要解脫，這樣子好像我想要達到涅槃的動力，是我給我自己動力。可以這樣想嗎？

老師：緣起性空是真理，不是推動你去做甚麼事的一種背後的力量，而是你對你在整個生命歷程裏，你有很光明的目標，要覺悟、要解脫，所以你就努力去做人，不去做傷天害理的事情，好好用功讀書、娶妻生子，過一種正常的生活。居士一樣可以求覺悟，不一定要出家，一樣可以享受家庭生活的樂趣。解脫不解脫基本上不是你怎麼生活的問題，是你的心靈境界是不是可以層層向上、精進，到某個階段，你就感到覺悟了，可以擺脫對一切事物的執著，那個境界自然就會出現。

張惟智：如果我自己給動力，不是緣起性空給我的，那要達到解脫境界的話，這中間要有一個聯繫，才會有必然關連。如果沒有這聯繫的話，好像沒有辦法一定是這樣。

瞿慎思：你講的是工夫實踐的問題嗎？

張惟智：應該說，如果在工夫實踐上，緣起性空不能給我保證，應該有個東西，把我跟緣起性空聯繫起來，讓我得到解脫的保證。

瞿慎思：緣起性空這樣講應該是體證的一種對象、目標，按照這目標才會產生行動。如果沒有體證目標就不會產生行動。

老師：你要注意兩點，緣起性空是佛教提出有關生命與存在的真理，這種真理其實不是外在的。根據一切眾生皆有佛性，任何人都

可以擁有這佛性，這是《大般涅槃經》最重要的講法。它不是外在的，是內在的。你可以達到這種境界。不是像基督教講的，耶穌只有一個，上帝也只有一個，你只能做一個好的基督徒。你做的事情不論是怎麼好，你不能成為另外一個耶穌或上帝。佛教就有不同的講法，每種宗教關於終極的問題都有自己的一套講法。緣起性空就是佛教的講法，它所提的覺悟，是內在的，人可以憑他自己的努力，就可以解決這些問題，讓自己體證到緣起性空而得到覺悟。這是一點。

第二點是保證的問題，最後的保證還是靠你自己，這是一種意志的問題。嚴格來講你最後能不能夠得到覺悟、解脫，最後把關的人還是你自己。你如果能夠始終一貫地追求你的理想，從佛教的觀點來講，你總會得到應得的報酬，是精神上的報酬。佛教講因果關係。你下的種子是好的種子，結果就是好的果。種子不好結果也不會好。所以，能不能夠證成緣起性空的真理，最後能不能得到解脫，這全是你自己的事情，你都要承擔。你也不用想這一生得不到，那下一生又怎麼辦？不要想這些問題，因為這些問題太遠了，目前這些問題都把握不了。你應該從最近的地方著手。你可在現實上注意那些容易解決的問題，先從那些問題著手，以後結果怎麼樣呢？我個人是相信那種因果報應。你要得到很好的結果，得要付出代價，你要努力。不要整天在想，甚麼時候中獎了，每一次都在等，沒用的。所以你只要努力去做人，做事，這就已經很好了。這裏面就有報酬了，也不用想下一代會怎麼樣。

不過有時候，也要看現實的情況，也不是只考慮某一個角度，要看得比較寬，比較遠。比如說我父親 1992 年去世，去世以後，

通常是實行那種火葬，在佛教來講是荼毗，就是放一把火把屍體連棺材都燒掉。處理後事其中一部分就是要找一付棺材入殮，由僧人封棺說法。殯儀館也經營棺材的業務，棺材很多種，有些是兩萬塊一付，十萬塊一付，他們就盡量說服我們挑一付風光的棺材，做好一點。我是這樣想，你這付棺材不管做得多好，可它的用途的時間很短，幾天而已。所以，在考慮現實的情況，給死者找一付過得去，看起來不會太壞的，那就好了。因為幾天以後推到火葬場裏，就甚麼都沒有了。你要四十、五十萬的棺材有甚麼用呢？它完全是一個過渡性質，結果我們就挑一付三萬塊的棺材。所以，有時候也要注意一下現實的問題。有些人可能會問，你不替父親挑一付五十萬的棺材，而挑一付三萬的，這樣是不是不敬呢？不給他一付很風光的棺材？有些人會提出這樣的問題。我說，你怎麼樣去處理先人的喪事，是你心裏面的事情，心裏敬他，你就是買不起棺材，也不影響你對他的尊敬跟你做人的德行。你有錢就買一付四、五十萬的，這無所謂；如果你不是很有錢，一個普通家庭，那你找一付過得去的棺材就算了，兩、三萬的就可以了。這是你內心的事情，這不是外在的一些行動能夠影響的。因為殯儀館的老闆的目的是賺錢，他是商人，即便他是守法的商人，他都有這麼一種希望，錢賺越多越好。他遊說你跟他買很名貴的棺材，他也是通過正途來跟你講，一切都是合法，你不能說他不對。

林美惠：如果賣出四、五十萬的棺木，老闆可以抽比較高的佣金或利潤。

老師：可以這樣說。因為我是直接跟老闆談，沒有第三者。他總是

勸我表示孝心，你父親對你那麼好，你總該買一付風光的棺材，來處理父親的喪事。他是用正途來說服我，可是我有我的想法。我就是不光顧他的棺材店，他也不見得馬上關門。他勸我買一付貴的棺材，這是他的事，他沒有違法，可是我有我的決定。我是想，買一付貴的棺材擺幾天就燒掉，那買那麼貴的棺材，花那麼多錢，實在不值得。如果我父親泉下有知，他也不會怪我買兩、三萬塊的棺材，是吧？這是兩碼子的事。你心在就行，你若沒有錢，買付普通的棺材。你經濟能力能做到這程度，那你就這樣做，不要想會影響你父親的名譽，還有你跟他的關係，你對他的孝心。有時候要現實一點。可是有些人就不這麼想，老人家去世，一定要生榮死哀，喪事辦得風光點。這是他的想法，我也有我的想法，這無所謂。每個人都有不同的想法。

老師：前面都是講空，就是以空來講終極真理，藏教或通教以空來講。到了第三、第四派別，他們不把關心的焦點放在空概念上，而放在中道上。以中道來表示真理，比以空來表示真理還周延。這個空有消極的意味。大乘佛教要普渡眾生，所以在真理方面是要強調一種內容更豐富、力動性更強的真理。這樣才能發展出一些足夠的力量，來進行普渡眾生的宗教運動。所以他們就不用空這字眼，而用中道這字眼。

　　中道自然很重要。所謂中道就是超越兩邊的意思。捨離空有兩邊，就是中道。這好像是偏重在理這方面，這是客觀的真理。這個空，它的意思是偏向客觀這方面。我們的生命存在與世間種種事物都是空無自性。它的意思就聚焦在客觀真理方面，跟主觀或主體心

靈，好像是沒有連起來。所以就提中道來取代空。因為中道除了有空這意味以外，還在本質上跟佛性相通。中道的意味比空還豐富，最重要就是，它跟佛性關連起來。佛性就是指我們的如來藏，或如來心、如來藏自性清淨心。所以真理不光是客觀的原理，它也是我們主體心靈或者是主體性。智者大師在這方面，有進一步的發展，就提出中道佛性來表示終極真理。就是說，終極真理一方面是中道，另一方面就是佛性。中道是客體方面的真理，佛性是我們主體方面那種體證真理的清淨的性能，那種心靈。

第二點，歷別入中，「歷」這字眼，是方法論的概念。我們在體證真理的時候，是入中（體證作為中道佛性的真理）。別是一層一層的階段、歷別，是經過一層一層的階段。從這邊講，我們可以看到，他是以一種漸教的眼光來看體證真理的方法，就是分開、依序一個階段一個階段來進行。我們這一生不能解決這個問題，還有來生。只要你不跳出生死輪迴的範圍，都有來生。今生做不了的事，來生再做。所謂歷別，不是頓然的覺悟。頓然就是一刹那成就，這種覺悟當事人的資質要非常高，有一種頓然了解的能力才行，絕頂聰明的人才行。一般來講，能夠頓悟而進入真理，體證真理的人很少。一般人都是用漸悟的方式來進行，這就是歷別。所以這裏歷別入中跟下面講的圓頓入中，這兩個教派，都是以中道來講終極真理。可是在實踐上不一樣。歷別是階段性的，一步一步來；圓頓就是刹那的體證真理，不需要一段一段。因為眾生根器不一樣，有些人，或者說大部分的人都只能經過一步一步的過程，才能體證真理。只有那些絕頂聰明的人，像六祖、維摩（Vimalakīrti）居士，才能做到圓頓入中。圓是圓滿，就是沒有遺漏，把整個終極

真理在當下一剎那間體證出來。

　　歷別入中是別教提的方法，圓頓入中是圓教提的方法。根據智者大師的講法，所謂別教就是講如來藏思想的那種實踐的方法。比如說，《大乘起信論》、《如來藏經》，還有華嚴宗的文獻，他都把它們放在別教裏面。圓教就是《法華經》（*Saddharmapuṇḍarīka-sūtra*）。智者大師認為《法華經》在所有佛教經典裏，是最圓滿的，或者說是《妙法蓮華經》。還有他自己所創的天台宗的思想。因為天台宗經典的根據就是《法華經》，還有《涅槃經》（*Parinirvāṇa-sūtra*），這兩部經典是圓教的層次。這是經典上的文獻根據。所以智顗才提出四種藏通別圓的教法，這在方法論來講，眉目很清楚。他是順著這兩點來講，一點你是把真理看做甚麼東西，你怎麼去表達真理，這是主線；然後就是，你體證真理的方法是怎麼樣的方法，這是第二條線索。你看，析法入空、體法入空，就是以「空」來講終極真理。在實踐方法上一種是析法，一種是體法，這很清楚。然後講到別教、圓教，都是進一步以「中道」、「中道佛性」來講終極真理，這是主要脈絡。然後，在修行實踐上來講，用甚麼方式來進行呢？別教是以歷別的方式，不是一下子頓然覺悟到終極真理，那是圓頓的、剎那的方法。他提出歷別或是歷劫修行。在佛教裏面，這個劫指很長的一段時間、階段。經過很多的階段、劫，才能體證到中道佛性這種真理。

　　在佛教裏很多派別都講到判教，我們比較後，覺得智者大師所提的，是最周延、最有系統、最有邏輯性的說法。你們有沒有問題呢？

張雅評：我以前接觸的佛教多半是淨土宗信仰，後來有接觸到天台宗的信徒。那時候我對佛學沒有甚麼理解。他們信仰《妙法蓮華經》，說是至高無上的經典，然後他們宗派裏有一句咒語，淨土宗唸阿彌陀佛，他們唸起來好像「妙法蓮華經」，他們說常唸可以常保平安、健康。它的感覺雖然跟唸阿彌陀佛不一樣，但念咒語保平安好像複製淨土宗。傳教的內容好像是圓教的思想。這是不是天台宗的佛教說法？

老師：妳這問題很複雜，涉及很多面相。妳說《妙法蓮華經》就是天台宗講的《法華經》。這部經典是天台宗所宗的文獻。可是，天台宗的經典跟思想傳到日本，經過他們一翻改造，就變成所謂日蓮宗，就是日本方面的天台宗。它是基於中國的天台學發展出來的天台思想，跟日本那方面的思想、文化揉合起來，然後說這宗派是日蓮宗。所以，日蓮宗的經典的根據是《法華經》。日蓮宗又進一步通過種種渠道發展他們宗派的思想，甚至很積極地參與很多社會運動。像花蓮那邊的慈濟，就是證嚴法師，她做的那一套，很積極地參與世間事務。又就有創價學會出現，和池田大作這個人物出現。它的根源在《法華經》，傳到日本，經過一翻改作，也可能是企業化。像創價學會裏面，有很多人很有潛力，它的背景都是大公司，像崇光、三越、阪急，最大的百貨公司。佛光山的星雲法師也在做這種事情，星雲法師也有這方面的眼光。法鼓山也學這一套，聖嚴法師所領導的法鼓山，證嚴所領導的慈濟宗派，都很相似。它不是辦醫院嗎？辦大學，辦安寧醫院（care hospital）嗎？都有一種實際行動的意味在裏面。這應該是好的發展，你不能天天待在大雄寶

殿裏說法。要走出去,跟社會大眾、一般老百姓一起參與他們種種的活動,用不同的方式幫忙他們,目標只有一個,就是普渡眾生。這是好的。

不好的,就很難講,比如說在中國發展到清代末期,慈禧太后每次打仗都打敗了,然後組織義和團去對抗外國人,用神功、氣功,以肉體來對抗西方的洋槍大炮,當然失敗。這些就是不好的發展。義和團那些人,以為可以練到刀槍不入,把一條火龍放到口裏,沒有感到甚麼痛苦,又把它拖出來。他們搞這套欺神騙鬼的做法,這很不好。再來你說咒語,咒語是密教的實踐方法,密宗在印度佛教後期興起,傳到西藏,跟西藏那邊本來的原始宗教結合起來,叫「棒教」。它也傳到蒙古,在中國的西北一帶,新疆、天山一帶,也包括一般所說的絲綢之路,那些地方都流行密教。中國不是很流行,可是它也跨越中國傳到日本,就成為日本的密宗。

密教的本源,是印度大乘佛教發展到後期快要衰亡,為了自保,把佛教的教理、實踐方法、儀式都改了。它不講如來藏自性清淨心、空、中道,他們講「法身」(dharma-kāya)、如來的大法身。它是把法身圖案化,以一個數學幾何性格的、對稱的圖像、佛的畫像,作為觀想的對象,就是「曼陀羅」(maṇḍala)。它的來源還是梵語的印度教,就是觀想曼陀羅。不斷地觀想,到最後就能夠看到整個宇宙、整個世界都繫衍在曼陀羅裏面。從幾何的圖形看到宇宙的萬象。他們是進行這種理解真理的方法、實踐。宇宙萬象就是終極真理。真理當然不能從形象來講,可是它就是顯現了整個宇宙。而曼陀羅就是象徵整個宇宙,真理就在裏面。這是一種觀法。

　　另外，他們也覺得聲音很有效用。比如說，阿彌陀佛發出來的聲音。一些有神秘意味的存在，他們發出來的聲音，都有宗教的成分在裏面，都有幫助眾生，消災解難，引領他們到西方極樂世界的作用。在密教來講，就是「阿字觀」，不停地在叫「a-hum」（阿～吽），「a」就是我們發出聲音，開始就是 a。不管要發出甚麼聲音都是以「a」開始。「a-hum」，最後以這個聲音「hum」完結。「hum」字也很奇怪。或者是「奧 oṃ」，也是咒語的一種。閉嘴就是發出「hum」或者是「oṃ」。我不相信這一套，但覺得很有趣，它裏面有一種義理、信仰。在我們的聲音裏面藏有一種作用讓你不斷地精進，不斷地磨練自己，讓自己提升修養或者是宗教境界。它對聲音是有這麼一種想法或者是信仰。聲音也可以作為一種修行的方式。

　　所謂咒語，表現最明顯的就是《心經》（*Hṛdaya-sūtra*）。《心經》只有兩百多個字。最後就以一個咒語來結束：「gate gate pāragate pārasaṃgate bodhi svāhā（中譯：揭帝，揭帝，般羅揭帝，般羅僧揭帝，菩提僧莎訶）」。《心經》本來是用梵文寫的，它被漢譯，《心經》第一句：「觀自在菩薩，行深般若波羅密多時……」最後到這裏結束。我剛剛唸的那句，「gate」就是「去啦去啦，超越地去啦」，「pārasaṃgate」就是我們一起超越地去這意味。「bodhi svāhā」就是呼出一個殊勝的結局、覺悟的結局。你唸「阿彌陀佛」，也可以說是一種咒語，不過那不是密教，那是淨土。你念觀音菩薩、阿彌陀佛的名號，對你覺悟有幫助。它們是有這麼一種信仰，念佛讓你專心一點，心思不要亂想、亂發。唸阿彌陀佛一直唸下去，那你的思想、所有的意念就會慢慢排除掉，只集

中在阿彌陀佛這名號裏面。這樣就可以讓自己的心穩定下來，不會胡思亂想。它有這功效，這是我相信的，可行的，我自己就常常這樣做，讓心靈、心思集中起來。集中在「阿彌陀佛」這名號上。你用別的名號來代替也可以。「觀世音菩薩」也可以。唸佛名號，唸菩薩名號，是一種很普遍的實踐。因為很現實，你只要唸一下就行，不需要別人幫你，也不需要一個特別的環境才能做。比坐禪還要方便，坐禪要找一間禪堂、一個蒲團，有一定的空間讓你坐在上面。可是唸佛就不一樣，不管你處於甚麼環境，你隨時都可以唸。那就是讓你的心念、雜念慢慢散開，最後集中在「阿彌陀佛」的名號上面。

　　佛教很重視專心、瞑想。瞑想這修行法非常流行，也不限於佛教。它的作用，還是跟唸佛一樣。在瞑想裏面你做禪坐，盡量不要生雜念。你把空、中道作為瞑想的中心也可以，到最後心靈就平靜下來。那些雜念、妄想就不生起，心就清淨起來了。不生雜念就是純一，心要達到專一、純一的境界，這是求覺悟得解脫的很重要的因素、條件。就是你不能有雜念，不管是物質上的雜念或精神上的雜念，或一些意識、虛妄的想法，讓它們都消失掉，那你就達到禪裏面的「無」。你達到「無相、無念、無住」，就是《壇經》的三無。無相為體、無念為宗、無住為本，最後是無一物。這三無是實踐性的，是方法論的概念。無一物，心靈就是晴空一片，一點雜念都沒有，沒有任何對象性的東西，跟你有相對的關係。都消失了。那你的心靈可以說是靈明一片，下一步就是覺悟。所以做這瞑想不是一個月、兩個月的事情，是一輩子的事。有人成功，有人失敗。這是個人的事。不是在戰場上一戰功成萬骨枯，沒這種事情。自己

的事自己承擔起來，不能推給他人。

張雅評：日本宗教的源頭是從印度那邊還是經由中國而來？

老師：印度，印度教。在佛教出現以前我們叫它婆羅門教，近代我們叫印度教，其實就是原來的婆羅門教，中間給佛教打斷了。釋迦牟尼不是要否定大梵（Brahman）這觀念嗎？大梵就是婆羅門教最核心的觀念，它的經典就是《奧義書》（*Upaniṣad*）跟《吠陀》（*Veda*）這兩部經典，它們就跟大梵有關係，後者是一種自性意義的實體。釋迦牟尼把它批判為一種虛妄執著的概念。根本沒有大梵這種東西，沒有自性這種東西，都是我們人的虛妄思想所產生出來的，然後就執著它們。意識上有這種東西，在行動上就執著，而生起種種的邪見，引發種種惡行，苦痛煩惱就來了。你有妄想，自然會發而為行動，表現出種種邪惡行為，最後煩惱就來了。這些都是從執著開始。所以一定要去執，非要去執不可。執是一個很嚴重的毛病。這讓我們跟終極真理、涅槃、空、中道的距離變得越來越遠。

　　還有一個歷程，觀。比如說，我們心裏面有很多妄想，我們要把它們集中起來，盡量要把這些虛妄的想法去除掉，維護我們心的那種自然明覺。在最初階段，不能一下子做禪的那種靜坐實踐的方式。因為心裏有很多妄想，就去進行禪定的實踐，結果越坐，妄想越來越多。先要做觀。禪是定，定只是修行的一種方式。另外一種就是觀，觀甚麼？觀曼陀羅，或者是觀一些對象，讓你種種心念都集中在曼陀羅圖像或某一個物件裏面，你的妄想、心念慢慢就平靜下來。可是你還是要靠一個具體的對象作為修行的媒介，這是一個

過渡性的東西，所以我們說這是有相的觀法。相就是具體的物體形象，你在有相的觀裏面完成了這種觀法，曼陀羅也好，一般的物體也好。然後把對象挪走，讓你的心靈慢慢靜下來，穩定下來。這是無相的觀法。有相的觀法是不徹底的，因為你還是有執著，執著觀想的對象，不能說無執。你要把觀想的對象性都克服了、超越了、挪掉了，也不會影響你的專心狀態，這就是無相的觀法。所以這無相很重要。京都學派的久松真一提出終極原理就是無相的自我。他的文獻的根據就是《壇經》，就是三無：無相為體，無住為本，無念為宗，最後就是無一物。無一物就是慧能在《壇經》裏講的偈語：「本來無一物，何處惹塵埃？」

林美惠：日本佛教是從印度傳過去？

老師：不是印度，是從印度經過中國、朝鮮，才傳到日本。因為它有地域的因素。

張惟智：頓就是成佛嗎？還是每次的頓都是一種佛性的展現？不一定每次都可以展現佛性吧。可能面對某些事的時候可以展現出來？或是不管面對甚麼事都可以展現？

老師：所謂頓悟，不是說甚都不做，有一天突然之間頓悟，超越善惡、生死、苦樂種種背反。其實，能夠得到頓悟這種境界，這種人如果沒有一直在進行工夫實踐的活動的話，我想是不可能發生的。他一定總是在進行律己的工夫實踐，不過他自己可能不是很自覺。在一種不斷地律己、修行，累積功德，最後，出現一個導火線，或直接的媒介，他的智慧就爆發出來，才會大悟。那種覺悟的智慧的

爆發，是需要一種導火線，一個機緣。如果這機緣沒有出現，那你的那些學習、修行的功德還是留在生命裏面，含藏在生命裏，而沒有顯現出來。如果我們看慧能的情況，假如《壇經》所記載的都是真實的歷史，那慧能是怎麼覺悟的？根據《壇經》的記載，有一天晚上，慧能去見五祖，五祖對他講述《金剛經》。五祖也有點超越前人的做法，因為從達摩開始，一直到四祖，他們的經典根據都是《楞枷經》（*Laṅkāvatāra-sūtra*）。五祖就把《楞枷經》挪移到般若的思想體系裏，這是兩個不同的體系。《楞枷經》是屬於如來藏自性清淨心系統，從智者大師的判教來說，是別教。五祖把它移到《金剛經》，而《金剛經》是通教，它是以一種負面的方式來表達終極真理。他一聽到五祖講到應無所住而生其心，就大悟了。

　　《壇經》是這樣記載的。我們想一想，慧能到弘忍的道場，加入東山法門很多年，才由應無所住而生其心這句話而頓悟。他平常還是跟其他出家人一樣，做一些雜務。慧能做的雜務是磨米的工作。他在柴房裏做了很久的工作，也跟其他那些師兄師弟一起有往來。他也聽弘忍講經說法。其實他在那種生活中，是不斷在揣摩，不斷在研磨真理的問題。他不是光是做一些雜務而已，他是用心地思考，體會終極真理到底是哪一方面的東西呢？接著，怎麼樣才能體證這種終極真理，而得到覺悟解脫呢？他也在做工夫。另外還有一個記載，慧能最初投入東山門下，在他與弘忍相見的時候，弘忍問慧能：「你來幹甚麼？」慧能說：「我來求覺悟，求解脫。」然後，弘忍問：「你從那裏來？」慧能說：「我從嶺南來。」弘忍說：「嶺南人有甚麼佛性？怎麼能得到覺悟？」嶺南在當時是野蠻的地區，現在是廣東、廣西這區域，在當時算是文化很低的地方。

在這段對話裏，弘忍是在試探慧能的根器到甚麼層次，老師一問一答之間，測量弟子的智慧，看他根器是怎麼樣。慧能說：「嶺南人跟北方人不一樣，可是在佛性上有甚麼不同？」在《涅槃經》裏，竺道生曾說一切眾生皆有佛性。慧能在那時候已經有佛性的觀念了，他已經在努力的層次上了。他要投入東山門下跟弘忍學習，可能是因為他一直在思考佛性的顯現、覺悟、解脫，這些問題已經在他心中湧現。「應無所住而生其心」，就是我剛才所講的這一個契機，就是導火線。如果沒有這導火線，那律己的功德還是沒辦法爆發出覺悟的火花來。所以這個頓悟就是很強的現象，水到渠成地這樣爆發出來。其實他內心裏面的境界已經很高，功德已經積了很多，再加上先天的靈覺，就是差一個導火線，僅此而已。然後，弘忍跟他講述《金剛經》提到這一句：「應無所住而生其心，」就引發他的智慧而爆發出來。沒這一句的話，他的頓悟就出不來，還藏在心裏面哩。

漸悟就不一樣，它是一層一層地這樣做，經過每一層都反省自己到哪一層次。一路這樣上來，越來越高。達到任何一層都會有自覺，都知道自己的境界是怎麼樣。頓悟就沒有。漸悟是律己的，一層一層上去，好像菩薩有十地。十地就表示十種境界，表示覺悟、修行的十個階段。頓悟就沒有漸次修行的自覺，但還是要累積工夫。哪有可能甚麼事情都不做，到某一天就大悟、大覺，世界上有這種人嗎？哪有不做工夫而最後得到覺悟的？達摩是走頭陀行，走苦行，其實沒有多大的用處。釋迦牟尼當年出家，有六年苦行的經驗，把身體弄得比我更差。他待在樹林裏，不吃東西，不穿衣服，又冷又餓。他以為這種苦行對他的覺悟有幫助。他跟六個婆羅門的

人混在一起，後來覺得苦行行不通，就離開那隊伍，另外尋找道路。

瞿慎思：漸悟的悟跟頓悟的悟一樣嗎？漸悟的悟是一種自覺，那麼頓悟的悟似乎又不是這意思。

老師：孔夫子講溫故而知新，是一種溫習，是漸悟。如果你不專心，不集中，學到某個東西、知識，過一天可能就忘掉了。這溫習也是蠻重要的。學問如果不繼續進行研究、追求的話，它就會慢慢忘掉了。好像船逆水行舟，不進則退。你一定要讓這導向處於進步的態勢裏，不要讓它衰退、衰亡。

瞿慎思：頓悟是大悟，漸悟是自覺，是這樣嗎？

老師：漸悟是一層一層地自覺，最後大悟，而這種大悟是自己可以確認覺悟了的。頓悟不是這樣，一定要有一個師父認證你是否到了大悟的階段。一個是自覺，一個是要有師父認證（certify）。這種認證確認你是否已經到了覺悟的境界，亦即實踐了三無，達到靈明的大覺。也不是每一個人都可以像慧能這樣，有很多因素影響。有些人可能跟慧能一樣不斷在努力，功德也不斷累積起來。可是如果沒有一個導火線，他的覺悟還是出不來。就像槍要射一個目標，你要扣動扳機（trigger），這東西也很重要。

張惟智：漸悟聽起來對於實踐過程有一個分階的階段。

老師：漸悟比較容易做到，修行漸悟的人比較多，頓悟比較少。

瞿慎思：道家的靈覺明臺心在一邊實踐的時候就一邊自覺，跟漸悟比較起來，漸悟既然也是自覺，也是在實踐，那這自覺是一種靈覺的展現嗎？用這說法來講漸悟的悟在不同的階段都在展現明覺心，那為甚麼還要到最後階段出現一個大悟呢？

老師：莊子提出人的主體明覺，如果說他有覺悟，一定是頓悟。他的著作裏面提及很多觀點，都可以看出他那種頓然覺悟的型態。老子的陳述可能就比較像漸悟。比如說他說：「為學日益，為道日損，損之又損，以至於無為，無為而無不為。」從他講的就知道，為學是一天一天增加，為道是一天一天減少。增加是增加學問，增加知識；為道是追求、體證終極真理，是日損。一日一日地損，就是把那些不中用的知識，一步一步減少。這是一種思想上的渣滓。越有學問的人，他的渣滓就越多，越執著，越計較，越有自信，以為自己是大師。這種做法肯定不是為道的，而是為學的。科學家做那麼多研究，就是漸進的理解。為道日損，損之又損，是漸漸地損失，不是一下子全部都損失。就是說，一個人退步或進步，還是有一個階段之分。漸進，漸悟或漸退，一點一點地進展或是退步。

有些人到了一個年紀，記憶能力就一點一點地減弱，並不是一下子忘掉了。那是因為年紀增長的關係，人的機能效用慢慢減弱，到最後達到一種病態，像是失智（憶）症。這種症狀是漸漸發生的，不是一下子甚麼都忘掉了。不是像有些人經過災難，一下子擋不住壓力，全部都忘掉了。這是例外狀況。我們過平實的生活，沒有甚麼大刺激，可是記憶還是一點一點衰退，這是年齡的關係，在這世間活得久了，這問題就出現。這不能爭的，你不能跟時間競

爭，跟時間競爭一定會輸。

漸悟、頓悟，通常我們主要都是注意正面一天一天地學習，慢慢進步。毛主席寫過兩句話，是對小孩子說的：「好好學習，天天向上。」這是漸悟。學問要天天向上，不能一天就上去了。你要每天用功，每天有進步。

(二)文本的判教基礎

通常一般人談到佛教義理會先想到「空」。原始佛教說意念無常、質體無我，都有空的意味。《心經》說「色即是空」、「五蘊皆空」。中觀學的《中論》（*Madhyamakakārikā*）說「眾因緣生法，我說即是空」、「以有空義故，一切法得成」。接下來還有「佛性」、「般若」、「菩提」、「如來藏」、「涅槃」、「解脫」等名相被提出來。空與涅槃意含事物的真理狀態，是一種靜態的觀念；般若、菩提是指智慧發揮明覺的作用，觀照事物的空性；佛性、如來藏表示一種主體性的心靈，是般若、菩提所從出，可讓人達致涅槃的境界。

佛性是成佛的體性（非實體義），是成佛的主體性、超越的依據，具有強烈的動感義。作為活動主體的「心」，與佛性的觀念最相應，是活動的主體。所以，智顗提出「佛性真心」的觀念。但是最重要的是，整個覺悟的歷程是必須基於宗教實踐，在這脈絡下才可說解脫、涅槃。實踐的原則是中道，具體的做法是八正道。「八」是無所謂的，增一或減一都可，但中道這總原則是必須要持守的。在實踐中持守中道，才有覺悟可言。

老師：實際上我們可以從中道（madhyamā pratipad）觀念的內容上面的發展，看到佛教對真理的瞭解，或者是說透過哪一方式來講真理，提出終極真理。還要有一個漸進的過程。你如果從中道來講，中道就是真理，是在空之外，另外一種表達真理的名相。釋迦牟尼那年代講的中道，跟如來藏這學派所講的中道或真理，再到佛教發展到中國天台、華嚴、禪宗，對中道的詮釋其實都不完全一樣。

這道理很明顯，佛陀講中道，講得很簡單，純粹是一種工夫實踐論的講法。「如來離於二邊，說於中道」。他是說，我們做事做人都不要執著於某一個極端。正極端或負極端都不好，要遠離兩邊極端，行於中道。他完全是從方法論、工夫論這一點來講終極真理。這裏面沒有牽涉「心」、「理」或是「佛性」。心、理、佛性這些觀念關連到形而上學或存有論這方面。釋迦牟尼這樣講中道，沒有發展到形而上學或存有論的階段。到了後期，如來藏思想出來了，就以「如來藏自性清淨心」來講中道、真理。這就有形而上學的意味了，因為基本上它就有存有論的意味在裏面，所謂終極存在。「終極存在」當然是存有論的觀念。進一步發展到中國，天台、華嚴都是強調以佛性作為終極真理，中道就提得比較少。

天台這方面，一方面繼續以佛性來講終極真理，這是繼承如來藏自性清淨心的系統，同時也沒有忘記中道。中道是釋迦牟尼講的，般若思想、中觀學也講。發展到了天台，它一方面依循著傳統如來藏自性清淨心、佛性來講終極真理；另一方面，也將佛陀最原初的終極真理的意涵保留下來，把兩者等同起來，就是中道佛性。終極真理一方面有中道的意味，是客觀的理則，同時它能活動，它是有機的、活動的、心靈的，不是物質的。這是佛性。所以他提出

佛性真心這種名相。

接下來就是禪，這在義理上，因為天台、華嚴已經提出圓教，既然是圓教就是最後了。如果再講，那就不是圓教，所以它只能在實踐方面下手，加強工夫實踐的重要性。所以禪的文獻，講工夫的很多，講義理的很少。它們還是跟著達摩走。「教外別傳，不立文字，直指人心，見性成佛。」這四句的工夫實踐的意味很強。這不光是在講，見性是在行動裏面見，成佛也是在行動裏面成佛。直指人心，強調心。心的動感最強，一定要從心來做。矛頭是對準你的本心。你不能離開本心來做其他的工夫實踐。你的最高主體性，最重要的東西，就是心，那是本心。

瞿慎思：這種本心可以等同於主體性的自覺嗎？

老師：層次一樣，可是本心是一個存有論的觀念，自覺是工夫論的觀念。自覺是一種行為；本心是偏向存有論那方面去，就是我們最高的主體性，就是本心、本性。

《雜阿含經》（*Saṃyutta-nikāya*）提到：「如實正觀世間集者，則不生世間無見。如實正觀世間滅者，則不生世間有見。……如來離於二邊，說於中道。」這段話主要是說佛陀不執取有與無兩個極端，超越它們的相對性，而直下契入真理，這就是中道。對有與無的迷執，是一切顛倒見解與想法的根源，所以是必須被超克的，應取超越兩邊的中道來修行。

《六祖壇經》記載慧能的一句名言：「不思善，不思惡。」就是說善惡是相對的，無善無惡的中道境界才是實踐必須達到的境

界。佛陀從出家前、苦行時期到後來悟得中道之理，認為修行就是要從各種極端的背反（Antinomie）中突破開來，並超越之，方能覺悟而成佛。因之提出四聖諦、十二因緣和三法印的說法。對一切極端予以超越，以智慧眼生起明覺，以體證涅槃、寂滅的境界，這樣的實踐原則與方法，成為往後佛教的發展方向。

老師：《雜阿含經》講：「如來離於二邊，說於中道。」在這裏，我們可以看到中道作為一個表達終極真理的觀念，它偏向存有論的概念性還是存在的。他說得不夠具體，甚麼是二邊，也沒提出一些例子。發展到六祖，他講不思善，不思惡，是從存有論轉到工夫論上面。善與惡基本上是工夫論的觀念，存有論的意味很弱。善惡作為「二邊」的例子，其他那些生死、苦樂這二邊都可以想出來。善惡只是一個例子，是偏重在倫理學、道德哲學那方面。你也可以提生死等很多其他相對性的觀念，作為二邊。比如說，苦樂，就是苦行與淫樂。苦行不好，淫樂也不好。

　　雖然都屬於佛教的義理，如果你比較細心去揣摩、鑽研的話，還是不同。《阿含經》是比較原始、粗略的思考與實踐，發展到唐朝慧能，差了很多年。釋迦牟尼比孔夫子還早，孔夫子是春秋時代，春秋以後有戰國、兩漢、魏晉、南北朝、隋、唐，差了一千多年。所以在思想和實踐上就不一樣，後來的講法比較具體。不光是叫人不要靠向兩邊傾斜，要從兩邊超脫出來。如果這樣就說完，顯得太簡單了。甚麼兩邊呢？這兩邊很重要，有跟無就是兩邊，在佛教裏就是要捨棄對有跟無的執著，這就是空，就是中道。《阿含經》講如來離於兩邊，當然包含有跟無，也包括善跟惡，生跟死，

禍與福。所以是很多兩邊被概括起來，成為兩邊，或二邊。有些人可能根器沒那麼好，沒辦法那麼快想到善惡、生死、有無，他知道兩邊不好，要離開，可是兩邊是哪些東西？水火是不是兩邊呢？善惡肯定是兩邊。這不一樣。你們覺得呢？

張惟智：善與惡是價值的兩邊，水與火是現象的兩邊。現象的兩邊不像價值義那樣絕對，那樣無爭議性。

老師：他回應得很好。善惡是價值性的，水跟火是現象的。善、惡那種融合，要把兩方面都概括起來比較難。水、火就比較容易。我們通常說水火不相容，也不表示水火真的不能放在一起。這是從物理性格來說，兩者碰在一起，火就會被水熄滅了。可是從這個範圍超出來講，我們可以說水火都是日常生活裏不能少的、很重要的兩種元素，也是讓我們能夠生存下去的元素，這就是同一了，少一邊也不行。這要看你在哪一個層次上面講。所以，水、火的矛盾是從現象來講，不能同時存在。你要把兩者放在一起才算矛盾，所以我們分開就沒有矛盾啦！特別是說用火來煮水，不但沒有矛盾，反而相融得挺好。我小時候在農村，沒有瓦斯，我們都是用柴放在爐子下面，生火，煮爐子裏的水。這樣水火相融得很好。

(三)文本的判教基準

1.動感

　　大乘佛教強調「普渡眾生」，表示一種宗教意義的動感，憑著這動感才能展開宗教運動。宗教的終極原理的基礎，應該是活動性格，能在世間起作用，影響世間人事，使之被教化與被轉化。

　　一方面，宗教有超越的面相，超越現象界、經驗界的染污與虛妄的因素；另一方面也必須與現象界、經驗界保持密切關係，以便產生導引、援助的作用。因此，這兩方面是圓滿的宗教所必須有的，既超越又內在的兩重性格。

　　中道與空都是佛教強調的終極真理。除了它們，佛教也強調緣起。前者是就世界無自性的一面說，後者則是就世間的現象、因果一面說。空是一種靜態的樣貌，緣起則是事物之生成的因或條件。後者雖有動感，但只能在經驗界說。

老師：這裏我們要特別注意動感這個觀念，因為這裏的動感不是學問上的概念，而是行動、工夫實踐的基礎。尤其是我們談到終極原理的時候，一定要強調動感。因為我們所說的終極原理並不是不圓的，完全脫離經驗世界的一種真理。而是跟現實世界有關聯。進一步說，要對現實世界有一種轉化、教化的作用。比如說，佛教一般所講的空（śūnyatā），是表示事物無實體（substance），沒有常住不變的性格。如果我們只是這樣講，那由空來表達的終極真理，就是懸空的，跟現實連不起來的一種絕對的、超越的真理。這種真理我們當然可以說它是真，可是不能說它是實。我們所要開拓的一種真理，需要是真實的真理。真，就是不虛妄。佛教裏常常講到虛妄、執著。你把虛妄破除了，真理的真那個性格就展現出來。所以我們說真，只是一種不虛妄的意味。可是還不能說它跟現實世界的關係。更不能說它有甚麼動感，能夠轉化、教化這世界，讓這世界的存在狀態得到提升。如果用佛教的詞義來說，就是這世間怎麼樣從俗諦（saṃvṛti-satya）層次向上發展到真諦（paramārtha-satya）

的狀態。這是所謂「真」。

　　「實」是另外一面，它不是虛的，不光是超越的，同時也有內在性，與我們生活在裏面的現象世界有一種密切關連。它的那種動感，可以對現實世界進行種種的活動，提升它的存在狀態，這是從存有論方面講。另一方面，從人生方面來說，我們人通常的生活，是用兩條腿踏著大地，以大地作為支撐的背景來生活的。除非這兩條腿不能走動，像是癱瘓那樣，不然的話，你的生活總是要靠著兩條腿踏著大地來進行。大地就是一種很實在的背景、環境，你一定要貼著它來生活。所以我們通常說天地，其實那重點不在天，而在地，我們說天地萬物，這萬物跟天沒甚麼密切的連繫。它主要是連著大地來講。我們一般的生活一方面就是踏著大地生活，另外一方面我們在生活裏所接觸的種種東西，都是實在的東西，不是虛妄的。雖然是經驗的世界，比終極世界、超越世界層次為低，可是大地跟周圍的環境，就是生活的一部分。我們要實實在在地生活，要生活得有一種踏實的感覺。你非要接觸這兩方面，參涉這兩方面不可，才能講所謂充實的人生，或豐盛的人生。豐盛不能光是從抽象這邊講，還是要從現實與具體的東西來講。所以實的觀念很重要。

　　佛教講空，就是把空從緣起抽離來講，這樣講空就沒有真實感。公平一點說，是真而不實。它是真的（true），不虛妄，可是它只是一個概念、觀念，不牽涉實在的東西。所以作為一種真理，它的內容還不夠，就是只有真這方面，沒有實的方面。佛教最初從佛陀開始，他的教理的重點就是空。像我剛剛所講的那種抽象意味的空，是不夠的。釋迦牟尼講「我法二空」，我是空的，法也是空的，所謂空就是沒有自性（svabhāva）。般若思想出來，也是把義

理重心放在空上面。稍微後一點到了中觀學，才提出中道這種觀念來講真理。在表達終極真理這一點方面，佛陀最初所提的「我法二空」，是比較粗疏的講法。它是有一種超越的、跟世間有一種隔離的、抽象的意味。光是包含這種意味的空，這種觀念，只能講出真理的一部分。真理是真實的，你這樣講空的話就只有真，而沒有實。實要從緣起來講，那要到唯識學才比較有系統地開拓出來。

然後提出中道，好像比空來得積極一點，可是早期般若思想所講的中道，尤其是中觀學所講的中道，它的原初的意味，還是受了原始佛教、佛陀的影響，把中道就捨離有無兩邊來講。那你講捨離，怎麼捨離呢？它就是一種工夫論的概念，是一種工夫實踐。而且它是消極方面的工夫實踐。我們講工夫實踐，有兩方面，一方面從負面講，一方面是從正面講。從負面講的話，就是要遠離一切對我們修道，或者是降低我們對真理的瞭解的障礙，可它畢竟還是消極的。像龍樹《中論》裏面，很重要的一首偈頌，就表示「八不」這種思考。不去不來，不常不斷，不一不異，不生不滅，就是八不。八不就是講終極真理，可是它是從負面來講，消極這方面來講。如果真理只是這樣的話，那好像沒有一些正面的建樹。你光是否定，光是破壞虛妄的想法，是不夠的，你要提出一些正面的想法。我們對一個問題的處理，有兩方面，一面是破，一面是立。如果你從八不來講終極真理的話，那只是有破這一面。破掉我們對它們的執著，沒有立。所以還是不夠。立就是要實實在在，把基礎建立在俗諦這方面，建立現象世界這方面。所以你光是提不著兩邊的中道，它的動感還是沒講出來。不管是空或中道，它們都是偏於理（principle）這方面。通常我們說理，有不動的意味。理表示一個

規模、標準、目標，靜態的意味很濃。所以在動感上是很弱的。我們要在理以外，再找另外的觀念，有動感意味的觀念，來講終極真理。

在佛教來講，這就是佛性。終極真理從空，經過中道，最後到佛性。佛性就是成佛的可能性，是一種潛在的心靈能力。這要跟心關連起來才能說。這三個觀念：空、中道、佛性，在印度佛教裏最重要的三個觀念，傳到中國這方面來，中國人對佛性這觀念最感興趣。所以空宗、有宗、如來藏思想傳到中國，產生最大開拓的還是如來藏思想，或者是佛性思想。天台、華嚴、禪這三個不同的學派，有一個共同的重點，都是強調佛性的，即是以心來說佛性。心有動感，而且動感很強，它可以一念三千。它有一種生發的能力，讓三千世間法生起，引發種種世間存在的生起。所以，在名相方面，它們也做了一些修改，或者是補充。

進一步說，天台講佛性，就連著中道一起講。中道是理，佛性是心，那就是中道跟佛性，讓理跟心等同起來，這是終極真理的兩個面向。然後它就講那種動感表現。它用的字眼是功用，功用是一種動感性的概念。

華嚴宗對於從印度傳過來的佛性思想，也有它的發展。你可以從它講的四法界可以看到。存在有四種層次，第一層是事法界，指一般現象的世界，是緣起；理法界是空。兩者融合在一起，就是理事無礙法界；最後把理也放開了，光是講事，因為這些事、現象都有空、理、中道作為基礎，既然有理事無礙，也有事事無礙。你可以說這是一種從本心智慧的能力所開拓出來的四法界。四法界應該也是一種漸教的講法，因為它講終極真理分不同階段，跟禪宗比較

起來，它應是漸教。建構四法界的基礎，就是佛性。它覺得佛性有力，力量的力。所以華嚴宗講到真理的動感性時，是以力用來講。天台講功用，華嚴講力用，都是表示真理的動感。

然後發展到禪宗，慧能以自性來講終極真理。其實他講自性就是佛性的意味，不是般若思想中要否定的自性。這自性也有充實飽滿的動感，它所表現的是作用。這裏很一致，都是用，天台、華嚴、禪，都強調用。甚麼方面的用？是對世間起用，這是一種宗教活動，具體來講就是普渡眾生這種活動。

大家都講用，天台講功用，華嚴講力用，禪宗講作用：作用見性，這種工夫論的觀點就提出來了。你要體證真理，佛性或是中道或是空，一定要在作用裏面才能達致。所謂作用就是跟經驗世界，跟凡夫眾生打交道，跟他們建立一種關係，然後進行道德教化、宗教轉化。這就是普渡眾生。作用見性這種說法在禪裏面非常流行，大家都很重視這方面的實踐。你如果離開世界，見性的作用便只是展示寡頭的佛性，沒有落腳點。你在哪裏做工夫呢？沒有一個對象，所以只是空談，這沒有用。你一定要面對現實的世界、現象的世界，來進行你的那種教化、轉化的作用。動感的重要性就是這樣。

我們可以從佛教這方面的觀點，轉移到儒家這方面來看，儒家也有相似的講法。儒家提天理、天道、良知，以至於當代新儒學牟宗三講的知體明覺。它是用「生」跟「用」這兩個概念來描述終極真理的那種活動，所謂「生生不息，大用流行」。這是熊十力最強調的一種真理作用。不過他所謂的真理跟易（《易經》），有比較密切的關連。他說易的本體還是天命、天道、天理、良知那些東

西。「生」就表示終極真理的生，是創生的意味。「大用流行」，裏面的「用」跟佛教的相通。所謂用的對象還是我們生於斯、長於斯的現象世界。所以你看「生生不息，大用流行」，全都是動感的性格。生生不息，是動感，「大用」是動感的一種概念，「流行」是真理活動的姿態，像水流一樣，不會斷，不會停的。大用流行是終極真理的用，那種動感，以及對世間的影響，無處不在。所謂「流行」就像大河一樣，河水滾滾流。所以我提純粹力動跟這有密切的關係。有力有動，這就是動感的觀念。可是為了跟一般現象的力與動區分清楚，我用純粹這兩個字眼，表示它是超越的一種力動、活動，沒有經驗的內容，所以是純粹的。我們通常講純粹的，是講超越的性格，沒有經驗的感性的成分在裏面。

　　然後再看一下道家，他們也是很強調終極真理的「用」的意味。終極真理所謂實（真實的實）的性格，就是對於這個俗諦層次或者是經驗、現象世界要有一種很密切的關連。在道家裏面，我們試把老子講道跟莊子講道做一種比較。我們看到老子好像比較強調動感，比莊子更強調動感。老子講道，或者是無，那種運作的動感性的活動義很明顯，他講得很清楚。像這句話：「反者道之動」，道有動感，而且對這動感的表示就是反。這個「反」字的意思非常多元，是一種具有很豐富內容的概念。一般人看反字，好像是負面的意味。共產黨對跟他們不同路的、不同意見的人，就用反字，把那些人叫「反動派」。共產黨的「反革命分子」，很嚴重，要殺頭的。如果你被視為反動分子，即便不殺頭也要坐牢，十年到二十年、三十年，人生的前途就這樣毀掉了。老子講的反沒有政治的意味，沒有反動者、反革命政治的牽連，純粹是講終極真理的道，那

種能動性、動感。

我這裏主要是強調，終極真理有兩個面向，第一個是終極性格，你可以說是真的，真正而不虛妄；另一方面，它是實的，不是虛的，實實在在跟大地、俗諦世界有很密切的關連。

瞿慎思：我想到萊布尼茲（G. W. von Leibniz）講單子論時，提到所有的存在是最好的存在，既然是這樣，為甚麼還要有宗教對現實世界的教化或轉化？

老師：好像是黑格爾（G. W. F. Hegel）講過現實就是真理，現實就是合理。他們這些講法總是離不開基督教的宗教傳統，上帝創造天地萬物，是最好的，我們所面對的宇宙萬物的世界是最好的。當它變得不好、動亂，是人心在搞鬼。上帝是給我們人一種自由意志，耶穌賜給人們的福，是沒有憂慮的。我們可以追溯到夏娃、亞當這些故事，他們不守上帝的誡條，吃禁果，那原罪（original sin）就這樣來了。不過上帝也是一個很有動感性的觀念，不然祂怎麼能創生世界，跟儒家講道的創生性，與道家老子講反者道之動，還有婆羅門教（印度教）講大梵創作萬物，又引到萬物的轉化，都是一樣。都是動感意味很濃的觀念。

不過它們的基本立場不一樣，上帝、基督教的義理是實體主義（substantialism），與儒家、印度教比較相近。老子講道，講無，莊子也講自然，講道，「神鬼神帝，生天生地」，也強調生。佛教講緣起，講自性能生萬法，這是慧能講的，也強調動感。不過道家與佛教是非實體主義（non-substantialism）那條路線，在這裏就分途了。它們講終極真理都有濃厚的動感在裏面，都是相通的，可是

立場不一樣。

張雅評：京都學派與道家思想蠻接近的，都有動感在裏面，那麼它們的非實體主義的差別在哪裏？

老師：京都學派是屬於非實體主義這沒錯。它怎麼展示終極真理，有不同的講法，每一個京都學派的人物都用不同的字眼來講終極真理。這可以表示終極真理是多元性的，不是單元的。它的內容是豐富、多元。

　　譬如說，西田幾多郎講純粹經驗、絕對無、場所、上帝、絕對矛盾的自我同一，也講形而上的綜合力量。這些矛頭都指向終極真理。你看西田幾多郎以七八種不同字眼講，絕對無、場所是比較常出現的。絕對無是真理，場所也是真理，然後他把它們連起來，而成絕對無的場所，還是終極真理。然後到田邊元，他也講絕對無，他提出一個新的觀念：絕對媒介。絕對媒介是絕對無的另一種講法。他是講一種預設的精神的空間。它作為一種絕對的媒介，讓宇宙的萬物碰在一起而不會相互排斥、爭鬥，讓萬物有一種自在無礙的關係。它們要有一種背景，才能有這種關係。那種背景就是絕對無、場所，這是西田講的，田邊元講的則是絕對媒介。

張惟智：那絕對媒介跟 Horizont，有甚麼不一樣？

老師：Horizont 是海德格（M. Heidegger）講的，它的重點在存在（Sein, Dasein）。海德格最重要的觀點就是存在，從這方面來展示終極真理。而且他還是非常強調動感，就是一種表現，一種顯象。他不是把重心放在人的主體性這一方面。他是從存在這方面來

講，而這存在也分兩層，一層是經驗的存在，就是在時間、空間的存在。Seiende 就是個別的存在。總體的存在，有道的意味的存在，就是 Sein。海德格沒有特別強調人的道德理性，他不講文化意識。所以牟宗三就反對，說海德格的說法是無本的存有論。其實海德格的本是在存在這方面，牟宗三是講道德理性、道德主體，海德格不重視這方面，不大講道德問題，他是專門講存在的問題。所以都有終極真理的味道，只是你把終極真理關連到哪一些觀念，哪一些超越的東西，那就不一樣。

西方現象學胡塞爾（E. Husserl）講絕對意識，海德格就講 Sein，然後基督教講上帝，希臘哲學 Aristotle 講實體，Plato 講 idea，斯賓諾莎講自然、汎神論，這有不同的講法。可是他們總的矛頭都是對準終極真理。

張惟智：可以說 Horizont 畢竟都是在講存有，這個空間是沒有價值意味嗎？

老師：Horizont 是地理觀念，地平線的概念。不過他們是拿來用到終極真理的層次，當然這樣用的話，就沒有了這地理上的意思。

張惟智：絕對媒介是有價值意味在裏面嗎？

老師：不能馬上這樣說，應該說有宗教意味，它是一個宗教觀念，不是道德觀念。京都學派的基本理論立場是在宗教，不是在道德。所以宗教跟道德對他們來講，不能同時存在。道德要先崩潰，然後才能說宗教。他們說宗教是道德的基礎。所以他們講宗教這意味就很豐富，不過跟道德方面沒有很密切的關連。

　　當代儒學就不一樣，他們覺得道德比宗教更為基本。你講宗教，需要以道德作為基礎，以道德理性為基礎，你講宗教才合理。在道德與宗教觀念上面，當代新儒學與京都學派在態度上剛好相反。當代新儒學以道德為主，京都學派以宗教為主。所以有些西方學者把京都學派放在佛教裏面，說它是佛教現代發展的型態。這樣講是不是正確呢？很難說。因為，實際上關係很密切。其實你講道德、天命、天道、天理這方面的觀念，就離不開宗教的意味。那是形而上學的觀念。宗教跟形而上學的觀念的關係非常密切。上帝（創造主）就是形而上的實體。儒家講天命、天道、天理，也是把它看成為一種形而上的實體，不過它不講上帝，不講基督教講的人格性的上帝。儒家有「帝」的觀念，在《尚書》、《春秋》這些古典經典裏，常常出現「帝」的字眼。莊子也說「神鬼神帝，生天生地」，他也有帝的觀念，但都不是基督教的上帝。他們講的帝是講掌管宇宙的東西，不知道是人還是其他動物，好像是一種存在，它有掌管自然現象的力量。山有山神，水有河伯，樹木有管理樹木的神祇，雷電都有。每一種自然現象都有一種神來主管，可祂不是上帝。這方面是一種多神教，跟印度婆羅門教一樣。多神教的神跟一神教的神意思差很遠。一神教，如基督教的耶和華或回教的安拉，是獨尊無上的，沒有其他東西可以跟祂比較。儒家或印度婆羅門教的神是一般的東西而已，跟我們人差不了多少，祂們也會貪心，飲酒，拿很多黃金。在印度教裏，比如說老天長期沒下雨，教徒就會求雨神降雨，可是你不能只是求，你得拿酒去拜祭，可能要放一些錢在上面，求雨。所以這些神跟我們也差不多，都是有一種情感，都很貪心。你光著兩手，甚麼都不帶去求，祂們就不受理，因為沒

有禮物。像我們拜祖先，你不能甚麼都沒有就這樣拜。你要買一隻雞、一些燒肉、一些水果、酒，去拜祖先。不過拜完以後還是自己吃。可是你拜的時候，非要有這些東西當成貢品不可。所以在中國人的風俗習慣裏，祖先也是一種神，不過祂存在的領域不是在人間，而是在天上或是地下，在九泉。我們跟祂們沒有直接關連，可是也不能說他們一無所是，沒有存在的地方。祂們還是存在於你的心裏面，所以你要拜。拜祖先的人不會把祖先看成甚麼都沒有。他們認為人死以後，不像虛無主義講的所有都消失。而是將祖先視為生存在另一個地方，那不是人間，我們還是可以跟祂溝通，可是距離比較遙遠一點，祂們還是存在。有些人拜祖先是因為心裏面有所求。譬如說父親身體有病，做兒女的也會為了父親的病去拜祖先，求祖先讓父親的病早日康復。

對於空的研究，在文本中以龍樹的《中論》為依據。空是一種對自性的否定和對邪見的否定。若說自性是常住不變的實體，事物有其自性，這是錯誤的認識。我們必須否定自性以及對自性的見解。這樣我們便了解到，空表示事物無自性的真正狀態。這空作為真理看，是靜態的、沒有動感的，不能生起種種作用以影響、改變現實世界。

老師：龍樹的《中論》是以無自性來解讀空，所謂沒自性是指萬物的真正的、如實的狀態，是靜態的。空作為一種絕對的真理，表示萬物都沒有自性。這樣就完了，動感就無從說起。反而，如果你偏執空，偏得太過分，結果變成頑空，以為在世界以外很遠的那邊有空這種東西存在。這種執著要破除，才能講真理、說動感。般若思

想常常講到空空，對空執的消滅、否定，反而可以講動感。如果只講事物沒自性的狀態，那只是一種描述，給事物的空一個定義，沒有動感可言。

原始佛教提到心靈修習的四種方式，四種三昧。三昧是心靈的定止狀態；心靈若能自我專注，不離散，不生雜念，不心猿意馬，不虛耗力氣於不切實際的想法中，不生戲論，便能達到定止的狀態，這便是三昧。這是一種禪定的工夫，也是後來中國佛教強調的「止觀雙運」中止的工夫。因為它基本上是以低調、負面、非進取的方式表達，它所指涉的心靈，是處於安祥寧靜的狀態，沒有動感。

老師：三昧這字眼，原本在中文裏是沒有的。它跟梵文有直接的關連，梵文講的一種禪定，在禪定裏面你會遠離一切雜念，把精神專一起來。這禪定是一種靜態的修行，梵文是 samādhi。通過這種修行，就讓心變得很專精，沒有雜念。所以玄奘碰到這字眼，用「三昧定」，或者簡單一點用「三昧」來翻譯這字眼，跟數目完全沒關係。有些人搞錯了，以為跟三這數字有關係。實際上，它是音譯。從讀音來翻譯就很好，「三昧定」，很相稱。

修行方式，原本應該處於活動之中，並且有動感的成分。但這裏所提的修行卻是收斂的，是個人內心凝注、定止的方式，與他人無涉，也缺乏與他人的互動，僅在教人不執取相對極端，雙離二邊，沒有後來中國佛教中發展出來的強烈的動感意味。空是事物的真理、終極真理，是一種理想義，中道是實踐方法，以體證空的真

理，不大具有動感義。

老師：後來中國佛學講到功用、力用、作用這些，才強調真理的強烈動感。

　　般若思想中，最重要的是空的觀念。它在有些地方與如來藏或如來藏自性清淨心的觀念相通。這思想討論空的論證較鬆散，但提到般若智（prajñā），可以觀照諸法，洞悉它們的空的本性，有鬆動的認識論的意味。這是主體以睿智直覺認識事物，視其為無自性、空。這與康德所提的認識物自身不同之處在於，般若智的認識是認識事物的空的本質，但不能給予事物存在的內容。康德的睿智直覺（intellektuelle Anschauung）能創造事物，般若智則無法創造事物，只能觀照事物。如此一來，般若智動感的意味就降低了。

老師：般若智也會引起一些問題。般若的來源還是梵文：prajñā，指一種觀空的智慧，不是一般的認識能力。它是一種宗教意味的智慧。如果用普通話來講，有人把它寫成般若。這跟原來梵文發音有關。prajñā-pāramitā，「般若波羅蜜多」，是一種完全的智慧。這純粹是從梵文作的一種音譯。這種字彙也顯不出動感，因為根據《般若經》的講法，這是一種觀空的智慧，不是甚麼其他的智慧。觀空是觀事物沒有自性，所以是空這種真理。所以，般若就是觀真理智慧的能力，真理就是空。

　　唯識學也說空，不多說中道。依唯識學，存在世界的一切事物都沒有獨立實在性，都是心識轉變或詐現的。因此，它們是無自性、空的。在《解深密經》的第三時教中，《華嚴經》

（*Avataṃsaka-sūtra*）、《解深密經》說到中道時，以非空非有、亦空亦有的中道境界作為一切事物的最後歸宿。雖然唯識宗討論中道，但其關心的焦點在於心識如何變現以開出主體的自我與客體外境的存在世界。這裏的動感是以用來說，以真如具有用的動感性。如《成唯識論》（*Vijñaptimātratāsiddhi-śāstra*）說：「真如出所知障，大悲般若常所輔翼。由斯不住生死、涅槃，利樂有情，窮未來際，用而常寂。」

老師：這裏有兩點。這裏提的《華嚴經》、《解深密經》講中道，是非空非有，亦空亦有，這種句子的表達是不通的，有矛盾的。我們通常說一個東西是非空，那就是有了，然後，亦有亦空，空與有是對反的，不能同時肯定。你只能說空而不有，或者是有而不空。不過佛教以至於印度哲學他們用的表達方式，不是我們通常的邏輯方式，而是辯證法，或弔詭，一種矛盾。它也不是很簡單的矛盾。它用非空非有，用雙非，來表達空，或中道。它的意思是說否定、超越或克服空的那種相對性，然後又否定、超越有的相對性，到一種絕對的境界。你把空、有所生成的相對性否定掉，然後顯出絕對的空或中道。所以非空非有是雙非，然後亦空亦有是相同、雙邊的肯定，這都不符合邏輯。他們有自己一套表達方式。然而你看，用而常寂，這裏的「用」是一個關鍵性的字眼，不要錯過。這是唯識表達動感的名相，可是它講這個「用」不徹底，因為後面是常寂，馬上把用的動感淡化了。

　　《大乘起信論》提出三大：用大、體大、相大。在這裏，我們要注意用大。在《藏經》裏面說《大乘起信論》是馬鳴寫的，其實

這有作者的問題。馬鳴（Aśvaghoṣa）的年代比龍樹還早，可是在中國佛教傳統說馬鳴是《大乘起信論》的作者，這裏有作者的問題（authorship）。因為你從內容來看，可以看到很多唯識的思想，它應該是在唯識學以後才成立，才有這本論典。可是我們只能說到這裏，不能繼續說到底是誰寫的。因為，根據現有的文獻，經過很多學者的研究，他們都說《大乘起信論》應該是在唯識學流行以後才出現，不是馬鳴寫的，這不對。可是，是甚麼人寫的，就沒有答案。有人說是真諦（Paramārtha）寫的，有人堅持是馬鳴寫的。我們通常談到這點就避開作者問題，通常都說是唯識以後的著作。裏面提三大，用這字眼就回應《成論》講的用而常寂。它的用語也跟唯識學有點關係。

　　《大乘起信論》的動感較為強烈，書中提出「三大」：用大、體大、相大。用大是指能生一切世間、出世間善因果而言。具有創生義的動感，是由眾生心發出，眾生心是一切存有的根源。

　　華嚴思想在對世間的關懷上所表現的動感，是高於印度佛教的。創教者法藏提出在世間展開繁興大用，以進行宗教教化活動。淨源則提出「力用」觀念。事物有力用，便能收攝其他事物，將之捲藏於自己的存在性之中。當其他事物有力用時，則將該事物收為己用，另一邊放下自己，融於其他事物的存在性之中。華嚴宗的力用，是從虛處說，是從關係、態勢中說，是在以法界緣起為目的的理想世界中說，並非實際上物理實體、形上的精神實體的力用。

老師：這裏講華嚴思想，《華嚴經》是經典，應該放在印度佛學裏面。所以我們說《華嚴經》指的是印度佛學思想。《華嚴經》傳到

中國以後，中國人根據這經典再向前開拓，然後建構成一套系統龐大的思想體系。那是中國和尚在這方面做的努力與成果，主要是法藏，他是中國華嚴宗開宗方面一位實際重要的人物。所以當我們說華嚴宗的時候，主要所說的是法藏他們所成立的宗派。講華嚴宗的思想時，主要也是集中在法藏的思想上。所以這裏要分清楚。《華嚴經》裏的思想是繁衍印度佛教那方面的思想，華嚴宗裏面的思想是繁衍在中國裏面成立的華嚴宗的思想。兩者不是完全一樣。當然關係是有的，可是在一些比較重要的問題觀點上，是法藏他們的開拓與努力的成果。這些思想，都在《華嚴經》裏面看不到。所以我們談到華嚴思想的時候，我們會有這種分別，就是你所講的是印度華嚴思想還是中國華嚴思想。就以《華嚴經》作為一個重點來看，如果這種思想、觀點是出自《華嚴經》，那我們就說是印度佛教的思想；你如果講到像四法界、事理無礙思想、事事無礙思想這些說法，在原始的《華嚴經》裏應該是沒有的，是法藏提出來的，作為華嚴思想或華嚴宗裏面一些很重要的觀點。所以在這裏，我們要分開一下。

　　你提到力用，這力用在法藏的著作裏面已經可以看到了。在他那本代表作《華嚴一乘教義分齊章》已經提到了。這本書通常也叫《華嚴五教章》。法藏也有《金師子章》，是法藏特別為武則天講的。武則天當年做一個短期的女皇帝，以後周作為朝廷的名號。武則天似乎對佛教有一點興趣，她跟法藏有來往，邀請法藏，並封他為國師，這是整個國家在宗教上的最高顧問。她就對法藏說，她想要比較深入瞭解佛學，尤其是法藏建立的那套華嚴宗思想。法藏便通過《金師子章》把華嚴宗裏面那種無礙的思想顯現出來。詳細的

內容就不講了。《金師子章》是發揮華嚴宗四法界裏面事事無礙那套思想的。是法藏對武則天的說法，通過這章來表達他所瞭解的華嚴宗，或《華嚴經》思想。

華嚴宗所講的力用是從虛處講，是從關係、態勢講，不從實際上的力用講。我們通常講力，或講力用，有兩個層次。一個層次是我們一般所瞭解的力量，比如說人有力量把一塊石頭搬到一個地方，這種力用是物理或生理的力用。像泰國有很多大象，他們就把象訓練培養，用來搬運重的東西，放在象背上，成為搬運東西的一種工具。這是物理的力用。另一個層次的力，是精神的力量，精神的力量也是不難瞭解。一個人他身體雖然很弱，甚麼東西都拿不起來，可是他有另一種力量，是精神實體的力量。對於他想反抗的事情，不順從、不答應，不管怎麼逼迫、折磨，他都不說 yes，而說 no，不向現實政權低頭，這種力量就是意志的力量或精神的力量。譬如說文天祥，蒙古人把他抓起來並且關在牢裏，他本來是個文人，沒甚麼力量，不懂武藝。牢裏的環境非常糟，文天祥被關了兩年，健康情況很脆弱，可他的意志就很堅強，不管蒙古人給他甚麼利誘，包括地位、金銀，他都不答應，堅持不投降。蒙古人希望文天祥做蒙古的大官，不要做漢族的民族英雄，文天祥都沒答應。這裏就顯現一種意志、精神或者是人格的力量。力量一方面可以從物理、生理來講，也可以從精神來講。華嚴宗從另一種層次來講，它是從關係來講。比如說，瀑布從上面流到下面，上面的水跟下面的水，有一個位置上的差異，上面的水對下面的水來講，它有一種潛力流下來，下面那些水就沒有這種力量。所以就動感這方面來說，上面的水的動感比較強，下面的水的動感比較弱。這裏就成為以位

置來講的一種關聯。再舉例，有三位青年聚在一起，說要一起到世界其他地方旅遊，有的人說要到埃及看幾千年前的文物，有的人說要到黃山看山勢，然後另外有個人說要坐遊船從海路環遊世界，看大海茫茫、海天一色的景觀。這三個人提出三種不同的理想旅遊的地方，這意味著其中有兩個人必須讓步，一起去旅遊的計畫才能實現。對於放棄或沒有提意見的那一方來講是無力，無力就是不能發揮影響力。如果最後那個人要到埃及看獅身人像的古代景觀，是因為有兩個人退讓，他的提議被大家接受，所以他的提議處於一種有力的位置。這種力用是通過一種關係或比較的活動而顯現出來。這也是一種力用，是從關係來講。再舉一個例子，在中國古代朝廷裏面有很多官員（宰相、太師、大元帥、大將軍等等）跟皇帝，在這群人裏面，皇帝是最有力用的，其他那些官員都要聽他的。在這種情況下皇帝是最有力的，其他官員是無力。這裏就是講出一種在關係裏面顯出的力。我們通常的生活，常常離不開關係的問題，誰有沒有力用就可以在平常生活裏顯出來。

　　所以這裏說華嚴的力用是從虛處講，從關係、態勢來講，就是剛剛提的兩個例子。這種力量不是生理、物理的力量，也不是一種意志或精神的力量。在朝廷裏皇帝荒淫無度，是暴君，其中有一個御史大臣勸誡他多修德，多注意民間疾苦，多關心社會問題，不要只過一種淫樂的生活，讓自己吃大魚大肉、飲酒，弄得自己昏昏迷迷，或是跟後宮妃嬪混在一起。皇帝聽了就很憤怒，希望這位大臣閉嘴，不然就把他宰掉。大臣就是一直講，希望講到皇帝聽話為止，皇帝忍不住把他抓出去砍頭。從這例子講，我們也可以說大臣很有力量，可以當面跟皇帝對抗、不屈服，堅持他的原則。在這情

況下，雖然皇帝可把他抓起來砍頭，可是他的力量不是很明顯，最明顯的就是那位大臣或是諫議大夫，他認為自己該怎麼做就那樣做，不向皇帝的權位低頭，所以他在這裏顯出一種精神的力量。這種力量好像也有點關係的意思在裏面，可是並不是關係性格的。如果從關係來講的話，皇帝應該是最有力量的，大臣應該順服皇帝。從這角度來講說皇帝有力，是在君臣關係之下的有力。君要臣死，臣不得不死。這種情況在古代歷史常常出現。那我剛剛講的那種，大臣不畏懼，把生命都豁出來勸諫，甚至是死諫，以生命來做賭注勸戒，就是一種道德意志、精神力量。

瞿慎思：那這種關係是複合的嗎？是精神力量，也是關係中的反關係力量？

老師：是兩種力量。一般來講君臣之間的關係，是皇帝有力，大臣無力。皇帝的聖旨頒下來，所有人都要遵從。這是一種君臣關係的力量。而大臣以一種死諫的方式，是非常強烈的方式，要他多注意天下大事，多留心民間疾苦，不要整天享樂。結果皇帝不聽，而大臣也不屈服，皇帝在盛怒之下，將大臣拖出午門斬首。大臣的這種是精神、道德意志的力量。

瞿慎思：從虛處講的力用的關係可以用法家的法、術、勢來講嗎？

老師：這是韓非所提的法術勢，法是死的，是很明顯的一些規範條文，很呆板的；術是活的，一種在變化上抓到的契機。君王對大臣的管控有一套術，老子也講道術，勢就是一種比較濃厚的關係。詳細的說法要看韓非子怎樣講才會清楚。在這邊提出這三點，領袖要

具有的三種面向。法應該是沒有關係的意味，術包含一點關係的意味，勢就很明顯。我們說勢頭，在勢頭高的時候要抓緊機會趕快做才有效果，如果在沒有勢頭的狀況下去做就沒有甚麼效果，就不能講力。情勢許可，抓緊來做某一種事，很快可以做到，可以成功，如果沒有這種勢頭，或勢頭不對，自己判斷錯了，一意孤行去做，就碰了釘子，做不成，失敗了。我想，勢頭也算是一種力，是潛力，是看你懂不懂得去用，能不能在適當的時候去發揮它。懂得怎麼去用它，它就可以為你服務，對你有好處，就是有利；不懂得去用，就會把整個事情弄壞，這就可以說是無力。

瞿慎思：在這邊是不是可以看出中國佛教受道家思想影響呢？如果從關係、態勢上去講，是不是也收攝了一些術跟勢的想法進去，以便使宗教對社會教化、轉化的活動比較有具體的發展？比如說，在說法的時候，對不同資質的人說不同的法？

老師：這是當機施教，看講話的人能不能活轉。他雖然講的是同一種道理，可是聽他的人有不同的類別，知識、興趣、能力都不一樣。所以你不能對他們以同樣的說法來講。要把他們分開。因為他們相互之間條件不一樣，當機施教是必要的。雖然內容一樣，可是你要用不同的技巧，要運用的好，讓他們相信你所講的，發揮你對他們的影響。

　　前幾天我看報紙提到，對付一群惡人，自己首先要成為惡人才能跟他們有交集，然後慢慢跟他們講道理，讓他們捨邪歸正。這是一種技巧，跟有力無力應該沒直接關連。它的重點在技巧方面，不是在關係裏面。講的人跟聽講的人不能從這個關係裏來講有力無

力。這是當機施教,是說服別人的技巧。這種技巧算不算一種力?這問題也很有意思,你有一種很高的技巧或能力,對不同人,以不同方式來回應他們,雖然道理一樣,可不同人有不同方法。好像也有點勢的意味在裏面。勢頭狀態怎麼樣,要隨機應變。勢頭會轉變,它不是死物,是一組事物合在一起烘托出來的。勢很微妙,是活的,不是呆板而一成不變。人要運用勢頭來做事,也要看勢頭隨時轉變的軌跡來處理事情,不能一成不變。可是,關係應該是有長久性,比如說君臣關係。

瞿慎思:可是如果被推翻就改變了。

老師:那是另外一種,是革命,被推翻,皇帝成為階下囚,如果農民領袖成功,變成皇帝,那關係就倒轉。譬如說,越王勾踐與吳王夫差,吳王戰勝越王,結果勾踐投降,本來他們是對等的諸侯,後來打仗,越王打敗,吳王打勝,就從對等關係(co-ordination),變成君臣附屬關係(sub-ordination)。

華嚴宗文獻雖少提中道,但主要教理法界緣起是以中道為義理基礎而成立的。中道的意思是非有非無,事物不具有自性,是非有;事物也不是一無所是,一無所有,是非無。法界緣起建立的四層世界是事法界、理法界、理事無礙法界、事事無礙法界。事事無礙法界是法界緣起的終極歸宿。事物之間因為皆為緣起性格,既為緣起,則事物不會具有常住、不變、獨立的自性,是以事物之間不具排斥性,而能處於融洽的無礙關係中。再者,事物的存在是依緣起而來,通過一定的方式聚合而成立。所以其存在不是虛無,且在

這關係中具有某種程度的穩定性與和諧性。這便是中道的非有非無之義理達到的和諧融通境界。

老師：我們可以拿京都學派的場所觀念來比較。四法界的意思不是說我們面對的事件有四個法界或四個部分，事法界、理法界、理事無礙法界、事事無礙法界應該是表現我們具體法界的四個歷程。

　　我們先看事法界，這是現象世界，是緣起。進一步看緣起本性，看四法界的事事物物，沒有自性，是空的，是進一步，高一層。再進一步，作為真理看，光是講事法界或理法界是不夠的，都有所偏，要把兩方面總合起來，讓它們相互間沒有障礙，這近於天台宗的雙邊肯定。第三個法界事理無礙，理事無礙，原理與事件交融的世界就出來了。第四個事事無礙法界是說種種不同的現象跟終極真理之間沒有障礙，因而可以終極真理作為基礎，事事物物可以直接有融通無礙的關係。也可以說是種種的現象、事物都存在於理法界裏面。事跟理這兩方面協調得很好。在這裏講的理法界，是空的真理世界，相應於京都學派，西田幾多郎所講的場所（place）。它不是物理場所，而是精神空間、意識空間。很多存在都在這空間裏面，遊息於其中，自由自在。從這裏就可以講康德的物自身（Ding an sich），或道家的逍遙自得的境界。自得的境界是在郭象《莊子注》解釋〈逍遙遊〉提出來的。他說萬物有大有小，有種種不同，但都在同一個場所裏面有自得的狀態。所謂自得就是逍遙、無礙。道家是有場所的思想意味在裏面。儒家程明道講萬物靜觀皆自得，自得就表示無礙的意味。它的基礎在佛教來講就是空，在京都學派來講是場所，在道家來講是無，在儒家來講是

道，都是終極真理的層次。

趙東明：京都學派為甚麼要提出場所這一個專有名詞來講終極真理？

老師：場所本來是關連著絕對無，是終極義的觀念。絕對無在西田哲學是終極真理，它是種種現象的存有論的根源。它有主體性的內容，也有客體性的內容。這種主體性、客體性的根源，可以開拓出主體性與客體性，是主客的基礎、根源。再上溯，這個根源是純粹經驗，是經驗者跟被經驗者兩邊的根源。對它的瞭解要從存有論來講，一般人通常是這樣想，在一個活動裏面，先講活動者，跟著講被活動者。比如說踢足球，兩組運動員，進行踢足球的活動，用的就是足球。足球是被經驗者、被活動者，雙方球隊是經驗者，然後他們進行踢足球這種運動。西田從終極層次來說，不是先有踢足球的人和足球，才有足球的運動，而是次序倒轉，先有運動這種觀念，才開出踢足球的主體跟足球客體。他是以這種倒轉的方法來看這問題。這活動是純粹經驗。從這方面來講的話，純粹經驗有一種存有論的意味，它是一切主客存在的根源，在裏面還沒有主客兩邊的分化。這種分化要待純粹經驗繼續發展，進一步開拓出來。這純粹經驗，我們把它擴大，擴大到一個無限的精神的、意識的空間，就是絕對無，它也可以說是終極真理，層次跟純粹經驗一樣。他也說，這是場所，一種精神的空間、意識的空間。

我們可以進行一種比較，把華嚴思想跟絕對無的哲學來比較，異中見同。到了理事無礙境界還是不夠、不圓滿。理事無礙的法界，你那種表達語調，還是偏於肯定的、綜合的意味。如果用辯證

法來講的話，事法界就是正，理法界就是反，理事無礙法界就是合，這是黑格爾的辯證法。華嚴宗認為你到了合的階段，就有一種肯定，講事物的正面肯定狀態，或者是我們通常對事物肯定的態度，這裏面可以構成一種限制、流弊：偏歸肯定這方面。所以這不夠。最後要開拓出事事無礙法界。因為在理事無礙裏面，這個理還是有明顯的作用在裏面，跟現象、一般事物合成一體，有一種無礙的作用或關係在裏面。可裏面還有一個問題，理事無礙在這種法界裏面，主要是事跟理的關係，那如果事跟事，有沒有這種關係呢？有，可是要通過理，因為理事無礙，事 A 跟理無礙，然後事 B 跟理也無礙，事 A、事 B 是事，它們那種融合的關係不能直接建立起來，要通過理才能建立起來。所以最後還要發展，這理還是要把它挪開，讓每一種事物自身以理作為基礎而直接相連，構成無礙的關係。

　　從辯證法來講，事跟理無礙，還是有一種正面的那種語調、意味，或是肯定的語調，如果從邏輯上來看是肯定 affirmation，可是這肯定也不是最後的。它只能說是我們表達事物真相的一個 aspect，是從肯定而來的一面。最後還是要把理拿掉，讓現象跟現象之間直接交集在一起，只需通過理作為虛的媒介，就可以達到無礙的境界。作為理事無礙的理轉到事事無礙的法界，展現理有一種媒介的作用，把事連起來。事理無礙，或理事無礙，種種事物跟理無礙，當然它們相互之間也有一種無礙的關係。這樣我們就可以講田邊元的絕對媒介了。這觀念相當於西田的場所、絕對無。理是一個媒介，溝通事的媒介，是絕對性格的。它一方面是絕對的，一方面是媒介。所以田邊元就提媒介來講絕對關係。

　　到事事無礙法界，是把整個世界都敞開，都打開，不只是肯定或否定，兩邊都打開。這裏就有一種超越的意味在裏面。這裏面沒有強調肯定的方式，也沒有強調否定的方式。這兩邊：肯定、否定，都給打開了，超越了。你發展肯定也好，否定也好，看你這真理是怎麼活動。從這裏我們就可以說超越。那就相應於龍樹（Nāgārjuna）在《中論》提的四句，表示真理發展的四個歷程。這是四種對事物對真理描述的方式。有，無，然後亦有亦無，然後非有非無。所以拿這四句來詮釋四法界，是很有意義的。華嚴宗的思考沒有離開般若思想跟中觀學，雖然它提比較正面具體的觀念，可是基本思考的方式還是有它的根源。我們可以在四法界裏看到龍樹四句的思考痕跡。

　　所以，關於四法界，尤其是事理無礙、事事無礙，從溯本尋源方面，可以發現龍樹四句的思考痕跡。另一方面，它整個思考的結構，有點像京都學派所提出的幾個重要觀念。就是西田的場所、純粹經驗、絕對無這些觀念，以及田邊元的絕對媒介。絕對媒介比較少人注意，但卻是很關鍵性的觀念，是田邊元承受西田哲學模式很明顯的事例。雖然田邊元批評西田，就像海德格批評胡塞爾一樣。這種事情是常常有的。像弗洛伊德（Sigmund Freud）最初和榮格（Carl Jung）關係很好，他們都是精神分析的醫生，又是伙伴關係（partnership）。榮格對弗洛伊德的一些重要觀點不同意，後來就各自發展。而田邊元也離開西田，發展自己的系統，對淨土真宗有一種非常具有啟發性的哲學思想，從淨土真宗（由親鸞開創，讓淨土思想起於印度，在中國發展，到日本而大盛）著手，進一步以絕對媒介（absolute Vermittlung）的觀念作為基礎，發展出他的一套

懺悔道哲學。懺悔道哲學可以說是田邊元對淨土真宗的一種創造性的詮釋。這問題比較複雜，在這裏就先擱在一邊。

　　天台宗提的真理具有強烈的動感性，以中道等同於佛性，形成中道佛性的一個複合概念。智顗曾批評通教的中道無功用，而提出圓教的具足功用的中道佛性，強調終極真理在現象界、經驗世界起的種種化用。《法華玄義》卷五說：「明功用者，若分字解義，功論自進，用論益物。合字解者，正語化他。若豎功未深，橫用不廣；豎功若深，橫用必廣。譬如諸樹，根深則枝闊，華葉亦多。」「功」是自身的努力，「用」是對世間的作用言。總目標是教化他人，普渡眾生。另外，智顗在《四教義》卷十一論圓教，解妙覺地時提到：「化用之功，彌滿法界」，意指真理的出假化物，有明顯的周濟有情眾生的意味。另一方面，他以應身說用。《法華文句》卷九提到「力是幹用自在，即應身也。」應身是佛、菩薩化度眾生而示現的身相，是作為普遍理法的法身在世間的顯現，對世間眾生起教化、轉化。

2.認識問題

　　宗教若要在現實世界起作用，進行教化、轉化的作用，必須對其有充分的理解，才能產生具體的影響，並發揮其啟迪、引導的作用。亦即是，為了確立宗教作用順利進行，建立關於現實世間的客觀、準確、有效的知識，是必要的前提。這一部分是要討論認識論的問題，也牽涉到對與認識對象相關的存有論的討論。

　　知識論的發展，在佛教的體系中，到唯識學派，特別是陳那（Dignāga）與法稱（Dharmakīrti），才有較為完備的知識論。其

後亦有後學承繼。在佛教體系中發展的知識論有一共同點，即是把邏輯推理和辯證法也包括在內。在文本中主要討論的內容是知覺論，知覺論的知覺亦稱直覺，日本學者有時將它譯為「直接知覺」，近似感覺或感性，是「認識手段」、「量」，一般稱現量（pratyakṣa），與邏輯推論的比量（anumāna）對說。

老師：這裏有一些補充。這裏談的認識問題在佛教裏稱為量論，量是知識。量論的重要原於我們要對世間種種現象、我們自己的生命存在，有充分的知識，才能進行宗教上的轉化活動。能夠有效地利用我們周圍環境的事物、東西，來進行宗教上，尤其是佛教普渡眾生的工作。所以這整套理論，通常有三部分，首先是形而上的立場。在儒家裏有關天命、天道、天理、良知這方面作一個觀念上與理論上的建構。這屬於理論方面，或形上學方面。接下來就是講量論，就是剛剛所講的，對內外世界有一個比較深入而寬廣的理解，這不是為理解而理解，像有些人進行科學研究，純粹是為研究而研究。我們在這裏講的這套系統有一種實用性在裏面，要普渡眾生，需對世間種種情況有瞭解。譬如說你要蓋一座橋樑，首先你要具有對於橋樑做法各方面的知識才能蓋得好，讓交通工具可以從某一邊開往另外一邊。其中尤以物理學中的力學為不可少。所以量論非常重要。

當年熊十力先生寫了《新唯識論》，下一步就是要寫量論，他在自己的著作裏也常提到，要建構一套量論。以他的背景來講，他是要參考佛教的量論，來做自己的那套新唯識論的量論。雖然他的新唯識論立場已經遠離佛教，從佛教的非實體主義轉向大易的生生

不息大用流行的實體主義立場了。可是因為他的學力是從唯識學上來的，如果要做量論的話，那就要按照唯識學的脈絡做下去，你不能完全離開佛教、唯識學，搞一套新的量論或知識論。像康德的作法，他自己提出一套認識心的批判或純粹理性批判，裏面講知性、感性、睿智的直覺，他也是從歐陸理性主義的傳統開始，他不是一開頭就提出自己的意見，他是吸收了歐陸的知識論，再加上英國經驗主義的知識論，再來一次總的疏通與批判，然後才做成《第一批判》的知識論。

這過程非常巨大，他有一套客觀義理的根據，一方面是承先，另一方面是啟後。承先是總括了理性主義跟經驗主義的成果，再反省前人不足的地方在哪裏，然後自己作總的反思，才做出他自己的量論，這是《第一批判》所講的。他為了寫《第一批判》，沉思了十年，十年裏都沒做別的事情，都是在思考怎麼樣建構一套以知性、感性為主的知識論。承先，我是說理性主義跟經驗主義，理性主義有三個人：萊布尼茲、笛卡爾（Rene Descartes）、斯賓諾莎（Baruch de Spinoza）。英國經驗主義也有三人，洛克（J. Locke）、巴克萊（G. Berkeley）與休姆（D. Hume）。尤其是休姆，他提出很棘手的問題：因果問題有沒有普遍性跟必然性。休姆的答案是沒有，是從我們在平常生活裏面根據一般的習慣來觀察，觀察多了就形成一條因果性的規律，這裏面沒有必然性，也沒有普遍性。像我們常講火燒，水滾，這種因果的關係，有沒有必然性？休姆說沒有，只是我們在生活上看到這種情況，有這種經驗，每一次看到火燒，就接著看到水滾，於是我們在主觀上就產生連結關係，說火燒、水滾有一種因果關係。休姆也很厲害，能挑戰因果

律。

康德進一步思考這問題：必然性與客觀普遍性這些關於現象的律則的性格，涉及存有論上的一些先天的連繫。因與果是一種連繫，實體與屬性又是另一種連繫，這種連繫不是純粹客觀的，而是有主體因素在裏面，跟我們的知性思考有密切的關連。我們的知性的思考，是基於一些有客觀性、必然性的概念來進行。這些概念他就把它們稱為範疇（Kategorie）。這裏有我們的知性主體的想法，跟客觀現象的實際情況有一種交集。它裏面有一大套講法，有關範疇，或先驗綜合判斷，它的客觀性與必然性為甚麼可以成立，我們主觀的知性為甚麼能夠套用在客觀外來的雜多、資料，通過感性直覺所吸收進來的資料中，它在中間有一個概念的推演。這就是《第一批判》最重要的，範疇的超越的或超驗的演繹（transcendental deduction）。結果他自己把範疇的理論建立起來。這是康德自己在量論這方面所做的，相當具有核心性的一項工作。

我在這裏也要批評我們的前輩在這問題上的看法。我個人覺得康德還沒有能夠完滿地解決這問題，就是範疇作為知性思考的基本概念，怎麼能用到客觀的、從外面來的雜多，那些感性的資料，怎麼能用到那些東西上面呢？對於這個問題，牟宗三先生覺得康德所做的工作，是成功的。可那是他一個人這樣想。現在這問題在西方哲學界還是有爭論。超驗演繹是不是真確的呢？有理論的必然性、概念的必然性呢？還有很多人在爭論。前一世紀，維也納學派的創始人 M. Schlick 在奧國維也納成立這一學派，以邏輯實證論為核心。裏面講的有分析的因素，有經驗的因素，也有數理邏輯在裏面。下面人才多得很，有卡納普（R. Carnap）、維根斯坦（L.

Wittgenstein）、艾耶（A. J. Ayer）這幾個很了不起的人。我們中國也有一個學者，洪謙，是受教於當時的維也納學派，特別是Schlick 的。後者的看法就跟牟先生的看法很不一樣，他質疑康德的超驗演繹的必然性與有效性。他在知識論上寫了一本書，主要是談在邏輯實證論的立場上，知識論是怎麼樣的，書名是《普通認識論》（Allgemeine Erkenntnislehre）。他裏面就挑戰康德的範疇的理論。我前一陣子在思考這理論，最後還是覺得康德的講法有問題，不是牟宗三先生說了算。他是一位大師，可是他也不是講甚麼都是完全正確的。他還是有批評的空間，這裏就是其中一個例子。我後來做量論，做到西方知識論裏面，就用 Schlick 那套邏輯實證論，看他的知識論，我覺得他講的蠻有道理，牟宗三先生一定會反對這樣的說法。我再詳細看他的講法，自己也不斷在思考，覺得康德的超驗演繹有問題。不過我在這裏不談。我只是說量論在整個哲學系統裏是不可或缺的一部分。這一點熊先生當年已經看到，他看得很清楚，可是他沒做到，因為他缺乏佛教講的認識論那方面的文獻與知識。就算有這些文獻，他也不能看，特別是唯識學的中期與後期，尤其是陳那、法稱。他們那種知識論思想，有點像康德，這些資料都是用梵文來寫，然後再有藏文翻譯。最重要那本是陳那的《集量論》（Pramāṇasamuccaya），這本書可以說是佛教講知識論最重要的一本文獻。梵文完整本不見了，斷斷續續的部分還有，整本書完整的面目看不見了。但是有藏文的翻譯。所以你要理解那些東西，嚴格來說，你就要先懂梵文、藏文，不然你甚麼事情都不能做。本來有義淨的漢譯本，但是失去了。

張雅評：它沒有其他語文的翻譯嗎？

老師：英文有。在佛教知識論裏、唯識學裏，有兩個最重要的人物，如上面提及，一個是陳那，一個是法稱。陳那那本巨著叫《集量論》（現代又譯《知識論集成》）。你瞭解一下這些人還有他們的著作就可以，不需要刻意把他們的思想記下。法稱寫了一本知識論的書來解釋陳那的《集量論》，即是 *Pramāṇavārttika*。我們通常翻譯為《量評釋》（又譯作《知識論評釋》），這本書較能正確地詮釋陳那的《集量論》。這是經典的知識論的作品。

後來佛教的知識論繼續發展，也不是停留在陳那、法稱那階段。後面吸收了唯識學派以外的概念與理論，繼續寫出著書，發展下來，其中有一個人叫法上（Dharmottara），還有不少其他學者，像寶稱（Ratnakīrti），脫作護（Mokṣākaragupta），寶作寂（Ratnākaraśānti，我對於這些名字有一種翻譯法，就是從原來名字分開一部分一部分的意思翻譯出來）。這些書可以說是集合了陳那跟法稱那些知識論的理論，再做一種綜合性的編集，裏面有其他人的說法，也有自己的說法。我們之前講的寂護，他在知識論方面都有自己的發展。所以佛教知識論，研究的人非常多，特別是德國與日本方面的學者，經過一段很長的時間，成果非常輝煌，可是就是沒有中文翻譯。我們如不懂那些相關的語文，就沒有機會知道。熊十力當年更沒有。他沒有梵文的知識，又不通日文與西文，怎麼能看呢？他講要寫量論有半個世紀，講來講去寫不出東西，因為他缺乏他所需要的關於佛教中後期在知識論發展的資料。

我自己在建構純粹力動現象學花了很多工夫在量論這方面，我

是想先把西方、佛教、中國的這方面的量論全盤作一些研究，然後在他們的基礎上再做我自己純粹力動現象學的量論。西方哲學的知識論已經出版了。我現在做中國哲學的知識論，就舉現代的三個人，就是金岳霖、牟宗三跟張東蓀，古代的沒做，它們談不上知識論。這些學問作好之後也要關連到實際的世界、實際的文化裏，以這系統作為基礎，看怎麼樣開拓出文化成果，跟歷史與人生關連的那些學問，那就是知識、道德、宗教、藝術。量論就是在中間那階段寫。熊先生非常重視知識論。可是因為種種因素，他沒能寫出來。後來我看大陸北京有位學者叫胡軍，他是研究金岳霖的，他在自己的《知識論》裏，說熊先生書裏已經有量論了。他以為熊十力已經寫了，不用再寫了。我覺得他講得太輕鬆了。熊先生有提到量論的問題，可是沒有把系統作出來，沒有白紙黑字的文獻留下來。你講哲學，除非不講現實的種種現象，只是講形而上學的玄談，你可以不講量論。可是如果你那套東西要涉及我們生於斯、長於斯、死於斯的世界，這些在世界裏進行的活動，你就非得要有一套知識論不可。不然你對周圍環境沒有認識，那你就不能利用那些環境、資源，過一種質素比較高的生活文化。你要做甚麼社會運動、宗教運動，甚至是普渡眾生都不能講。

張雅評：純粹的知識論是偏向形而上學，量論是生活世界的意思嗎？

老師：妳講知識論就是跟經驗世界有關連的那些事情，沒有純粹的知識論或知識。除非你光講邏輯、推理，根本不涉及經驗內容，對現實世界毫無關連。妳也可以自己構想一套邏輯系統，可是這甚麼

用都沒有,講得好聽一點,這是思考樂趣、智思遊戲。

張雅評:知識論跟量論都跟生活世界有關,那差別在哪裏呢?

老師:一樣,西方人說知識論,佛教稱為量論,量就是知識的意思。知識論就是量論。量是從 pramāṇa 翻譯過來,*Pramāṇasamuccaya* 就是《集量論》(陳那的著作),因為翻成知識這兩個字不夠典雅,《集量論》是比較典雅的譯法,有些人喜歡用「知識論集成」這字眼,這是日本人喜歡用的。這些梵文的文獻都不好瞭解,因為都太精簡,如果不給它進一步廣面的、深入的解析的話,那裏面的意思還是不容易彰顯出來。陳那、法稱以後,知識論還是繼續發展,一直到寶作寂、脫作護,這些人的時期才顯得比較完整,可以說是相當於康德的《第一批判》一書所講的。有人把法稱叫作印度的康德,因為他那套東西跟康德很像,但康德是德國人,法稱是印度人。我也寫過一些佛教的知識論的文字,寫了一部分,就因為要做其他的事情便暫時擱下來。我寫了一篇關於陳那的知識論,刊在《正觀雜誌》。[2]

量的問題再分析下去,量有兩種,一種是現量,一種是比量,前者講知覺(perception),後者講推理(inference)。在西方來講,推理可以說是邏輯,或者是理則學那方面,這些都不用涉及現實存在的東西,只是看推理合不合法,有沒有效。不需要注意實際上有關現實的、客觀的情況。從知覺來做,可建構出知識論,如果

2　吳汝鈞,2009,〈陳那的知識論研究〉,刊於釋致中編,《正觀雜誌》第 49 期,南投:正觀雜誌社。

用比量來做的話，那便成為邏輯，這是印度和日本那方面的講法。不過西方人喜歡把知識論與邏輯分開。金岳霖寫的書，其中一本是《知識論》，另一本是《邏輯》。兩本書都寫得蠻好。他是依照西方那種方式來定名字。在印度，或者是在佛教，講量，就是兩種。一種是現量（知覺），另一種是比量（邏輯推理）。印度實在主義將推理分為五支，陳那認為其中兩支是比較不重要的，就將推理方法縮減成三支，這便成了有名的三支推理。

瞿慎思：老師請問一下，西方偏重語意分析的發展，不是也偏離現實生活，算是認識論裏的一種嗎？

老師：語言分析應該是近似邏輯這方面，與存在世界內容扯不上關係。主要是通過邏輯思維來分析人在語言上怎麼去運用。他們有很多種分法，其中一種，譬如說「你應該說實話，不說謊話。」或是「你不應該去偷東西。」這種語言是表示道德規條，是道德語言。另外，「一加一等於二。」這也可以演化成句子，那是數學語言。再來，「太陽每天從東方升起，從西方落下。」是經驗科學的語言。這是分開的，語言哲學不研究這些經驗性的東西。

　　牟宗三不喜歡這些，認為這沒有多大意義。就新儒家他們的觀點來說，要講道德理性才有意義。像海德格講存有學，牟宗三先生認為是無本的存有學。因為本是在道德理性，而海德格不講這套，他講存有。然後，胡塞爾講意識，人的意識有一種意向性，可以在主觀方面開拓出心靈自我，在客觀上開拓出整個世界，這樣的現象學。牟宗三認為他講來講去還是出不了康德的超越統覺（transcendental apperception）的範圍，只限於知識論，沒有存有

論的意味，只是認知的意味。所以牟先生對海德格、胡塞爾都沒有好感。當年我聽他的課，受了這些影響，因為他批評這兩個人，那時候我們只是讀康德，不讀海德格與胡塞爾，所以我就延後二十多年才看這套東西，才發現跟牟先生講的不完全一樣。牟先生講的不見得完全對。

唐君毅先生曾說：「人類一切的文化活動都建基於文化意識，而文化意識的根源是道德理性。」他的文化觀念與道德理性觀念非常堅固。所以牟宗三在唐先生去世的追思會裏說：「唐先生是文化意識宇宙的巨人。」實際上，唐先生非常強調文化的開拓，文化的開拓基於文化意識，而不同的文化意識就是從道德理性開拓出來的。文化活動包括音樂、藝術、道德、宗教、科學、軍事、教育等等，甚至政治、經濟，他都把它們放在文化裏面。道德理性就是道德自我。他寫了一本《道德自我的建立》，這是在他三十幾歲寫的。他的思想很早就已經建立起來了。

瞿慎思：那麼這樣一來，是不是很容易出現一種泛道德的傾向呢？因為許多科學研究、藝術創造活動並沒有甚麼道德預設的意味。

老師：對，這當然有，傅偉勳便在這方面批評新儒家。我也覺得傅偉勳說得有點道理。我們人是一種物理的身體，能力有限，而只能專心做一兩件事。如果是這樣的話，當然要找最重要的一兩件來做。按照唐、牟的講法，你先把道德的問題弄清楚，才能做其他的研究。所以唐君毅在他最後的著作《生命存在與心靈境界》裏談到生命存在的最後三種境界：儒家、佛教、基督教。他把基督教定位為歸向一神境，佛教是我法二空境，最後最崇高的、廣大的，是儒

家，是天德流行境。以這判斷的說法來看，他是把儒家看成在精神世界上最高的一套哲學，下來才是佛教，再下來是基督教。這是九境裏的最後三境。然後才講其他的學問。講到這裏即便他是迴避以儒家為最高，以佛教、基督教為次，他還是免不了做這樣的判斷。他以天地人所謂三才來比配三教。天地分別拿來配基督教與佛教，拿人來配儒家。所以他提出人跟天地三者是構成一個鼎足的模型，有三極（triad）的意味，而以人居中。他依人的觀念發展出人文主義。再以人文主義為主軸，上天與大地的因素就是在人文的理想之下，發揮它們的效力。他有兩本書，是談論這方面問題的，一本是《人文精神之重建》，另一本是《中國人文精神之發展》，這些書是他一生中最重要的著作，最後還是放不下那種梁山泊英雄排座次的思維，把儒家定位為最後、最高層次，然後是佛教、基督教。

我的純粹力動現象學根本不需要碰這些問題，它沒有道德性格，也不是藝術、科學、宗教。它是根源，原本沒有一個指向，可是它不斷活動，在活動裏面有很多文化意識、文化成果發展出來。其中也沒有哪一個立場為最高的問題。純粹力動是沒有立場的立場。它的立場不是道德、宗教、藝術、科學，而是宇宙裏究極性的原理、動感，它不停地運轉，轉出燦爛的文化花果。

雖然唐先生盡量不想對世界上幾個大的宗教系統下一個定位的框架，不過到了最後的時候，以天、地、人來比配世界的三大教派，還是把儒家放到最高的位置。儒家是「天德流行」，佛教是「我法二空」，再下來是基督教的「歸向一神」。他認為沒有泛道德的問題，是不是真的沒有呢？

平心而論，他講「我法二空」來概括佛教還是不周延的。我

空、法空，我法二空，是印度佛教的講法，可是發展到中國佛教就不一樣了。中國佛教是以中道來取代空。在終極真理的層次以中道代替空。發展到天台宗又提中道佛性，就表示佛性這觀念在天台思想裏佔了一個很重要的位置。到了禪，轉到實踐方面去，一點也不空。他提我法二空境，中國佛教那些人一定會不同意。根據天台、華嚴的判教，我法是空的，是中觀學、唯識學的思想；法是不空的，是有部的思想。所以，如果你以在印度佛教裏中觀唯識或空宗、有宗作標準的話，就可以說我法二空，限於印度佛教裏面的中觀唯識來講。但早期的一切有部，已經不是這樣說了，依據有部，是法有我無，有實在論的傾向。所以，在華嚴的判教裏，中觀學跟唯識學都沒有列入圓教。天台的判教也沒有，它把中觀學放在通教，唯識學放到別教。所以唐先生講「我法二空」是沒有照顧到中國佛學。

在文本中以陳那的知識論和有形象、無形象的唯識學來說。陳那在知識論方面的代表作為《集量論》。佛教的知識論發展從陳那開始，才確立兩種認識機能，其理據在認識對象方面。認識的對象的類別決定我們認識的機能，認識機能是要與認識對象相應的。這兩種認識對象一是個別相（自相、特殊相），指對象的獨特相狀，與其他對象不同的相狀。另一個是一般相（共相、普遍相），指的是共通於各東西的相狀。相應於個別相的認識機能是現量，亦稱直接知覺，認識事物的個別相狀。相應於普遍相狀的是比量，相當於推理。

在陳那提出這說法之前，勝論（Vaiśeṣika）提出的主張是，在

我們心識之外的東西，都具有實在性。其認為人的各種認識機能都能認識同一種對象，不論是透過眼睛看到、身體接觸或是思想推理，都會認識同一的事物。但是陳那認為以現量獲得的知識，和推理獲得的知識是不同的。在這裏，陳那與康德較為相近，康德將認識機能分為感性與知性，前者相當於現量，後者相當於比量。

　　現量與知識論較為密切，以下先就現量討論。文本中提到，陳那主張直接知覺是透過對思維的否定而顯出，凡認識能力不含有任何思維成分在內，就是直接知覺。透過否定對思維的存在來界定直接知覺，是對思維的「觀離」（apoha）。思維與直接知覺是相反的。直接知覺不運用任何概念去了解事物。思維則是透過思想作用，運用概念去了解、分別事物。「觀離」又作「他者的排除」。

　　直接知覺是對應於梵語 pratyakṣa 這名詞。這個字由 prati 與 akṣa 組合而成。akṣa 指感性、感官，prati 是附加詞，指「相對於」、「在前面」、「相近於」、「在於」等意思。兩部分合起來的語詞是「相對於感官」、「相關於感官」、「在感官範圍內」的意思。陳那在《正理門論》（*Nyāyamukha*）提到：「現現別轉，故名現量。」其意味是就各個個別感官而分別運轉的，是現量，是 pratyakṣa。

　　陳那知識論的基本觀點是，人只有兩種認識機能，一種是直接知覺，即現量；一種是思維推理，是比量。遠離思維、分別，沒有思維、分別的認識，便是直接知覺，是現量。現量不能以語言、概念加以表述。因為使用語言與概念時，就牽涉分別的問題。現量是不涉及任何分別的。

　　我們認識外物，是先以直接知覺把握個體物的個別相狀，然後

才使用普遍性格的概念來概括個體物。後面步驟需要運用思維來作分別，概念本身便是一種思維作用。這是比量的作用。

老師：陳那提量有兩種，一種是現量，一種是比量。現量用直接知覺來講，這是日本佛學研究界共用的。比量是推理。直接知覺相當於西方知識論的感性的直覺。一般也是這樣瞭解直接知覺（direct perception）或是感性直覺（sensible intuition）。直接知覺在字面上我們可以考量一下，為甚麼要用直接？裏面有一個意思是，沒有主客分別的知覺。就是在這種知覺活動裏面，沒有哪一邊是能知覺，哪一邊是所知覺的，沒這種分別的活動。如果是這樣的話，其實直接知覺可以有兩種解讀的方式，一種是離開種種概念分別的直覺；另一種是這種知覺不含有主客分別在裏面。再進一步來講，主客這些分別都混在一起。沒有主客分別。這是不好的意思，你把能知跟所知混起來，這表示你的心裏面是混沌的。另外一種是好的，是離開主客分別的意味的那種知覺活動。陳那應該是第二種的意味。他還是肯定知覺本身是一種正面的認識能力。可是這種認知，是沒有主客分別的認知。這種認知，有兩個層次，一個層次是感性的認知（sensational recognition），一個是睿智的認識（intellectual recognition）。如果是這樣的話，我們就可以把這後一意思跟西田幾多郎提的純粹經驗做一種比較。

先說西田的純粹經驗觀念。這是在存有論上，先於主客分別的原始狀態（original state），沒有主客分別在內的活動狀態，這就是純粹經驗。依照西田的講法，一切認知都是以純粹經驗為出發點，純粹經驗是一種遠離、超越主客分別的活動。從存有論來講，

西田認為純粹經驗是先在的，對主客分別或者是主觀／客觀的對反有一種存有論的先在性。你也可以說純粹經驗是工夫論的觀念，你要離開種種主客思維，回歸到意識最原始的狀態，沒有主客分別。這就可以講終極真理了。你怎麼樣能達致純粹經驗這種境界，要修行才行。西田也修行，講禪講得很少，可是他每天都坐禪。講了也講不清楚，乾脆去修，去坐。從這邊來講，純粹經驗就有工夫論的意味。我想，純粹經驗一方面有存有論的性格，另外一方面也有工夫論的性格。所以，他看純粹經驗是宇宙的根源，一切主客活動最原初的狀態，是一個出發點。從這裏出發，是沒有主客分別的，它可以開拓出種種活動，或者種種存在的東西。這些活動、存在的東西就有主客分別。所以他講純粹經驗是有一種很濃厚的終極真理意味。

陳那講直接知覺有沒有這個意味呢？如果有，有到甚麼程度呢？這都可以研究，不過有一些困難。陳那還是在知識論的層次考量主客兩分、主客分別，在這脈絡下提直接知覺，應該不是跟終極真理有直接關連。因為在知識論上面還有層次更高的形而上學。知識的對象背後有物自身，這些都關連到形而上學。如果我們強調他的脈絡，就不能說他離開了主客二分的知識論，而達致主客未分的，像禪所講的父母未生我前的本來面目。如果這樣的話，就跟西田的純粹經驗不一樣，西田講的是終極真理，是一切事物的根源狀態。陳那作為一代宗師，不可能把這種知覺牽連到胡塗、混沌、含糊或意識不清的知覺狀態。這裏一般人不大注意，可是我們要小心，每個概念都要抓緊。到底情況是怎麼樣，很難有一個確定的答案。除非你直接去問陳那。所以我們只能在學問上做這種分析。實

際上結果是怎麼樣？大家都不知道。我們只能說有可能是這樣。一般人如果不是那麼細心的話，是不會想到這問題的。

　　就我所瞭解，一般研究佛學的朋友，大概把直接知覺瞭解為與比量、推理不同導向的那一種認知能力。人的認知能力有兩種，一種是知覺，憑感官去瞭解，一種是用腦袋去思考，是知性。直接知覺到底有沒有西田所提的純粹經驗的意味呢？一般人都沒有注意，我自己認為直接知覺未到這個程度。

3.形象與外物：知識論與存有論

　　在知識論中，形象是指在我們認識經驗之內的，我們可憑感官接觸到的形象；所謂外物，是指在我們認識經驗之外的，我們無法憑感官接觸到的東西。外物是我們認識形象的根源，它們與形象不同的地方是，形象是內在於認識活動中，可讓我們的感官去把握及認識的；外物則在我們的認識經驗之外，是我們主觀地置定的一種外在東西，作為出現在我們面前的形象的來源。

老師：這裏涉及到認識對象的問題。在這方面，佛教傳統有兩種說法，第一種是經量部（Sautrāntika），它的說法是間接地肯定外界實在。這點跟唯識的講法不一樣。我想在這裏簡單舉一個例子：這個杯放在這裏，在我們感官面前呈現，我們看到顏色、外形，它是顯現在我們感官前面，有它的存在性。它的存在性就是作為一種現象，存在於我們感官面前，我們的感官可以對它認識。可是，在知識論上總會有一個問題：你說這個東西是實在，這沒錯，可是這實在是有條件的。它作為我們的感官對象呈現在我們的感官面前，這便有實在性。可是這只作為一種現象而已，現象是生滅法，變來變

去，沒有常住性。這茶杯作為一個現象物，在它的背後有沒有一種東西支持這茶杯，讓它作為一種現象呈現在我們感官面前呢？一般知識論都會涉及這問題。

　　經量部的看法是，這茶杯作為一種現象顯現在我們面前，那它的後面應該有一種實體性的東西來支撐它，讓它作為現象存在於我們的感官面前。它有時間性、空間性。這所謂背後的實在物或者本體，沒有呈現在我們的感官面前。可我們通常都是這樣推想，所有現象在它們的背後都有一個實在物來支持它們。這是我們的一般推理，這有點道理。所以，經量部說，這種對象背後，從推理的角度來看，應該有它的實在物。所有其他的東西都是一樣，都有它們的實在物在背後支撐它們，俾能在我們的感官面前呈現，有時間性與空間性。可是我們無法接觸這實在物，感官、意識都不能接觸。這種背後支撐的講法，我們不是親自接觸、看到背後的實在物，只是作常識的推理而已。可這推理也有一定的道理。譬如說我是一位農夫，每天都到田裏作業、耕田，用鋤頭把泥土鋤鬆。這種活動顯現一種很強的力量。那我們就說這種很強的力量一定要有一個來源，這力量的來源是從哪裏來呢？是從強壯的身體來的。如果我們沒有它，我們可能連鋤頭都拿不起來哩。回到剛才說的那種認識，這個物體作為一種現象出現在我們的感官面前，在它背後一定有某種東西支持它，它一定存在，只是我們沒有認識能力去認識它而已。所以這種東西只能在推理方面成立。憑我們所具有的能力都不能接觸它背後的實在，這就是所謂外界實在論。在茶杯背後就是外界，是我們感官作用不到的範圍。外界有它的實在性，這是經量部在這問題上的看法。這看法不是太好，可是也不很差，總算講出一些道理

來。

　　另外一種看法是唯識學的。以茶杯為例，茶杯出現在我們面前，我們感官可以感到它的存在性，眼、耳、鼻、舌、身，這幾種器官都可以感到它作為現象方面的性質，但僅此而已。至於它背後有甚麼東西？我們不能說，因為我們沒有認知它背後東西的能力。那怎麼去解釋現象性呢？或者是說這種形象呢？唯識學主張，這是我們心識的變現，或者是說心識的詐現。心識有這種能力詐現一些東西，呈現在我們的認知機能面前。它怎麼詐現呢？詐現是甚麼意思呢？這茶杯呈現在我們眼前，好像真有茶杯這種東西，這就是詐現。至於背後有沒有東西支持它？唯識學主張，這是不能說的，不能像經量部那樣說背後有一種實在物支持它。可是它也有一定程度的真實性，因為它作為一個對象呈現在我們感官面前，有它的形象，然後我們用茶杯來喝水，它有茶杯的外形、盛水的作用，我們不能說它是一無所有，不能像虛無主義一樣說它沒有。它就是好像真的有這種東西呈現在我們面前，這就是詐現。詐現是存有論的概念。唯識學就講到這裏。它背後有沒有個實在的東西呢？你可以說不知道，說沒有，我們沒有認知它的感官能力。從這點來講，唯識學這種講法和康德講的現象與物自身的關係有對話的空間。康德說，具體的東西背後可設定物自身。可是物自身只是一個設定，我們沒有器官可以認識，因為它在我們的認識器官之外，它是物自身（Ding an sich）。所以康德提出物自身的概念，它沒有積極的意味，不是說現象背後有永恆不變的東西支持它。它只是限制我們的認識範圍，把認識範圍限制在現象以內，到了物自身就不能用。物自身到底有沒有也不能確定。物自身是一種限定概念

（Grenzbegriff）。在這裏我們看到唯識學跟康德的認識論有交集的地方。

瞿慎思：為甚麼要說康德對於物自身到底有沒有是不能確定的？

老師：他說人的認識能力只有兩種，一種是感性（Sinnlichkeit），一種是知性（Verstand）。感性是一種直覺，這直覺只能吸收外界的材料、雜多。知性能把雜多加以整理，用範疇的概念來範鑄它，有次序地把它固定下來，從雜多變成對象。雜多就是一點次序都沒有，一堆亂的東西為我們感性直覺所接收。在這個層次還不能說知識。要經過我們的知性去瞭解它，以它自己提供出來的範疇去進行範鑄的作用，確定它、規定它、限定它，讓它成為對象。我們才從對象這方面建立我們對外界的知識。除了這兩個認知機能外，康德說我們沒有第三種機能。這第三種就是睿智的直覺，基本上是可以瞭解物自身，可是我們沒有，只有上帝才有。

唯識學的看法是我們的虛妄的心識能變現（pariṇāma），或者是詐現（pratibhāsa）事物的形象。形象是心識變現或詐現的結果。至於形象有沒有跟它相應的外物，這有唯識學的講法、經量部的講法，與康德的講法。知識論相應於形象，我們對形象進行認識，所以可以在這方面講知識論，我們有認識形象的機能。存有論涉及外物，外物是不是真的存在，這是存有論的問題。在茶杯背後有沒有真實的存在呢？有沒有永恆不變的存在呢？這是存有論的問題。

經量部認為根據我們的推理，應該有外界實在物，不過我們沒有機能，去認識、瞭解它。唯識學主張這種存在性我們完全不能

講，但可以講形象，後者是一種詐現，是我們心識的作用，虛妄的心識可以生起現象物，讓它詐現在我們感官面前。它是識的變現而已，它的來源是我們的心識，不是外面世界。康德是說，有，我們可以講物自身，可是我們沒有認識它的機能，只有上帝才有。他們對同一個問題有略為不同的答案。

外在實在論認為外物是存在的，它預設這些外物在我們的認識經驗之外，作為我們在認識活動中接觸到的形象的背後來源。佛教的知識論不假定這些東西（只有說一切有部 Sarvāsti-vāda 與經量部是例外），不假定有獨立存在的外物，它認為經驗之外的東西沒有獨立存在性。陳那就是持這樣的立場，他認為只有個別相指涉實在；普遍或共相是我們以思想去捕捉的，是思維假構出來的東西，本身無實在性。另外，根據唯識學派的基本說法，外界對象的獨立存在性是不可能的。即外在於心識範圍或外在於我們認知範圍，無對象可言，也無實在性可言。

老師：事物作為一種現象或是作為一種對象呈現在我們的心靈或者是心識面前，它們有現象性或經驗性。它們可以作為一種現象，或是經驗對象，出現在我們的感官面前，它們都有時間性與空間性。所有經驗的東西或者是現象都在時空下面有它們的存在性。

唯識學不承認外界存在，或是外界對象的獨立性。我們只能講那些由心識變現、詐現，作為經驗對象而出現的，我們只能說那些東西，並且認識它們。在那些東西的背後有沒有一些具有獨立存在性的東西呢？唯識學說是不能講，甚至是沒有那種東西，那是人的識心的執著作用所引起。所以這個現象、經驗對象的來源是我們的

心識。怎麼來呢？通過心識的詐現。

　　個別相就唯識的說法，是心識變現出來的相狀，不是實有其相，而是心識的詐現，是假的。心識在最初時，是抽象渾沌的狀態。為了展現自身性格，而內部起分裂，分裂出相分（nimitta），然後自己以見分（dṛṣṭi）的身分來認識這相分，並執取為具有實在的自性。相分成為認識活動的認識對象，為見分所認識。相分對見分而言是個別相，但這個別相並非獨立於心識以外的東西，它是由心識變現的，或說是心識自己產生出來的一個表象。在這認識活動之中，見分就是認識主體，相分就是認識對象。由見分認識相分，把握它的個別相，因而在認識活動的脈絡下，相分有它的經驗的實在性。因它被見分所直接把握，故有明證性（Evidenz）。至於相分之外是否還有外物作為其形象來源，唯識學的答案是負面的。以胡塞爾的思路來看，這樣的外物沒有明證性，見分不能認可其存在性，心識也不能。至於是否有外在世界作為根源，陳那認為知識論的意義決定於是否對某東西有所知，可將它的形象說出來。對於那些認識機能無法達到的東西，那些根源性的東西，卻說它具有怎樣怎樣的性質，這種說法在知識論上是沒有意義的。

老師：這是唯識學對於外界種種存有，從存有論這方面交代它們的來源。講到這裏，唯識的意味就出來了。萬法都是唯識所變現，由虛妄心識變現。我們的心識對於沒有實在性的對象，加以執著它，以見分的身分來執著相分，以為相分有常住不變的實在性，或者是自性（svabhāva）。對於那些根本不存在的東西，去執著，以為它有存在性。基於這種錯誤的、顛倒的瞭解，就會產生顛倒的行為。

你盡一切辦法去追求那些根本沒有自性、沒有實在性的東西，執著它們有自性。在這種追求裏面，你永遠追求不到東西，因為它們根本是沒有，它們根本不存在。這是自尋煩惱。從顛倒的瞭解就會生顛倒的行為，這就會讓我們永遠陷於苦痛煩惱中，在生死的世界裏流轉，而輪迴不已。這是一步一步來，我們心識有認知和虛妄執著兩方面的作用，它對由心識變現出來的對象，常常把它執著有自性，然後去追逐它，一定要得到它才能滿足。在這途程上，你費盡心力，可是收獲是一無所有。這就是從虛妄的見解產生虛妄的行為，而追逐虛妄，得到的只是苦痛煩惱，永遠被自性的觀點所束縛。人受限於束縛的狀態裏，生命就是一片苦痛煩惱，在生死海裏輪轉，而成一無盡的鎖鏈。

在這裏我們可以理解為甚麼佛教認為眾生是生活於生死苦海、苦痛煩惱的環境裏。在這裏就點明是執著本來沒有的東西，以虛為有，以無為有，是根源的錯誤。你在這根源的錯誤裏不能解脫出來的話，這一生都在苦痛煩惱裏渡過，一生又一生，以至於無窮。怎麼樣才能從無窮的苦痛煩惱的生死苦海裏解脫出來，就要靠正智。正知能把你的一切執著徹底地斬斷、捨棄，轉識成智。那些種種不同的煩惱好像葛藤般纏繞著你，動也不能動，這種生命的煩惱，你要把它徹底斬斷，斷葛藤就是斷煩惱、執著。只有這樣做，才能說覺悟、解脫這些東西。

趙東明：依老師的看法，唯識學與康德孰優孰劣？可以這樣問嗎？

老師：這問題意識還不是很清楚，是認識論、存有論還是價值論，有不同角度。

趙東明：主要是從認識論的角度，唯識學沒有預設物自身，康德設定物自身，可以分判高低嗎？

老師：我想，他們處理同一個問題，可是思想背景不一樣，所以，說法也是不一樣。在西方哲學裏，實體的觀念很重要，而人跟上帝那種關係，也很重要。所以，康德從認識心講種種事物、對象，他背後有宗教的背景。我們以人的身分去講認識論，跟以上帝的身分去講，應該是不同。所以你講認識論跟存有論與價值論，都要分清楚。人有人的講法，上帝有上帝的講法。在這問題上，關鍵的問題就出現了，這裏就涉及睿智的直覺（intellektuelle Anschauung），人沒有，上帝有。睿智的直覺可以認識物自身。所以物自身對人來講是知識上的限制的概念。你的認知只能於經驗的範圍或現象的範圍有效，你是可以運用你的感性和知性機能去認知範圍裏面的東西，一出了現象範圍，就是物自身的範圍，人行止步，就沒有進路了。人的認識能力只能到現象的邊緣，過了這邊緣，就無效了。可是上帝就不一樣，祂沒有感性直覺，可是祂有睿智的直覺，可以認識物自身，祂不光是認識它，祂是創造它。所以睿智的直覺也不光是認識物自身，也是創造物自身。在上帝這方面，物自身或睿智的直覺是正面的概念，不是虛的。你可以認識，也涉及創造的根源。這才引起牟宗三先生提儒、釋、道三家都講睿智的直覺。牟先生認為不光是上帝有睿智直覺，人也有。這樣瞭解也很了不起，他是打破康德對人的限制性。人雖有限，而可以轉化成無限。人有無限心，這無限心可以讓人從有限解放出來，達致無限的境界。這樣就把東方哲學地位提得很高，比康德還厲害。康德說人沒有睿智的直

覺，儒、道、釋說有，你修行就行。

林美惠：老師在《純粹力動現象學》裏提到睿智的直覺，提到感性跟知性兩方面。睿智的直覺是知性，是來自於上帝嗎？

老師：不是，知性與睿智直覺是不同的認知機能。我們人有知性，有感性。感性是一種直覺，知性是一種思考。我們通過感性直覺吸收外面來的雜多，這還不是知識的對象，因為它是沒有經過整理、範疇的作用。外界的雜多可以通過感性直覺為我們所吸收，我們的知性對於雜多，以它自己本來便具有的範疇作用，組織、組合、整理那些沒有次序、雜亂狀態的雜多。人這方面是這樣。上帝這方面怎麼樣？人沒有睿智直覺，但是有知性與感性，上帝沒有感性，祂有睿智的直覺，超越感性與知性的限制性，這限制性是限制我們去瞭解物自身。上帝超越這兩種機能，以睿智的直覺來瞭解物自身。牟先生寫《現象與物自身》主要是處理這問題：物自身跟睿智的直覺的問題，再對康德的講法做進一步的補充。因為康德認為人沒有睿智的直覺，牟宗三先生說人有，只要通過工夫實踐，這種直覺的能力就能培養出來。儒、釋、道同時都肯定人具有睿智的直覺的機能，不過就是工夫那方面不太一樣。

林美惠：老師認為人是有睿智的直覺嗎？

老師：人有，只能作為一種潛能而有，你要實踐出來，要通過工夫實踐。好像佛教說一切眾生都有佛性，可是這不表示一切眾生都覺悟了。你有這佛性是有成為佛的潛在的能力。這種能力要讓它實現出來，才能讓你得到覺悟、解脫，而成佛。這裏面有工夫實踐的歷

程，這是很艱苦的。在佛教講，要展現佛性而成佛，要歷劫修行。一劫就是一段非常長的時間，天文數字的時間。然後一劫一劫，也不知道要等到甚麼時候。這是漸悟的講法。頓悟就不是這樣講，「放下屠刀，立地成佛」或是「見性成佛」。妳有沒有看《現象與物自身》呢？

林美惠：還沒有。

老師：這本書非讀不可。讀得累就休息，不要像我讀得累還硬撐下去。這樣頭就會不舒服，腦袋用得太過分就會生起頭痛的問題。比較難的書看到很累，就先放下，過兩天再看。

張惟智：康德的智的直覺與牟先生的智的直覺是不是有不一樣的地方？牟先生的智的直覺好像轉到價值世界上面去，而康德的物自身好像是知性結構不能達到的地方，好像是一種生命現象的結構超越不了的。但是牟先生透過工夫，看到不同的世界，這樣講是不是把智的直覺轉到價值世界，跟康德已經不一樣了，不知道這樣是不是正確的理解？

老師：你這樣講是有道理。物自身也好，睿智的直覺也好，在康德看來，它能顯出人跟上帝的分別。這是西方基督教傳統裏的一個共識：人跟上帝的分別。人不能成為上帝。

睿智的直覺在康德來講只是消極的概念。物自身跟睿智的直覺對我們人來講，只能是一種不能實現的盼望。你可以講，可是你不能實現，因為你沒有睿智的直覺，這種直覺只有上帝才有。因為人沒有睿智的直覺，所以人不能瞭解物自身。人跟上帝有確定性的不

同（decisive and radical difference），人不是上帝，上帝有睿智的直覺，人沒有，你修行也不行。上帝是一個獨尊無上的存在，跟人不一樣，對於人來說的超越性就非常明顯。所以就康德來講，認為不要講如果有睿智的直覺就可以怎麼樣，這是一種消極的講法，不要做這種預設，沒有這種假設。如果人有，就可能變成上帝，誰敢這麼說呢？所以只能消極地說，人沒有睿智的直覺，所以人永遠不能瞭解物自身。我們所能瞭解的範圍只是現象的範圍。物自身超過這範圍了，這是一種限制的概念，把知識限制在現象的範圍，一過了這範圍，人就沒有辦法。就這一點來說，從基督教宗教的傳統思想作為西方哲學的背景來看，這樣是毫無問題，西方講哲學思想的人們一聽就懂。因為人是上帝創造出來，人跟上帝有本質上的差別。這種想法，在基督教宗教裏成長的西方人是毫無問題的，馬上可以瞭解。可是東方人的背景不是基督教，也沒有一個獨一無二的全能、全善、全知的上帝觀念，這種獨一無二的真神的觀念只存在於西方宗教：基督教、希伯來教、回教，都是這樣。

　　所以西方人講哲學，上帝的位置很重要。我們講哲學就不是這樣講，我們以人為中心，不是以上帝為中心。也講不出一個獨尊無二的上帝。儒、釋、道一講就是講人，從人講起。儒家講人，講克己復禮，從人的工夫修行來講；佛教講佛性，一切眾生皆有佛性，一切眾生是以人為主；道家講人心與道心相貫通，道心講道跟無，那種心靈是有的，可是需要修行。這三個大學派都強調這點，也強調修行。譬如說，莊子的修行的講法，跟儒家跟佛教不一樣，一個是坐忘，一個是心齋。這兩個修行的方法，是可以查到的，寫得清清楚楚，如果工夫做得周延、完滿，就可以體證道、自然。這自然

（nature）的概念，在西方，與在東方，完全不一樣。尤其是道家，道家講自然是從非常高的層次來講。「人法地，地法天，天法道，道法自然。」，這有一層一層階梯的想法，最高是自然。可是自然在西方哲學裏面，它只是我們生存的環境，而且是上帝創造的，自然是在上帝創造的脈絡下來講。那就是我們所面對的花草樹木、山河大地，這就是西方的自然。道家把自然看成為一種形而上的無限性、絕對性的終極性格。

所以哲學裏有自然哲學（philosophy of nature），如果在西方來講，它是宇宙論。西方宇宙論是宇宙萬物怎麼生起，生起以後怎樣變化，它專門講這套學問，說成宇宙論。在西方思想裏，自然跟宇宙是同一個意思。可這自然放在道家脈絡裏講，根本高出了宇宙論一個層次。道家講的自然是 transcendental 的。西方人講自然是 material 的、empirical 的。你剛剛提的那問題，有關物自身跟睿智的直覺的問題，從康德哲學跟中國哲學角度來看，有很大的輕重分別。

因為在信仰方面我們東方跟西方對終極信仰的對象的落差非常大，所以構成我們對很多方面的看法都不一樣。甚至意識型態都有關係。下降到一般生活，那種生活方式也有很明顯的差別。西方人裏有很多是基督徒，基督徒有他們的承諾（commitment），每個禮拜要去教堂祈禱，這是他們最重要的宗教活動。我們東方人拜祖先、天地，可是不拜上帝。我們中國是多神教，與印度教一樣。雙方都沒有像耶和華那樣獨一無二的尊貴的神。

薛錦蓮：宇宙論的物質性是實在性嗎？

老師：不一樣，實在性通常是從終極的角度來講。如果有些東西具有實在性的話，那它就是有永恆性、無限性，不生不滅，所以才說它是實在，或者是實體。物質的東西都是生滅法，在生滅法裏面不能講實在性。牟宗三先生以超越的觀念性與經驗的實在性來講西方哲學。我們通常講實在性或者實體性，都是在生滅法以外，不生不滅，具有無限性、絕對性的東西。像我們剛才講實在論，經量部強調實在論，就是說在現象背後有實在性存在的東西，這種東西支撐著作為現象、形象的種種不同事物。可是，我們不能接觸這種實在的東西，只能靠有形的東西（有時間性、空間性）推測。怎麼推測呢？就是從因果關係看這些有形的東西，它背後應該有它的支持者，不然的話這東西就陷於不穩固的狀態，隨時會散掉，隨時會從有變成無。實在性就是不會讓它這樣變化的因素，可是這因素只能透過我們的思想去推想，而建立起來。實際上它有沒有？不能講。因為我們沒有認識器官，或是認識機能去接觸。

張惟智：接著我的上一個問題，可以進一步推論康德講的智的直覺與牟宗三先生講的智的直覺其實沒有衝突？可以推到這個地方嗎？

老師：他們在智的直覺的義理內容的說法是相通的，可是實際上落到我們人當下的生命存在來講，我們怎麼樣去看待這種認知能力呢？這就不一樣。最主要是有跟沒有的問題。康德說沒有，起碼《第一批判》是這樣說，他抓得很緊，後來在《第二批判》講到宗教時，好像就沒有那麼堅持。可能他也受到德國神秘主義（基督教的一個分支）的影響，這種分支反對上帝跟人割裂（gap）的講法。如果有割裂，那上帝跟人的分別就一直確定保留下來。德國神

秘主義（Deutsche Mystik）學者，如艾卡特（Meister Eckhart）、伯美（Jacob Böhme）認為，上帝的本質不是有，而是無。上帝這觀念是絕對的存有（Being），人的本質是愛，跟神愛世人是同樣的。這樣委曲地講。他的意思是要表示人跟上帝是平等的，上帝並非超越不可及的對象，上帝與人在本質上並沒有分別。耶穌並非獨一無二的聖子，我們也可以通過宗教的修行，達到耶穌的境界。結果，正統基督教打壓他們，把他們說成異教徒。這是很重的罪名，要把他們趕出基督教這宏大的系統。所以他們那種活動也不能普遍流行起來。因為他們的人數太少，不能跟正統的教會抗爭。可是他們的學說還存在，我們還是看得到。這學說主張上帝跟人的本質都是愛，上帝不是絕對有，上帝的本質是無，是絕對無。在這裏很明顯的，是反對正統基督教，基督教的上帝，寫在文字上永遠是大寫的（God）。可是印度教的神是小寫的；大寫是獨一無二的至尊無上者，小寫表示是神是多元的。所以現在西方的神學界變得非常多元化，有很多不同神學的流派發展出來。

京都學派非常欣賞德國神秘主義，把後者當成溝通東西方宗教的橋樑。絕對無在京都學派裏面就是最關鍵的觀念。所以你能提這問題也不錯。只是一般人說基督教多得很，是哪一個派別的基督教？臺灣也有很多不同的民間宗教，通常都放進道教裏，其實也不是，不能隨便放，道教有它的體制規模。

卡爾巴特（K. Barth）是正統的基督教，他用的是《羅馬書》，也有自己的《教會教義學》，這教義用 dogmatics，這字也不是很好，有獨斷的意思。田立克（P. Tilllich）也自成一套系統，也有相關的著作。還有布魯納（E. Brunner），是巴特的對

手。還有摩門教。就近、現代的階段來說,西方神學特別是德國神學,有飛躍而多方的發展,其中重要的神學家還有布爾特曼(R. Bultmann)、奧圖(R. Otto)、拉納(K. Rahner)、希克(J. Hick)、孔漢思(H. Küng)、莫爾特曼(J. Moltmann)、法頓浮斯(H. Waldenfels)、潘尼貝格(W. Pannenberg)、朋霍費爾(D. Bonhöffer)、尼貝爾(H. Richard Niebuhr)、艾柏林(G. Ebeling)等等。當代新儒學學者對他們的思想了解得極少,連唐君毅先生也不例外。

印度佛教在後期偏向知識的討論,主要是在知識論的相或形象的有、無問題上。這便是有形象的知識論和無形象的知識論的說法。前者認為一切有關外界事物的形象都存於心識的作用中,這些形象都是心識變現而成,外界並沒有實在物和它們相應。因此,我們認識對象或形象,是心識的自己認識。也就是說,我們不能見到在我們認識領域之外的事物自身。這有康德物自身的意味。例如我們看到一頭狗,這狗的形象是由我們的心識變現,並不是外界具有實在性的狗。至於外界的實在性的狗,我們只能推想它的存在性,推想它是狗的形象的來源。另外,胡塞爾的現象學,以懸擱(Epoché)的方式來處理,中止對來源不明的對象作任何正面意義的判斷。

老師:懸擱(Epoché)是胡塞爾現象學非常重要的概念,是在他的著作中不斷出現的名相。因為胡塞爾的現象學有一個很明顯的特點,我們要表達一些觀點,包括知識的問題,要有所謂明證性(Evidenz)。如果一些命題沒有明證性的話,我們就把它用括號

括住，不要講出來。把表示某一觀點的那句話擱置。因為他是非常嚴格地講明證性，一切命題如果沒有明證性，或者是明證性不能夠充分證成，就不要隨便提這些命題。

　　比如說「世界是存在的」這一個句子，如果嚴格從現象學角度來看，這句話是不能講的，要懸擱。因為它缺乏明證性。當我們說世界的時候，是就我們所接觸到的一個角落，從這些東西來講世界。其實不是整個世界，只是世界裏一個很小的角落。所以，世界這個概念，缺乏明證性。你說它存在，只是你所接觸到那部分的環境，那你沒接觸到的環境存不存在呢？沒有明證性。另外一個例子，「上帝是存在的」這句話也要懸擱，因為它也缺乏明證性。因為，上帝是存在的只是從信仰的角度來這樣說，在知識論這一關它不能通過。我們所說的知識論，對象或者是某一種事物，都是清清楚楚沒有問題的，我們才講。可是上帝，你說祂的存在是對有信仰的人才成立，對於上帝沒有信仰的，說上帝是存在的就有問題。

　　所以像這種句子，我們不能隨便講。這有他的道理。他就是要把知識這方面考量清楚。在我們利用一個命題表達某種觀點，這觀點都涉及某些知識。這種講法、觀點，一定要具有足夠的明證性，才能成立。不然的話，就有灰色地帶，不是一個準確完整的觀點。如果我們沒接觸現象學的話，就會不大瞭解，為甚麼把它說成懸擱，所以我在這裏做這樣的解釋。

張惟智：明證性的判準是依據經驗嗎？

老師：也不限於經驗，也可以包括超越的對象。這裏還需要再進一步解釋。所謂明證性，就是一些確實不可疑的事例。講到這個懸擱

或明證的問題，我們就很快會想到笛卡爾講的：「我思，故我在」。他從懷疑一切開始講，要從一般有懷疑空間的講法著手，要找出一種講法，或是一種觀點，沒有懷疑餘地的。最後他就提出「我思」，我在思考或是我在懷疑某種東西，思考或懷疑是我的一種很清晰的活動，所以表示我是存在的。只因為我做這種懷疑，懷疑甚麼都可以，從這種活動證成你的存在性。笛卡爾以為他這樣講很了不起。

後來康德批判笛卡爾，不能以「我思」為根據來推斷我的存在，或是我存在。然後，康德就做一些解釋，牽涉到自我（self）的問題，他提到三種自我，一種是對經驗性的自我有直覺，你把自我看成經驗對象來想它，這個我是在時間空間裏面的我，你對它有一種感性的直覺，這是最普及的一種我。比如說你想到今天晚上，上完這堂課，我要去吃飯，那你提這個我，就是經驗性的自我，是經過我們對它的經驗的直覺。通過這經驗的直覺，對這自我有所覺。再以知性的機能，把它確立為一個概念，一個經驗的概念。這是一種我的意思。另外一種我是超越的我。是超經驗的，涉及一些超越的因素。宗教或道德，都是超經驗的因素。一個學生，在考試的時候因為沒把書讀好，拿到試卷時不知道怎麼答，可是他又想要通過，不然的話要重修。他想到旁邊一起考試的同學，看同學的答案一定會過關。可是他想到這種行為是不容許的，違反道德原則。用作弊的方式通過考試，良心不容許。這裏就展示一種良心意義的我，在層次上是超越感性經驗的我，是道德的超越的我，是睿智的直覺的我。第三種我，我只是對「我」有一種抽象的概念思考，我對我沒有直覺，這直覺是包括感性的直覺、睿智的直覺。只是以自

己的知性在想一個智思的我，此中只有概念而沒有直覺。

　　康德拿這三個我作為標準來看笛卡爾的我思故我在。我思的我是智思的我，沒有直覺的；我在的我是存有論的我，不是抽象的，而是有實際存在性的我。不管是通過感性或睿智的直覺而建立起來，都是有直覺、實際內容的我，不是虛的智思的我。純粹思考的我是沒有直覺的。這就是笛卡爾說的我思。而我在，比我思多一個直覺。你不能從我思推斷我在。笛卡爾以為他已經解決問題了，誰能反對呢？但康德就這樣把他的「我思，故我在」的主張推翻了。

　　我思應該是超越的意味，它沒有直覺。感性的直覺是經驗的，睿智的直覺是超越的，這可以說是超越而有直覺的我。我思的我，是一種超越層次的我，可是只是智思的我，沒有直覺的我。所以，我思的我，不等於我在的我，我在的內容比我思的我多了一種東西。從我思的我，不能推出我在的我。「我思故我在」不是分析命題，而是綜合命題。我在比我思多了經驗的直覺。經驗的我，跟睿智的直覺的我，兩個我都有直覺，一個是經驗直覺，一個是超越直覺。可是我思是智思的我，沒有直覺，怎能推出我在呢？康德真是很厲害。所以笛卡爾說我思故我在，就不能成立。你也可以說這句話從現象學的角度來說，缺乏明證性，因為你沒有那種直覺。你光說我思，只是在思，不能說存在，只有有直覺的成分才能說存在；不管它是睿智的直覺或是經驗的直覺。所以這裏就有一個明證性的問題在裏面。我思沒有明證性；我在，有。

　　還有一點比較深入，胡塞爾強調一種絕對意識（absolute consciousness）。從這裏出發是有它的意向性（intentionality），這意向性有一種構架對象的作用。對象包括主體在裏面，自我跟世界

都是由絕對意識構架出來的。中間是通過那種意向性來構架自我跟世界。自我就是能意（noesis），世界就是所意（noema）。胡塞爾的這種觀點，明證性在絕對意識裏面，也不能說是純粹道德意味，也有存有論的意味在裏面。它有一種推演，把絕對意識的嚴格性，或者是明證性建立起來。關於懸擱就解釋到這裏。

我有一本小書，《胡塞爾現象學解析》，你們可以拿來看，特別是關於絕對意識跟經驗意識的分別問題。他說經驗意識是不可靠的，另外一種是有超越意味的絕對意識。因為他很重視意識的問題，所以他提出的可以說是意識現象學。他的理論建構能力很強，思考力很強。德國人就是有這能耐。

無形象的知識論除了一些唯識論學者之外，還有一些中觀學者也持這樣的說法。他們認為，一切存在都不能離開我們的認識；對於錯誤形象的看法，有相異的主張。有形象知識論者認為，形象可以錯誤，但它在心識的存在可保留。無形象的知識論者認為，以心靈、生命的明覺來看，必須除卻一切形象的謬誤與虛妄，認為謬誤與虛妄是暫時的。必須以後續的正確形象認識來校正。這一派強調形象虛妄的可能性，只要是形象，便不能說知識的本質。他們對形象是缺乏信心的。由於外在世界不可靠，故形象與外在世界不能建立任何方式的關連，形象的來源只能以心識的分別作用、思維作用來交代。知識的本質只能就遠離形象的心靈明覺或般若明覺來說。這樣一來，知識的形象或對象最後會被置換掉、崩解掉，而認識活動最後會被提升到睿智層面。

老師：這裏涉及知識論方面的不同看法，主要是唯識學講知識論的

不同的講法。唯識學的主流持的是有形象的知識論，其他的另外說法持無形象的知識論。這兩派知識論的差別，不是原則性的差別，而是牽涉到形象的正確與錯誤應該怎麼處理的問題。

有形象知識論表示即便給後來的認識所證明是錯誤的形象，形象本身也有作用在裏面，不能取消。你說它是錯誤，是後來觀察才說是錯。你在經驗到這個形象的時間裏面無所謂錯誤，都是你自己的形象。無形象知識論就是要把錯誤的形象去掉，不重視。

舉例來說，見繩為蛇。後來你走過去看，發覺它是繩，不是蛇，那你的認識就改正了。所以先前對蛇的認識是錯誤的，可是你見繩為蛇這錯誤，這種認識也是有它的來源，你不能隨便否定。你當時根本沒有另外的東西給你參考，你的判斷是錯的。要等到你走近那條繩子，才發現這原本是繩子，而不是蛇，才知道當初的推測是錯的。在這意義下，這種認知雖然是錯誤，可是當時的確有這種認知，這認知也應該保留，不要隨便去掉。這是一種先在的經驗，即便是錯的，在當時也還是一種知識，不過是不正確的知識。

關於以上兩派的論爭，從寂護的《中觀莊嚴論》（*Madhyamakālaṃkāra*）在八世紀的提出，並在三個世紀後，由智勝友（Jñānaśrīmitra）、寶稱（Ratnakīrti）代表有形象的知識論以及由寶作寂代表無形象的知識論，進行論辯。其焦點在於，知識中的形象是真實的？知識本身同樣地是實在的？或是與作為知識本質的自己認識是真實的這一點對揚，形象是否為真實？不論是認知中的客觀對象或是人作為主觀的認識者，客觀形象是虛偽的，所以人認識到客觀對象，只是知覺活動進行而得到的自己認識

（svasaṃvedana），這才是實在。寶作寂稱此為「唯明照性」。但在形象真實論來看，不論是客觀對象或主觀認識，是不能獨立認識到沒有客觀形象的自己認識自身，形象不能從知識本質方面分割開來。直接知覺自身沒有所謂的錯誤。形象與知識的自己認識同樣是實在，這是知識的本質。真正的錯誤是在對於直接知覺的形象與解釋這形象的概念知識、分別知識沒有區別開來。

老師：這裏接著上面那段講認識的正確或錯誤的問題。這裏有一個很重要的觀點：「自己認識」，這是唯識學知識論裏很特別的語詞。意思是我我們以認識的主體這身分去瞭解外界的對象，然後構成一種知識。譬如說這包包是灰黑色，我是這樣判斷，它呈現在我感官面前。因為我自己的思想裏已經有黑的概念，也已經有包包的概念，我把這兩個概念合在一起，用來說明這包包呈現灰黑色。進一步，一般來講，這種認識、這種講法「主體認知外物」，主體是我，外物是包包，這是一般來講的對外物的認識。可這唯識學先從存有論這方面來看，不會認為包包是外在的，外在的包包根本不能成立。這包包是外界的東西？你沒有足夠的依據，它是呈現在你的感官面前，你不能說它的來源是外在，然後呈現在我們的感官面前。你說它是外在東西這一點，用胡塞爾的講法來說，你沒有明證性，它明明是在你感官範圍裏。進一步來說，這包包是我的心識所變現的，是相分。我的心識是見分，包包是相分。我的見分把包包的相分判斷為一個包包。這是唯識學所講的認識現象。在我認識包包的事件裏面，我並不是認識一種外在的或不是我自己的東西，因為它是從你的心識變現出來，所以它的存有論來源不是在外面，是

在你的心識。你認識的包包不是外在的東西，是你自己的認識，所以這又叫做自己認識。就是說，從存有論來講，是存在於或者是發生於自己的心識，不是從外面而來。外面是甚麼世界，一句話都不能講，所有的東西都沒有明證性，因為沒有直覺。在現象範圍外面的東西，不能說是存在的。因為你沒有認識機能接觸那些東西，像物自身、上帝、實體、自性，都不能說。只能說，它在我認知範圍裏面呈現為一個黑色的包包。如果再問黑色的包包的存有論根源，那是一種心識的詐現。這很清楚。

二、對於本章內容的想法

綜合前面的內容，就〈我的判教基準〉[3]這篇文章裏談到對於宗教作為人的終極關懷而言，提出宗教必須具有其自身義理上的創生性，而不是僅具有個人在收斂、靜止上的凝定性。在寬鬆意義的體上，講求不執取兩端的中道，作為實踐的原則。由於中道並無偏於任何一方，反而有綜合包括矛盾性格的兩方。故不論在義理的辨析或實踐上的活動，都有極強烈的辯證、反省的性質。在義理的掌握與具體的工夫實踐上，都強調動感。在用上，強調宗教對眾生啟迪教化的作用，以及救苦救難、普渡眾生的活動，這是人追求自身的生命的終極關懷。在追求的過程中，將力動的性格彰顯出來。我認為以力動的方式來說明人在追求宗教意義的真理上，一方面可以

3　吳汝鈞著，《佛教的當代判釋》（臺北：臺灣學生書局，2011，初版），頁 59-84。

說明、彰顯存在的活動，另一方面從個體的存在層次，在實踐層面上，從小我的工夫，到大我的關懷，在價值義的提升提供一種進路。力動說在這方面的提供具有說服力的理論基礎。

老師：有關力動的問題，如果妳所講的是一套哲學，或者說要建構一套哲學系統，著力的地方是在這方面的話，也不一定要涉及力動的問題。因為當我們說力動的時候，就是涉及對社會現實有一種作用。如果從倫理學來講，對社會有一種教化的作用。如果從宗教這方面來講，它跟社會的關係就更密切。它是要有一種動力，來對社會大眾進行種種轉化，達到宗教的目的。哲學理論並不是一定要講力動的問題。但如果是宗教運動，在社會上進行的運動，像日本的創價學會，它是從日蓮宗而來，日蓮宗跟天台宗有交集，有一定的關係，便有力動的問題。創價學會不只是要講一套學問，而是進一步以這學問為基礎，對現實社會進行一種宗教運動，幫助社會大眾解決精神上的種種問題。所以他們在這方面非要講力動不可。它的背景是《法華經》與天台宗。據我個人來看，這種宗教理論的背景如果拿來講終極真理，讓它能夠發出強烈的一種精神力量，來進行宗教的轉化運動，這可能就不夠。因為他們的背景畢竟是在佛教這方面。最能概括佛教這方面的內容就是空的概念跟理論。他們的做法一定要基於佛教來進行宗教活動，我們也樂觀其成。如果從概念或理論層次來講，空的義理背景，力動其實不夠，偏於軟弱。因為它不是一個精神實體，我們不能要求以空的觀念作為一種精神實體，發出一種精神力量去進行宗教轉化的工作。所以如果你不是講一套哲學理論，而是講宗教，怎麼在社會上發揮轉化力量，你就需

要非常重視動感的問題。終極真理的動感，一定要強調這一點。

　　法國的 Henri Bergson，他也強調宗教的能動性。他的看法是，東方這些宗教：印度教、佛教，（他沒提儒家，大概是他不把儒家放在宗教這範圍裏面講）他說其動感是不夠的。動感不夠的話，你就沒有一種剛強的力量來進行宗教轉化運動。他有舉一些例子，基本上是以小乘為例，他很少談大乘。他以小乘來講佛教，特別涉及力動觀念，是有問題的。即便他就大乘佛教來講動感，大乘佛教的終極的觀念，譬如空、中道、緣起這些，如果跟基督教作一個比較，還是不夠。因為不管你怎麼講，基本上的立場就是一種非實體主義，不能建立一種精神實體。沒有精神實體，哪來力量去教化或轉化眾生呢？他提到印度教，印度教跟佛教是不一樣的。印度教有一個大梵（Brahman）作為它的創生原理。大梵的本質是實體性格的，應該比佛教好一點，印度教的背景是實體主義。但Bergson 覺得還是不夠，他以為只有基督教在這方面符合他的要求。就是上帝以大實體（Substance）的身分，通過耶穌的道成肉身顯現在這世界上，忍受無窮的痛苦；最後犧牲了自己的生命，被釘在十字架上。他用寶血來洗淨世人的原罪，這裏有極其強烈的震撼性。所以他覺得基督教在這方面能夠表現最強的動感，這起碼在與東方的宗教的比較上是如此。

　　所以，你看道家，它不是宗教。它是一種可以說是以養生為目的，可這生也不是肉身，它養的生是精神的生命。所以如果你要講動感，道家就很難講出強有力的動感。除非你特別強調他們講的道，把道作為一種形而上的實體或者是客觀的實有來講。然後一切有、萬有，都是由道創生出來。唐君毅就有這種看法，這是實體主

義。牟宗三說道家的道是主觀的實踐境界，不是實體，而是非實體主義。道家到底是實體主義抑是非實體主義呢？這問題也不是很簡單，它好像兩方面都有。莊子偏向非實體主義。老子，特別是他所講的道跟無，則有實體主義的傾向。你也可以說在道家裏面，我們可以看到實體主義與非實體主義有一種相互交流；兩種不同的哲學立場，有一種交集、互轉，實體主義與非實體主義可以互轉。尤其是在實踐上有很多問題要解決，關於這一點在這裏沒有很多時間作詳細的探討。

剛剛所講的，你如果只是講一套哲學理論，你可以不大談動感，可如果你要建立一套宗教教義，向社會進行宗教運動，要轉化社會大眾的話，那你就非要強調一種有動感意味的終極真理才行。

瞿慎思：倫理理論常常講一套應該怎麼做的主張。可是這應該怎麼做，又不代表可以促使人真正去這麼做。因為人實際在抉擇行動的時候又是另外一套心理機制，所以我覺得倫理理論也缺乏一種促使人怎麼做的力源問題。

老師：我們要從良知這方面去講，應該怎麼做，是一種道德取向的態度，它的來源在你的良知。應不應該的問題，這種倫理學的問題基礎在良知。良知認可的事情，你就應該做。良知不能認同的事，你就不應該做。這主要是從王陽明的脈絡來講，就是康德講的無上命令（categorical imperative），在道德實踐上你必須要這樣做，沒有商量的餘地。

我們每個人生命都有這種良知。就是精神分析這方面，弗洛伊德（S. Freud）也講良知，不過他的良知跟王陽明的良知不是同一

個層次的東西。他強調潛意識的我（本我），也強調超我（Über-Ich）。在他那套精神分析裏面，所謂我有這些層次。超我跟良知有交集，弗洛伊德就是從超我講良知。你也可以提生理的我，或物理的我。不過這個我，通常我們不是很重視。心理學的我有這三種，即是本我、超我與一般的我。心理學的超我也不完全是王陽明講的良知。良知所發出的道德律令（moral imperative），跟弗洛伊德的超我，不是在同一層次。

瞿慎思：我認為倫理學也要建立動感的說法，否則我們知道對的，但是因為生理或欲望而未採取道德正確的行動。我覺得這也是需要探討的一塊。

老師：最初一開始我就提過，在倫理學與宗教學，如果你有一個意向，要教化、轉化社會大眾，你背後就要有一種很強的動感的原理或真理，如果想要建構倫理學理論，或哲學系統，便不一定涉及所謂實際行動。真理的動感性就沒有那麼重要，不講也行。維根斯坦不講真理的動感，羅素或者是 Hare 那些分析哲學家，特別是語言分析家，他們都不講。Hare 的《道德的語言》（*Language of Morals*），就是分析我們一般的倫理語言，到底表示甚麼意義，能不能傳達我們內心的意願。他只是對有道德意味的語言，探討其意義是甚麼樣。他自己也不一定要順著這種所謂道德的脈絡去生活。譬如說，我們分析「應該」，這是一個倫理學的名相，它是代表一種祈使意味，有一種力量要壓迫你應該這樣做的意味。譬如說，人應該重視環保，不應該隨地丟垃圾。他講這句話，可是自己卻會丟垃圾在街上。西方很多哲學家，講得很冠冕堂皇，可是他的行為跟

凡夫俗子一樣。黑格爾他講一大套，可是他沒有成為聖人。他也講絕對精神、主觀精神、客觀精神這種形而上學的實在。可是他的平常生活不是跟一般人一樣嗎？他也講道德、政治、國家，可是他的日常行動跟這些都扯不上關係，他只是一個哲學家。聽說他的脾氣很壞，常常罵學生。哲學家講一套，做的卻是另一套，跟我們中國儒家傳統不一樣。我們儒家傳統的學者所做的就是他所講的，知行合一。那些理學家都是這樣，孔夫子、孟夫子都是這樣。他所講的，他就自己設身處地，依據他所講的去實行、生活。

瞿慎思：倫理學如果用語言分析來講，那麼我們光講語言分析就好了，不用講倫理實踐的問題。那就不是倫理學主要探討的議題了。

老師：出家人也可以講語言分析，因為他的生活跟世間割斷了。他生活裏沒有父子、夫妻的關係。按照中國儒家倫理，夫婦應該相敬如賓，兄弟應該如同手足，互相友愛。倫理的條目我們都要遵守。出家人沒有這種關係，可是他一樣可以講倫理學，尤其是講語言分析。他所講的與自己的實際生活沒有交集。你可能會覺得這是一個缺憾，是人生不完足的地方。可是從另外一邊來講，真正的出家人，雖然沒有家庭倫理關係，可他有宗教裏面的戒條要遵守，有五戒。《水滸傳》的魯智深完全沒有守這戒律，還逼其他和尚喝酒、吃肉。他這個人根本不是宗教世界的人，現實上他又去當和尚，當和尚的原因是有人追殺他，他為了要躲避，才當和尚。當了和尚便跟世俗沒關連，官府也不能上你所棲身的寺院去抓你了。

如果要在倫理學上面講動感的話，這會涉及很多方面的問題。譬如說，自由意志，它能夠自動自覺地發出道德律令。當事人自己

要遵從這些律令，也要其他人跟他一樣遵從這種律令。如果是這樣的話，那道德律令本身就要有一種力動，一種約束力，去規範自身的行為。自由意志到底是怎麼樣的存在呢？有沒有實體性呢？這些都要考量。它是道德的根源，它是能夠自己立法，促使自己遵守這個法，也要其他人遵守。所以自由意志是有普遍性的主體性。

瞿慎思：我們也可以這樣說良知嗎？

老師：說良知的很多，王陽明、孟子、康德、弗洛伊德都講。如果你要從王陽明的哲學來講良知的話，良知有本體論的意味，而且它是實體形態的。牟宗三常常講知體明覺自我坎陷而開出知性，由知性發出認識能力去瞭解客觀世界。知體明覺基本上也是根據王陽明的良知來講的，不過它多了一些知識論的意味。因為陽明講良知不是知識的知，而是一種道德的凝聚的力量，不一定有認識論的意味。但王陽明的良知一定要有明覺。覺甚麼？覺應該做甚麼。在知體明覺中，知體屬於形而上學，明覺是道德方面的作用，是分辨是非的作用。這還不是我們一般講的認知。他所謂的明覺是對善惡有所覺，對是非有所覺。光是講良知，我覺得還是不夠周延，再加上明覺就很清楚，因為覺是一種行動。你不光是在講，而且要在你身上實踐出來。

　　關於佛教的認識論，我認為有幾點可以思考。陳那（Dignāga）與勝論（Vaiśeṣika）的分別在於陳那的認識進路是以兩個認識機能來認識事物，這便是現量與比量；勝論則認為不論哪種認識機能，認識到的都是同一種東西（例如：經驗到的火與由推

理而得的火）。在這裏，以火為例子，區分為經驗的火與火的概念，陳那認為直接知覺到的，才指涉經驗實在；概念的火，是思維的推理作用，並不具有經驗實在性。勝論認為在心識之外的東西，都具有實在性。在這一點來說，他們都肯定經驗感官上的火。只是勝論有客觀存有論的意味，肯定心識外的事物有其存在性。但勝論在區分個別經驗事物與抽象概念上，未做善巧的處理。在這一點上，陳那指出，由理性思維運作而得的抽象的概念與經驗的實在並不是相同的。但是理性的思維和經驗上的具體事物畢竟無法像陳那主張那樣可以斷然二分。這是因為，雖然概念的火與經驗的火是兩件事，但是思維與經驗的運作上是互相符應的。正如康德說的：「缺乏概念的經驗是盲目的，缺乏經驗的概念是空的」。認識的運作方式雖然可以抽取概念作為知識內容，但是概念中的火畢竟得回到具體的火上，知識才得到某種程度的符應。

老師：在這裏可以做一些分判。在哲學，特別是形而上學，有兩種不同的立場，一種是實在論，另外一種是觀念論。實在論覺得眼前看到的事物，都有實在性，在客觀方面有自己的存在性，像羅素（B. Russell）或摩爾（G. E. Moore），就是屬於這方面的立場。金岳霖，講邏輯很有名的，也是實在論者。他搞了一套所謂實在主義的知識論，把我們要認知的對象都看成為有它的實在性。進一步說，離開我們的認識機能或者是心識，有它們自己的獨立實在性。這就是哲學上所講的實在論（realism）。

　　觀念論就不一樣。我們日常見到的事物，它們本身不能講實在性，實在性要在心識裏講。在西方哲學裏有很多人都持這種觀點。

以觀念為先，這裏有點像佛教唯識學所講的理論。就是說，我們面對的對象，都不能講終極的實在性，它可以這樣顯現，可是你不能說它在離開我們的知覺、感覺這些功能以外，有它的獨立實在性。觀念論是以觀念為實在，不以外在的質體（entity）為實在。這裏所提的陳那、勝論，勝論是實在論者，陳那是觀念論者。所以我們通常講實在論是對照觀念論來講，這樣才清楚。

佛教裏面幾乎所有學派都是觀念論，都是強調心識對於外在的事物有一種先在性（priority），有一種優越性（superiority）。可是也不是佛教全部的教派都持這種立場。早期說一切有部（Sarvāsti-vāda）就是持實在論的立場，偏離了釋迦牟尼的基本立場。另外，經量部（Sautrāntika）雖然沒有像有部那麼積極宣揚實在論，不過他們有一種基本的假定：所有出現在我們認識機能前面的東西，它背後應該有一些不變的、常住的因素來支撐它。顯現在我們感官面前的東西都是會變化，是生滅法，可是在它背後的因素是不變的、常住的，俾能支撐在我們面前的這些東西。經量部游走於實在論與觀念論之間，好像兩邊都有一點牽連。有部就是很極端地，他們說「法有我無」，自我是沒有，法就是有。他們把法做了分析，分析出有七十五種，在世親的《俱舍論》（Abhidharmakośa-śāstra）裏講得很詳細。佛教除了這兩個早期的派別有實在論的趨向外，後來發展的基本上都是觀念論的立場。

又如我們認識黃色，不太可能是在思維運作中設想其物理光譜與色調，就得到黃色的知識。我們還是得在經驗生活裏找到黃色的車子、黃色的衣服，等等諸多黃色的事物，對黃色的知識才有明確

的把握。因此，如果勝論有一種後設的說明，將抽象概念與經驗事物的關連說清楚，那麼概念的火和經驗的火，在彼此符應的需求中，可以達到整合的目標。

在唯識學的發展中，出現有形象論與無形象論的論辯，這兩個派別相同的地方是認為一切的存在都不能離開我們的認識範圍。相異的是，有形象論者認為，即便認識到的形象是錯誤的，其在心識的知識處理仍是可以保留的，是存在的。但無形象論者認為明覺必須破除虛妄，而錯誤的形象正是虛妄的由來，形象並不可靠，必須一一被破除，以達致睿智層面。我認為，人類作為一種有限的理性存有者，其理性的運作無法達致完善，這是合理的推想。在這理由下，我們的認識能力與理性運作，實際上便會不斷地犯錯，也會不斷地修正。人們常常在實際的生活裏，未經修正便將虛妄的想法視為真理。但是如果主張這些芸芸眾生思維中的虛妄是不存在的，是否過於斷然呢？就存在的活動而言，不論是哪一種樣貌的存在，都是真實的存在。我們無法以特定主張告訴不同意這主張的人說：「事實上，你／妳的想法是錯誤的，不存在的。」就存在是存有者的活動歷程而言，整個歷程都具有存在性。若就無形象論者強調的生命的明覺來說，每一個存有者在不同的生命階段，對生命明覺可能會有不同程度的體證，在認識活動未達致睿智層面之前，都可能有錯誤的認識。若否認錯誤認識的存在，那麼修正的認識如何成立呢？我認為錯誤與修正的認識，是整體存在的辯證活動，並不能單方面藉由否定負價值的活動，就可以確立正價值活動的真實性。就整個認識活動而言，辯證的過程都必須被肯定。

老師：妳是想提出個人的觀點，這很好。不過這裏提到的辯證問題可以討論。這裏有兩個問題，第一個問題就是，辯證（dialectic）的實際的意義有很多種。不同思想家有他自己一套辯證的理解。他所理解的辯證是其中一種理解，另外有些哲學家也講辯證，也提出他理解的方式。辯證這字眼我們很容易錯過，以為這字眼是通行的字眼，凡是提起辯證都有固定的意義。其實不是這樣。在東西方提辯證的人很多，可他們對辯證的瞭解也不完全一樣。

　　在西方哲學裏，柏拉圖有對辯證的瞭解，那些辯士也有不同的瞭解，康德、黑格爾都各自有不同的瞭解。到了東方哲學，老子很有辯證的智慧，莊子也有自己辯證的意涵。到了佛教，最有名的就是龍樹，他那套思考方法也是一套辯證法。這裏提的辯證是甚麼意思呢？

　　另外，上文提到「你的想法是錯誤的」，你的想法可以是錯誤的，你說不存在的，這意思就比較難講。因為這想法已經表達出來了，那還說不存在。這講不通。「存在」的意思不明朗。

瞿慎思：我是順著無形象論來講，如果前者想法是錯的，後者的認識是對的，後者就可以否定前者的存在。無形象論者在達到睿智層面之前，後面的想法可以否定前面錯誤的想法。

老師：譬如說以繩為蛇這種認知，妳的意思是說，在有形象論者裏，把繩瞭解為蛇，這是錯誤的認識。在你身上發生了這種認識，這種認識，還是存在，不能否定。是不是這樣？這可以說，可是這要標示一下。

　　比如說，我說三加五等於九，你可以說這說法是錯誤的，不存

在的，如果要進一步講的話，我們可以這樣看。三加五等於九這種算法是錯的，可是你說不存在的，這就是從邏輯思維看三加五等於九這種推算方式。從邏輯、數學來講，是錯誤的，能不能說存在性？能不能從存有論這方面來說它？說它存在？

趙東明：也許萊布尼茲（Leibniz）的可能世界理論，可套用在這裏，可能世界或許存在，不一定跟現實符應。

老師：可能世界沒有出現，無從判斷。

趙東明：就數學來講，三加五等於九在十進位不能存在。但可能世界或許可以為這種狀態解套吧？

老師：三加五等於九不正確，可它也存在於犯這錯誤的人的身上，不是普遍存在於每個人的觀點上。凡是認為三加五等於九那些人，對於他們是存在，因為那是他們提出來的。可是這是錯誤的。這樣講，存有論可以跟邏輯交集在一起。

趙東明：陳那說的第二月，那樣人的知覺是正確的嗎？陳那把它歸在視現量。法稱認為是錯誤的，不能歸在視現量。

老師：這樣你是用頻率來定。面對一個月亮，A 認為一個月亮，B 認為兩個月亮。到底誰是正確？錯誤？這需要第三者來介入，可能還需要第四、第五、第六，一直下去。到了第一百人，其中一個說只有一個月亮，其他九十九人都說兩個月亮，如果是這種情況，通常我們就是用少數服從多數來做為判準。

趙東明：三加五等於九，是理性機制犯的錯誤。另一個是感覺犯的錯誤，是可以比附的嗎？

老師：應該是不一樣，邏輯這方面有必然性，你看到一個或兩個月亮，沒有必然性，只能講經驗的情況是這樣。或者是說大部分人看到都是這樣。我知道有一些人，他眼睛出了問題，看一個對象，會有兩個影子。那我們怎麼處理這種矛盾呢？我們可以說很多人看這東西只看到一個杯。可我就是看到兩個。那我看到這兩個，我就說這裏有兩個杯。你說存不存在？存在，因為那是我的視覺，我的認識結果，雖然跟別人不一樣，或跟大部分人都不一樣。可我眼睛對這東西看到兩個形象。那你怎麼解釋這種情況？我有甚麼不對麼？你只能說我的感官有問題，其他人都有正常的視覺。

瞿慎思：如果我們看到一個東西，覺得是兩個，那別人告訴我其實一個。我會用其他的感官去證明是一個，再做自我修正。所以我雖然看到兩個，但是我其實知道是一個。

老師：有一種辦法可以解決這問題，不論是三加五等於九或是看到兩個月亮。A 以他的視覺看月亮，只看到一個月亮，B、C、D 或更多人，以他們的視覺看出兩個月亮。那就表示這都是有關事實的描述。不能說誰對誰錯。因為可能是 B、C、D 這些人視覺出了問題，只有 A 視覺正常。這也不表示 B、C、D 一直下去那些人的視覺是正確，可能往後再找人來看，還是有人看到一個月亮，不是兩個。所以，在這裏面你只能講經驗性、經驗的可能性，不能講先驗的必然性。譬如說外星人，臉上有兩顆眼睛，頭的背後有一顆眼

睛。有人說人有兩個眼睛,見過外星人的人說,這不對,人有三個眼睛,兩個在前一個在後。這全都是經驗性的觀點,不管你是怎麼推下去,你都不能建立必然性。這情況跟三加五等於九的情況不一樣。

　　這裏講的辯證,京都學派西田幾多郎也有他的講法:絕對矛盾的自我同一,牽涉到絕對的層次也是一種辯證。

瞿慎思:這裏提到的辯證是把已經知道的事情去做反省與批評,比較沒有做嚴格的定義分析。

老師:凡是提出辯證語詞的人,心目中都有同一個意思,就是相反的,不正常,顛倒的。通過這些顛倒、相反種種矛盾,經過這些不正常的思考程序,然後把這程序突破了,克服了顛倒矛盾的所謂反的這一關,達致一種層次比較高的真理。應該都有這意味在裏面。所以老子說「反者道之動」。反字就用得非常好。就是說,道的運行是辯證的,它會讓你的思維通過一種背反,一種顛倒、矛盾、相反的這一個關卡,對那個對象有更高一層次的瞭解。

　　在禪宗有一個公案:南泉斬貓。南泉和百丈是馬祖的弟子,馬祖是懷讓的弟子,懷讓是六祖慧能的弟子。這是他們的傳承譜系。南泉下來就是趙州。有一次,南泉在對僧人學生開示,左手提著一隻貓,右手拿了一把很鋒利的刀,他說:「快說快說,不說我就把貓砍掉。」南泉的意思是,要求僧徒裏,有人能夠表達我們怎麼樣才能體證真理的方法。可這些小和尚大概工夫沒到家,沒有人提出任何講法。結果南泉真的把貓一刀砍死。他的大弟子趙州從諗不在場,在外訪。他是雲水僧人。他回來時,其中一個學生把這事講給

趙州聽，趙州就脫下他的鞋子，戴在頭上，一句話也不講，就這樣走了。門徒就把趙州聽了之後的反應講給南泉聽。南泉一聽覺得非常可惜，頓足說如果當時趙州在現場，這貓就不會枉死了。所以，這個謎就在反這字眼上。你的鞋子應該好好穿在腳上，你戴在頭上，這不是顛倒嗎？這公案就給趙州破了。趙州的意思就是說絕對的真理要通過有否定意味的反的辯證的歷程才能得到，不能順取。

　　最後，無形象論者說到認識活動，認為事物的經驗形象不可靠，最後必須達至睿智的層面。那麼人生活在到處都是不可靠的形象的俗世之間，如何處理經驗上的事物，並在生活上與具體事物正面地互動呢？倘若知識的形象與對象最後會崩解，這也包括否定認識主體自身的理性形象嗎？會不會是另一種自我捨棄的認識進路呢？這樣的認識理論似乎只是將吾人導向單個方面的發展，並預設某種目標。就現代的認識論發展而言，在解釋上似乎未盡周全。或許在當時這樣的發展已相當重大，且回應以往論述的不足。但時值今日，單就知識論發展方面，應該已經有相當多具有競爭性的理論出現了。

小　結

　　這篇報告主要將佛教判教的歷史背景做一概要介紹，並依據《佛教的當代判釋》一書整理判教基準的問題。老師將動感納入判教的基準，照應了個人工夫實踐以及宗教普世關懷的本質。這對整個宗教活動與義理發展的圓滿融通性，提供一理論說明並給予論證

上的支持。

在佛教認識論的基準上,我認為以往唯識學的發展仍然導向個人最高的體悟的單一方向。另一方面就認識論的解釋能力上,已然出現更具說服力的理論。佛教的知識論發展若有別於一般的知識論,我認為,它必須關連著現今科學知識的資源,如大腦神經科學對意識的研究,或是心理學對個體精神現象的研究。例如美國心理學者 Mihály Csíkszentmihályi 提出最優經驗作為人對自我的認識活動處境的一種正向狀態的研究。[4]當人處於 flow 的狀態,是一種在極度專注的活動中感受寧靜而又精神活躍的經驗,這近似於東方的禪坐實踐。這是其中一個心理學研究的例子。另外,近代大腦神經科學研究已證實某些精神疾病是由於大腦某個部分受損,除了可能引起記憶或生理上的障礙之外,也會對病人的性格,甚至道德感產生某種程度的影響,造成病人具有攻擊性,或是冷漠等不同於一般人的反應。這樣的疾病稱為是器質性精神疾病(由器官問題導致的精神疾病)。也就是說的確有這樣的疾病,是由身體影響心理,進一步影響其社會性、道德感與認知機能。

所以我想,如果佛教的量論可以在收納科學現狀的前提的發展之餘,提出不同於一般認識論能夠處理的現實世界的問題,並對於工夫實踐的說法提出知識意義更進一步的擴展,這樣就有別於在經驗世界研究的知識論層次了。

---

4   Mihály Csíkszentmihályi, *Optimal Experience: Psychological Studies of Flow in Consciousness* (New York: Cambridge University Press, 1988).

老師：我有兩點回應。我們通常講知識論，如果就西方知識論講法來看，它是有一個趨勢，我們不斷進行那種認知的研究，對客觀環境世界和主觀的自我，會不斷增加對外在世界與內在自我的知識。可是禪坐的經驗，它的導向剛好相反。你在禪坐裏面，主要要做的，不是不斷地增加知識，相反，是盡量減少心裏面的雜念，一般的知識也包括在裏面。不要讓那種往外往內求索的欲求，不斷地發展下去，而是要把雜念的葛藤割掉。到最後，在你的生命裏面，內外分別漸漸消失，內外打成一片。一般知識越少越好。它的導向跟西方知識的發展歷程方向剛好想反。

西方進行科學研究，是不斷地膨脹，新的知識（new understanding）不斷增加。從人開始，遍及其他動物，從我們居住的環境開始，遍及離我們比較遠的大山大海。遍及整個地球，以至於地球以外的其他星球。這樣不斷增加我們對外面世界的瞭解。對自我也一樣，就是我們不但要瞭解自己的感官經驗、連繫知覺的感覺器官，同時要滲透到意識這方面，還要再向內探究。從意識層面到下意識層面，像弗洛伊德所講的前意識和本我，以至在意識與前意識之間的那種心理現象。如果從唯識學來說是第七識末那識（mano-vijñāna）與第八識阿賴耶識（ālaya-vijñāna）。前者介於前意識或潛意識與意識之間。這樣內外不斷地擴充，這是科學知識發展的方向。

禪剛好相反。它要內外同時進行一種解構，對現有念想、種種意欲，不斷地解構。解構到最後，你可以說沒有一切經驗性格的念想、意念、欲望、知識，這些東西。然後你的內心，內外打成一片，通體透明。到了這個境界，你可以說不二。不起分別心，讓自

己原有的分別心自動解構。所以這裏面我們看到西方知識的研究、開拓，跟禪在這一點上，導向剛好是相反。《老子》裏面有一章，談到相關的問題。老子說：「為學日益，為道日損，損之又損，以至於無為。」老子這種講法符合剛才我們講的禪的做法，到最後將自己種種念想、欲求，甚至是作為一種意識的自我，也把它解構掉。然後你內心就澄明一片，一切無明、煩惱漸次地或頓然地消失。這是一點。

另一點，關於認知與道德的問題，有些人天生腦袋裏缺乏某些部分，讓他不自覺地做一些與道德相違的行為。他自己也沒有意識到這是不道德的。有這種人，可是少數，大腦發展正常的人不是這樣。一些比較特別的案例，不能講普遍性。對於那種人，我們是不是可以說他們是不道德的人？也不能這樣說，因為他們根本沒有那種意識，不管是作合乎道德的事或違反道德的事，這種分別他們都沒有。如果要說他們是不道德的人，要在以下一種狀況才說得通，就是他有道德是非或善惡的分別心，然而不為善去惡，反而為惡去善，這種人我們可以說是不道德的人。他們大腦器官都呈現正常狀態。有些人天生沒有兩隻手，只能用腳代手來生活。這種人有一種常人沒有的鬥志，從非常困難的環境，發出一些超乎一般人範圍的高難度的操作，比如說用腳拿筷子吃飯，或是說用腳握筆寫字。這種新聞我們在報紙上常看到。所以大腦神經科學對意識的研究或心理學對個體精神現象的研究，這些現象是不是可以放在個別的個案來看呢？

瞿慎思：我提到無形象論者認為形象不可靠，最後要達到睿智的層

面，是單方向的發展。如果必要這麼做，如何跟我們的經驗事物做正面回應與互動呢？如果我們要不斷地崩解形象來肯定知識的真實，那崩解的對象是否最後也會包括認識主體，最後是否會達到自我捨棄的狀況呢？因為認知自我也是一種形象。

老師：我們要注意的是一般性的情況。比如說現在有很多女生，香港也好，臺灣也好，日本也好，都喜歡把頭髮染成別的顏色，像西方人一樣。大概她們不喜歡黑色，喜歡金黃色，看起來很漂亮。有些女生可能有這心理，喜歡有顏色，不喜歡黑白。這是一種很主觀的情況。即便很多人都跟著去染，染成金黃色。我想這種情況只是表示她們所謂美，在顏色方面要談美的問題，提出黑色不漂亮，金黃色才漂亮，才美。這個也是人的視覺主觀感覺。多年以前我在浸會大學教書時，有個男生找我做畢業論文的指導教授。可是他把頭髮染成金黃色的樣子。我跟他講，你媽媽把你生成黑頭髮，你染成這顏色怎麼向你媽媽交代呢？這樣看到你，我心情就不是很好，如何指導？當天晚上他就去染髮店恢復成原來的顏色。隔天再問我，可以找我當指導教授了嗎？我說：「這樣很好啊！」就簽名了。

　　每個人對美的感覺不一樣，我們是廣東人，常常到潮洲館這樣的大飯店，吃點心，吃來吃去還是覺得白粥最好吃。就是白米跟水煮熟了。為甚麼？因為你不用再多想，精挑細選地這樣做，不用花腦袋細胞去想今天點甚麼點心。那種分別的意識就降下來。所以我去飲茶，我一定要點饅頭跟白粥，以這兩方面為基礎，再點其他的東西。對我來講比較重要。因為你不用花腦筋去想東想西。我的女兒每次上街，在出去以前一個鐘頭一直在考量要穿甚麼衣服。她衣

服也不算多，比如說六種。每一種都穿一次，穿給媽媽看，問好不好看。她出去一趟就花上一個半鐘頭，你看這樣浪費時間，值不值得？好看或不好看是很主觀的一種感覺。你穿得比較樸素，整齊乾淨就好。有些女生在頭髮上做了很多功夫，花了兩三個鐘頭。她也沒做犯法或損人利己的事情。她只是在自己打扮上用心思。她覺得打扮重要，我覺得不重要。那要怎麼辦呢？她做她的我做我的，所以這是一些主觀感覺的問題。

人有自由去穿他喜歡的衣服，吃他喜歡的食物，只要他付賬便行。我的意思是說，像老子的年代，跟我們的年代已經脫鈎了。現代跟古代在很多方面大大超前，所以就有很多事情，今古落差越來越大。特別是在價值觀這方面。你可以看到人的差別非常明顯。

像坐公車，我們這種年紀一上車就有年輕人讓位。我這八年來沒坐過公車，只坐過捷運。我一上車，一個小男孩站起來，做得很自然，他要讓座哩。我一下子也不知道怎麼回應，謝謝這字眼我都講不出來。這是第一次有人把位置讓給我坐。這種情況越來越少，所以那些公車或捷運才特別挑一些座位是靠門口的，椅背上寫上博愛座。因為一般人都沒有這種習慣跟愛心，所以才特別選四個座位給那些年紀大了的人或懷孕的婦女坐。如果這種關心非常普遍，人人都意識到該讓座給身體有障礙的人，它就不需要做這種安排了。因為太少人這樣做，所以才有這種安排。最近我看報紙，有個年輕人，高高大大的，坐在博愛座，有個老先生身體不太舒服，他幾次向那個男生示意讓座，結果那男生罵他一頓，整個車裏的乘客都聽到。這些人就是沒有我們一般人的價值觀。

最近我在誠品買到一本大大的書：*Zen and Brain*，談的便是當

我們進行禪修特別是禪坐時，大腦細胞的反應，這與一般的反應不同。或者有一天醫學界會提出如下現象，禪坐可以促發腦細胞秩序性運作，這樣我們便可進行宗教與科學的真正對話，不是你說你的，我說我的，而是雙方有良好的互動，讓人生活得更美滿。

　　上面你提到身體影響心理的問題，這很對，有精神分析方面的依據。根據這種分析，人的壓抑症（repression）、憂鬱（depression）和焦慮（anxiety）等問題，由兩個因素引起，這便是肉體上受到重大的痛楚和在心理上、精神上受到強烈的傷害。精神科醫生（psychiatrist）的解釋是，人在這些情況下，腦部的細胞不能正常運作，這會引發人在心理上的負面感受。痛楚和傷害愈大，心理的負面感受會相應地加深，人們的日子便愈難過。

第二章　捨邊中道

一、關於中道和工夫實踐

張雅評：本文主要是依據吳汝鈞先生的《佛教的當代判釋》中闡述「捨邊中道」的觀念而作出的報告。首先是「捨邊中道」定義的說明。所謂「捨邊中道」，文字的出處是《雜阿含經》（*Saṃyutta-nikāya*）：「如實正觀世間集者，則不生世間無見。如實正觀世間滅者，則不生世間有見。……如來離於二邊，說於中道。」就「如實正觀世間集者，則不生世間無見」來說，這起於《阿含經》（*Āgama*）裏解釋四聖諦所講的「苦集滅道」中的「集諦」，這是從緣起來講，世間的事物因緣和合，即有一種緣起活動。就是說，在人的生活中，現象的出現都是依於緣起（pratītyasamutpāda）而來。從這裏來看可以知道，世間的事物不是虛無。我們可以從「非無」的入路來理解。事物由緣起所產生，有一定的因素、程序，雖然沒有自性，但有固定的外貌、作用，所以不能說它是一無所有。再看「如實正觀世間滅者，則不生世間有見」，這是從四聖諦的「苦集滅道」中的「滅諦」來講，從事物的根本性格來說。從緣起說起，緣起就沒有常住不變的自性，雖然世間事物是從種種因素聚

合而成，但因素一旦改變，相應的事物也會隨著改變或離散、消失，所以不會永遠存在。事物只是緣起，不是實有，這是「非有」。

老師：所引的「捨邊中道」的文字，是從《阿含經》裏挑出來的。我們知道，《阿含經》一共有四本，就是所謂《長阿含經》（*Dīgha-nikāya*）、《中阿含經》（*Majjhima-nikāya*）、《雜阿含經》、《增一阿含經》（*Aṅguttara-nikāya*）。這四本經典可以說是代表佛陀釋迦牟尼（Śākyamuni）的教法跟實踐方法。它們裏面有不少重複的地方，因為佛陀寂滅以後，他的很多弟子聚在一起，思考佛陀說的，對他們所提的那些講法，基本上是講有關真理的事情，再來是怎麼去體證這真理。它有一套實踐的歷程，如果我們根據這個歷程去做，便能體證到終極真理，得到覺悟、解脫，遠離一切苦痛煩惱，將精神境界提升，提升到涅槃（nirvāṇa）的境界。剛才說《阿含經》有重複的地方，那是因為當時佛陀說教，一大堆佛弟子聚在一起，大家都在聽佛陀說教，然後作一些筆記。佛陀圓寂以後，那些弟子聚在一起，想到佛陀的教說，只是在場的弟子聽到而已，聽的人畢竟有限，不能普及到世間老百姓，讓他們都知道佛陀的說法、道理。所以有人就提出意見，把從佛陀那邊聽到的教法記下來。然後他們就分成若干組，每一組各自去記錄，《阿含經》正是這幾組人所記錄下來的文獻，因為都是一起在聽佛陀的教法，所以內容上就有相同的地方。

張雅評：請問老師，當初記載佛陀的說法是不是有五部經典，但是有一部沒有翻譯出來，所以最後變成四部呢？

老師：因為《阿含經》有南傳跟北傳兩個系統，南傳的系統是以巴利文（pāil）寫的；北傳的系統是以梵文（sanskrit）寫的，但已經沒有了，找不到了，只有漢譯本。我剛才講的四部《阿含》就是根據漢譯本來講，我們今天講的都是漢譯《阿含經》，當然這兩個系統的《阿含經》在內容上也有很多是相同的。所以那些佛弟子分成幾組，記錄他們所聽到的佛陀的教說，結果就有四個版本，一個《長阿含》，一個《中阿含》，一個《雜阿含》，一個《增一阿含》。你如果要問，這四部《阿含經》哪一部最好呢？哪一部內容最完整呢？我們通常都有一個共識，就是《雜阿含經》是四部《阿含》裏面最好的。所謂「最好」，就是從他的義理方面來講，義理包括思想，也包括實踐。這四部《阿含》擺在面前，如果沒有充足的時間來看，我們看一本就夠了，這本就是《雜阿含經》。

張雅評：請問老師，據說佛陀當時說法是用巴利文這種語言，弟子也是用巴利文記載的，但原有的巴利文作為一種語文不是已經失傳了嗎？

老師：不是這樣的，當時佛陀所用的語言，既不是梵文，也不是巴利文，而是一種方言。印度方面的語言、方言很多。據說佛陀說法，跟他在日常生活講了甚麼東西，不是用梵文來講，也不是用正宗巴利文來講，而是用通俗的語言，這種語言跟巴利文比較接近。又有人提出，當時有一種通俗的語言叫作 prakrit，有人認為，prakrit 就含有巴利文的元素，就是當時所用的方言。到後來弟子作筆記的時候就不用方言。方言雖然好瞭解，但是不夠優雅，巴利文、梵文比較有文化氣息，比較文雅，有書卷氣。不光是巴利文，

連梵文也有好幾種，例如在《吠陀》（*Veda*）聖典的梵文，是古梵文，與佛典用的梵文不完全相同。《薄伽梵歌》（*Bhagavad-gītā*）的梵文，比後來的佛教梵文，淺易得多。《奧義書》（*Upaniṣad*）也不例外。有關這些語文的講法，並沒有定準。我所提的是其中一種講法。

張雅評：老師，您說的是所謂的「印歐語系」嗎？

老師：整個印度的語言都是屬於印歐語系的。在梵文裏也流行一種叫作「佛教混合梵文」，就是梵文裏含有一些從其它語言文字吸收進來的字眼。這種梵文，我們通常叫作 Buddhist hybrid sanskrit，這就是比較一般性的梵語。至於在大乘經典裏面所用的那種梵文，是比較純粹的梵文。還有，梵文不是只有一種，即便加上「佛教混合梵語」，也只有兩種。不是這樣，而是在不同階段，有不同的梵文，譬如說，上面提到的吠陀梵文便很原始。《吠陀》是印度方面早期的文獻，裏面講一些對整個宇宙的看法，人與人之間應該有的關係，我們應該怎樣祭祀神靈，等等。印度是多神教，跟西方不一樣。西方（如基督教）只有一個教主，就是上帝，就是耶和華。印度教就不是，它是多神教，對於每一種自然現象都有神靈來管理，對於這些神靈，要定期祭祀。那個時候，吠陀的年代，基本上還是用梵文來寫，它的梵文，跟佛教流行以後所通用的梵文就不一樣了。在《吠陀》跟佛教中間的一個階段有《奧義書》階段，那個階段的梵文又是另外一種。《奧義書》所用的梵文是比較接近吠陀的那種梵文。就這一點來講，我們可以說印度早期的思想不是佛教，在佛教以前有兩種思想流行。最先是吠陀，吠陀經典主要講祭祀，

拜山川大地那些神靈，宗教性很濃厚，哲學性就比較平凡，沒甚麼深奧的哲學觀點。然後發展下來就是《奧義書》（*Upaniṣad*），s下面加一點，就是要捲舌才能讀出來，相當於英文的 sh。在梵文字母裏面，你會常常看到，上面有一劃，或者是一個斜撇，或者是下面有一點，這些都是外加上去的符號，譬如說：m 下面可以有一點而成 ṃ，s 下面可以有一點，而成 ṣ。有一點和沒有一點的發音不完全一樣，但又不方便另外創一個字母來表示那個發音，所以就在發音的字母上下加一些符號，來表達另外那個字母的發音，跟原來的字母的發音有點落差。又譬如 n 這個字母，在英文和德文都只有一個字母，在梵文來講，n 可以代表三個字母，一個是原來的 n，跟英文的讀法一樣；一個是在上面加一條小蛇，而成 ñ，有點曲折，表示鼻音特別重。一個是在 n 的下面有一點：ṇ，要捲舌頭來發音，那個音我也覺得很難發出來，「那兒、那兒、那兒」這樣。我剛講「梵文」，有吠陀時代的梵文、有奧義書時代的梵文，有佛教時代的梵文，中間又有上面提到的薄伽梵歌時代的梵文。《吠陀》那一套經典，主要是講祭祀神靈的，宗教性很強。到了《奧義書》，就從宗教性轉到哲理性，尤其是形而上學那一方面。因為《奧義書》裏面最重要的觀念就是「梵」（Brahman），一個創造天地萬物的大實體，一個 Substance，它的存有論層次跟上帝一樣。不過，不同的就是 Brahman 是一個宇宙的理則，而西方的上帝是有人格性，有祂的 Personality，Brahman 就沒有，Brahman 創生天地宇宙萬物，再指引它們怎麼樣發展，怎麼樣運行，是普遍的原理。由《吠陀》經過《薄伽梵歌》、《奧義書》到佛教，在思想上表示從宗教性轉到哲學，以至形而上學方面來。

　　講到每一個人的生命存在，《奧義書》就是有這種瞭解：我們每一個人都是分享普遍「梵」的體性，如果說「梵」是大我，那每個人都有一個個別的我，就是自我。這個自我，是從大梵方面分流、分化下來而成的，它的性格就是善的、清淨的，是一種正面的主體性。這種主體性常常給後天一些無明的因素，像禪宗所講的塵埃所染，結果你在行為方面就無法表現大梵清淨的性格。如果你要恢復大梵清淨的性格，你就要修行，是不是？像唯識宗講的「轉識成智」，它也有一套實踐的歷程，主要實踐的方式就是瞑想，瞑想甚麼呢？儘量把其他的雜念驅離，遠離種種妄念，瞑想自我的根源、大梵的普遍的清淨性。這是有關佛教初期或原始佛教生起的一些背景。有一點最重要，就是《奧義書》所提的大梵，是一種實體型態的原理，在實體主義下發展出來的原理，這也相當於佛教講的自性。自性是常住不變的，大梵也是常住不會消失的。它不斷的運作，有點像《老子》講的道。可是兩方面都沒有交集。《老子》跟《奧義書》的年代很接近，《老子》比孔子早一點，《奧義書》比佛陀又早一點，孔子跟佛陀好像很接近，佛陀還是早一點，大體是這樣。

瞿慎思：老師請教一下，就是剛剛講的大梵的分流下來變成一個自我，是不是可以跟柏拉圖的理型世界相提並論，世間的存有都是由大梵或理型分流的結果呢？

老師：不是，兩種思想都是屬於實體主義那一路，可是柏拉圖講的理型是多元的，萬物都有它的理型，但這個理型不存在於我們所居處的經驗世界、現象世界中。理型不是存在於這個世界中，它存在

於比現實、經驗、現象世界高一層的理型世界，（**張雅評**：物自身嗎？）那也不能扯到物自身的觀念上去，物自身的觀念是很麻煩的，我們暫時不要管。理型就是理型，理型跟大梵不一樣。大梵是獨一無二的，是一個總的基源性的原理，是創造之源。理型則是多元的，每一類事物都有它最理想的狀態的理型，這個狀態不存在於現實世界，而存在於理型的世界。現實世界是有缺憾的，而所有的理型都是最完美的、最理想的，但是靜止的，不像大梵具有濃烈的動感。

張惟智：老師，那大梵是不是跟亞里斯多德的實體比較接近？

老師：這個問題很好。應該比較接近，大梵跟 Aristotle 的 Substance 或 Substratum，跟《老子》所講的道，在哲學的立場來講，都是屬於同一種思想型態，這便是實體主義（substantialism）。每一方面都有它們自己的一些說法。總的來看，它們的比較空間非常廣，相近的地方很多，但不能說完全一樣。它們是從不同的文化、不同的思想背景下發展出來。這就是佛教發展初期的思想背景。

　　還有一點上面也有提及，就是《薄伽梵歌》。這部文獻出現的時間比較接近《奧義書》，它是講人倫道德的，不大講形而上的問題，是倫理性比較強的著作，也是非常流行，現代人對它的研究多的很。*Bhagavad-gītā* 在印度古典文獻裏面，是外國語文翻譯最多的一本經典，跟中國的《老子》或《論語》差不多，都有它的代表性，在它那種思想文化體系裏面有代表性。

　　再來是關於兩邊跟中道的問題。我先講你最先提的「如實」問

題，你第一頁提的《雜阿含經》，你也知道它是最重要的。「如實正觀世間集者」，便沒有「無見」。「如實正觀世間滅者」，便沒有「有見」。如果你能夠如實的知道世間的事物的「集」和「滅」那些性格，你就能夠遠離「有」跟「無」的邊見。我們先看那個「如實」這個「實」一字眼，跟我們一般講的「實有」，或者是「絕對的實體」不一樣，意思完全不同，這個實就是真實（satya），或者實際的那種情況，沒有增加沒有減少的那種情況，是不是？所以這個實不是存有論的概念啊！不是實體，而是倫理學的或者是救贖的（soteriological）意思。soteriology 有實踐的意味，我們通常把它說成倫理這一方面的，其實應該是倫理再加上宗教這兩方面的意味。因為佛教的基本觀點是宗教意味濃厚的緣起性空，所謂如實觀，就是抓住這四個字，它的意思。

　　事物因為是緣起，不是一無所有，所以是非無，是性空（svabhāva-śūnyatā）。性空就是說，它沒有實體，沒有常住不變的自性（svabhāva），沒有這些東西，是空的。這事物從緣起來講的話，它不是虛無的，不是一無所有，而是有緣起的性格，由不同的事物組合而成，所以我們不能說它是虛無，說它是完全沒有。它是緣起，因緣而起，不是徹底的虛無主義，不是無，而是非無，有它某種程度的存在性，這是緣起。另外一面，它是空的（śūnya），沒有自性，沒有常住不變的性格，所以我們不應執著它是有實體的，有不變的自性，這是非有。所以這裏就是「非無非有」。用這種方式來講世間現象的如實的、真確的性格。你如果能夠如實的、如其所是、如其所如，以這種態度來看世間種種的事物、種種的現象，則你在瞭解跟體證終極真理那條路上面已經找到

一個正確的起點了。你光是講非有非無不行，你要實踐才行，實踐不是三兩天的事情，可能要一生，一生做不到要來生再做，佛教講輪迴嘛。

我剛剛講所謂「真理」，其實就是「中道」（madhyamā pratipad）。「中道」是有宗教意味的形而上學的觀念，也是救贖性格的觀念。我們通常講到真理，意思太泛了，不好把握，不好瞭解。所以不同的學派，不同的思想體系，就以不同的概念或觀念來講這個真理。在原始佛教裏面，就是用「中道」來講，然後一直發展下去，到般若思想、中觀學（Mādhyamika），都強調中道，然後是唯識學（Vijñāna-vāda），它強調緣起，強調有，也強調中道。中道作為終極真理，我們怎麼去瞭解，怎麼去體證呢，這是一個實踐的問題。那個實踐的方法也很簡單，就是一個總的，一個綱要，就是雙離兩邊。我們如何能夠體證中道，能夠跟終極真理合一呢？方法是不執著於任何的偏見，所謂「邊」就是偏見，是不好的字眼，邊緣的、不正大的、偏差的、局部的、極端的，這方面的意思，全是負面的意味。它裏面就是把這些不正確的見解說成為一種邊見，邊見跟邊就是，邊見是從觀點、見解來講，邊是從狀態來講，它不是在中庸的狀態，它是在有偏頗的狀態。

所以我先跟你作一些基本的講法來說，讓你知道當年佛陀如何提出佛教，提出中道、真理，提出要遠離兩邊而顯中道這種實踐的方法，這一些比較基本的瞭解。有沒有問題呢？

趙東明：以前有一些學者討論說佛陀所證的中道、終極真理是印度傳統文化的本來影響，《阿含經》裏常提到，佛陀說他是證得古先

人的道,想請教老師您的看法?古先人的道是指印度本身的傳統,像《吠陀》、《奧義書》這些麼?

老師:應該不是,因為《吠陀》跟《奧義書》都是屬於所謂實體主義的思想傳統,佛陀所提的雙離兩邊而體證中道,這中道也不是實體,它那種思想的形態是非實體主義(non-substantialism)。佛陀主要反對的是大梵的講法、思想,才提緣起性空,才提排拒自性的概念,大梵就是一種自性型態的表示。你說的古先人是那些偏離文獻的人,表示佛陀所講的還是有所本,不是完全從無講出來的,佛教還是有一個根源,但這個根源絕對不可能是《奧義書》,絕對不可能是《吠陀》,因為一個是非實體主義,一個是實體主義,這兩種思想是完全對立的。佛陀主要是反對婆羅門教所提的大梵的實體的觀念,他認為這個實體觀念,阻礙緣起性空這種真實的觀點的流傳與證成。

趙東明:我想請問老師,《奧義書》裏面講到梵我合一所說的境界,跟佛陀所說的涅槃的境界可以相通嗎?雖然老師剛剛講那是非實體跟實體,不過,如果是宗教最後的境界上又如何呢?

老師:從實踐上來講,或是從認識論方面來講,有對話的空間,有關聯。都是強調主客要有一種合一,一種不分離、不分裂的狀態,譬如說,《奧義書》所講的梵我一如,就是 tat tvam asi,tat 就是大梵,tvam 就是你,大梵跟你都是一樣。最重要的就是,《奧義書》的實踐強調我們要回歸向那個大梵,我們要從一切虛妄的、不正確的、惡性的環境解放出來,回歸大梵的狀態,如果你能做到這

一點，那就是梵我一如了！我就是自己的主體，梵就是大梵，你能回歸到大梵那方面去，回歸到大梵的清淨性那方面去，就是梵我一如，與大梵冥合。梵我一如是一種綜合形態的思路。你剛剛問梵我一如，還問甚麼？

趙東明：佛陀的涅槃。

老師：涅槃（nirvāṇa）不是有實在性的某種東西，某種對象，不是！它就是一種精神的境界，就是，如果你能以無我為中心來實踐，把種種的我執、我愛、我慢、我見這四大煩惱都拋棄掉，從此四大煩惱解放出來，遠離種種虛妄的見解、種種邊見，那你就能證成涅槃的境界，也就是空的境界。你個人跟空、涅槃，那些普遍的、客觀的境界有一種合一的關係。這兩種型態從認識論來講，是綜合的形態。可是，梵我合一、梵我一如，還是在實體主義下的意識形態啊。你透過種種實踐，去證得涅槃，那你的主體性跟涅槃並不是實體。那是在非實體主義的脈絡下提出來的。所以，在存有論上，是很不一樣的，但在認識論這一方面，就有一點相像，我想應該這樣瞭解。

　　我這裏還要補充一點就是，在捨邊中道這一方面，我們可以比較扼要、容易瞭解。表面來講，所謂捨邊中道，就是捨棄、超越、克服這個相對性，兩個極端所成立的背反（Antinomie），譬如說：善跟惡，生跟死，煩惱跟菩提，生死跟涅槃，有跟無這些，不是說你要廢去這些相對的觀念，不是這樣，這些觀念還是可以保留，我們可以用這些觀念、概念來瞭解世界、種種事物，可是有一個原則，就是說，對於任何一些邊見或觀念，要能恰當地處理，你

如果抓得太緊，或太輕鬆，覺得沒甚麼重要，都會出問題。

我們還是從佛教的基本義理來講，還是從緣起性空來講。緣起就是，世間所有的現象、事物都是由緣而成立，因為是由緣而成立，所以所成立的那些東西，有一定的存在性，有一定的穩定性，不是甚麼都沒有，它是有，它是一種存在，是不是？可是「有」到甚麼程度？這裏面就大有文章，譬如說，你看外面，天色有點暗，在下雨，為甚麼會下雨？我們從緣起性空來看下雨的現象，我們可以根據科學、氣候學來研究到底下雨這種現象由一些甚麼因素促成。另外下雨就是下雨，你出去，你沒有帶傘，你身體就會淋濕，如果嚴重一點，回家就感冒。所以，它是有一種作用，有一種影響存在。你不要說它完全沒有。可是你如果抓太緊，你會覺得自然界發生一件很嚴重的事情，一種災難的前奏。所以你就完全不到外面去，不去工作，也不去上課，也不帶小孩到學校，就是你把這個現象抓得太緊。如果你這樣做的話，那你就遠離我們日常生活的習慣，遠離正常的生活。所以說，事物，它是緣起，沒有自性，它還是有，有存在性。可是這存在性，只是到某一個限度而已，你不要超過這個限度，如果你一超過這個限度，把這個緣起的東西看成為一種實實在在、有永恆性的東西、不會變的東西，這樣的話，就會淪於一種邊見。如果你是從這一個方式來瞭解事物，或處理日常生活的問題，那就會很麻煩。因為，所謂有，就是在緣起這個 context 上面說有，這個有，不是常住不變的那種有。它是有，可是有一個限度，是相對的有，不是絕對的有，不是常住不變那種有。如果你超過了這個界限，執著緣起這個有，把它看成是常住不變的，那你的觀察、瞭解和思想，就會跑到常住論那一方面去。有

跟常住論是不一樣的。我們通常說「常住論」，就是說一些東西永遠都是這個樣子，不會變化。可是「有」就不一樣，「有」是緣起，緣起而有，是不是？如果你抓得太緊，處理不適當、不恰當，你就會向常住論那邊去思考，結果在你眼中，甚麼事情都是常住的，都是不變的，那你馬上就碰到問題。就是說，你有病，如果你身體裏面的病有常住性的話，那你就不用希望把這個病治理好。咳嗽，如果你以為咳嗽這種病有常住性，以一種常住的眼光來看你的毛病，那你在理解上就認為你一直會這樣咳嗽下去，到晚上睡覺還是在咳嗽。如果是這樣的話，那世間任何的事情都不能改變，有病不能醫治。一個殺人放火的惡人，你也不能轉化他，你也不能教化他，因為他那種惡性，有常住的性格，那這個惡人永遠是這個惡人。他行為上表現的那種惡行便不能改，更不能說要取消它。你教學也沒有用，你是教師，一個學生，你是要讓他從無知變成有知，是不是？從惡行轉為善行，教育有這個意味。那如果他的惡性、無知是常住的話，那你怎麼教也沒有用，所以要非有。當你有那種極端的看法、處理，超過了那種界限，你就會淪於一種迷妄，對於常住性的一種迷妄，那你在生活上就甚麼事情都不能做。

　　你就是拿了博士學位，也不要想以後找到職業，因為你的博士學位是有常住性的話，就是不能在那上面有甚麼更動。或者說，你在念碩士學位，你也不要想再念博士學位，如果這個碩士學位對你來講是常住的，它就會把你整個生命鎖定，鎖定在碩士學歷裏面。你如果感到飢餓也沒有辦法，飢餓如果有一種常住性的話，那不管你吃多少東西，你那個飢餓還在，（同學：哈哈哈）你每一分鐘每一秒鐘都在吃東西也沒用，因為你的飢餓有常住性。飢餓的常住性

你拿它沒有辦法，所以到這個程度，要非有才行。

　　但過度的非有又是一個極端！所以要把它非掉，排拒掉，把它克服。即是，有的另外一面就是無，是不是？如果你太強調無或無自性這個常住不變的性格也不行。或者說，你理解這個空，如果你從緣起方面講，空是很好的一種道理，可是你離開了緣起，然後講虛無的極端狀態，問題還是一樣。就是說，雖然是緣起，但它還是有一定的狀態、外貌、功能，你都把它看成是虛無的，跟一無所有一樣，結果你這個人變得一天到晚都不想做事。因為你把做事看成為一種完全沒有價值，完全沒有意思，是空蕩蕩的，是空的活動，這也不行，這是虛無主義。這是尼采所講的那一套，尼采（F. W. Nietzsche）這個人非常聰明，他想的東西一般人都不能想的，最後他又要把上帝打下來，他自創一個人格的形象，就是超人。結果他超人作不成，反而很短命就死掉了！（同學：哈哈哈）瘋了，因為他太聰明，他想的東西太多，腦的神經線路都扭在一起，分不開，結果失去了常人所有的理智。所以聰明跟瘋狂差一點點而已，靠得很近。尼采就是這樣子，他是天才的人物，就是因為他太天才了，一個極高的天才，思想上就會惹出這種結果，結果整個人都瘋狂，把一切都顛倒來看，所以很早就死掉，在五十多歲就死掉，他就是提倡虛無主義的代表人物。結果，上帝被他打掉，然後超人也作不成，一無所有。所以，你對這個無這種瞭解，還是要有一個限度，不要超過那個限度來看。你超過那個限度，就會淪於一種很悲觀的、很負面的生活態度，結果你連做人都不能繼續做下去。我們不是每天看到很多人自殺嗎？每天這些案件都多的很，就是因為他們一下子看不開，想的問題太多，有身體上的問題，有人與人之間的

問題，有家庭的問題，好像自己到頭來一點成就也沒有，自己也沒有生活在世界上的價值，所以最後就去自殺，把他自己的生命毀掉。所以，你講這個無，你做人很謙虛，像《老子》說的不與天下爭，做事很低調，這是一種修養的方式。這本來是不錯，可是你過了這個程度，對自己沒有正確的評價，總是認為自己沒有甚麼優點，甚麼事情都做不來，有價值的東西也不能去爭取。如果你對自我有這樣的瞭解的話，這種瞭解到最後會慢慢的加溫，燃燒起來，到最後你會認為自己是一個廢人，生不如死啊！既然是一個廢人，乾脆死掉算了，是不是？現在自殺的方式非常多啊，有些容易，有些很難。拉一條繩子讓自己的脖子套在繩子上，十多二十秒鐘就完了。

張雅評：很嚇人。

瞿慎思：把人救下來的人會很驚恐。

張雅評：會嚇到。

老師：可是自殺的人不會想到這一點，他就是給自殺這種念頭迷昏了。而且他覺得自己真的是一無所是，一無所有，那就去自殺好了。這樣子，這也是偏見啊！虛無主義，覺得自己一無所是，一無所有，也是一種偏見。雙離兩邊，就是透過對兩邊偏見的一種超越或克服，克服邊見所形成的相對性，然後行於中道。你一方面能夠超越，能夠 overcome 它，超越由邊見所帶來的一切相對性，那你就能同時向終極真理靠近了。不是說，要先捨棄那些極端的看法，隔一段時間，中道就培養出來，不是這樣的。其實是一回事，離邊

見、顯中道，就是同一個事體的不同面向而已，不能分開的。你能夠離邊見，就能夠馬上 simultaneously，能夠同時證成中道，證成終極真理。

　　所以你講離邊見，是從否定的方式來講；講見中道，是從肯定的方式來講。否定、放棄偏見，那是遮詮，在佛教裏面是一種遮詮的方式，透過否定的方式來表達某一種觀點。證中道就是所謂表詮，就是說你是正面表達你那種觀點、覺悟。遮詮和表詮是同時生起，這是佛教裏面很典型的思考模式，它是通過遮詮來顯現來表達，轉過另一方就是表詮，就是離生死、離有無、證中道。這不是兩件事情，兩種行為，而是一種行為，以不同的方式來表達。

趙東明：可不可以請教老師，老師覺得佛教捨離兩邊跟基督教的神學，對永恆的盼望，是不是顯得佛教比較消極一點？我比較好奇的是，老師會提出純粹力動，可能覺得佛教這方面有點消極，才會提出這個純粹力動，我只是好奇，想問問老師。

老師：這兩方面不一定交集在一起，我們可以分開來看。我們現在講有關佛陀的思想，他就是這樣，他的一些觀點、一些觀念，是透過遮詮來作表詮，這是他一貫的表達方式。他所提的真理，不管說空也好，說中道也好，似乎是有足夠的力量來處理個人跟世間的事情，包括普渡眾生這些艱苦的工作在裏面。這跟基督教是兩個問題。即便佛教這種對終極真理的處理，好像比較弱，有一種消極的傾向，不能夠擔當大的事情，像普渡眾生既廣且深的事情，那是另外一個問題，我們可以分開來看。

　　基督教的問題也一樣，不過它是在另一方面出狀況。它的上帝

是實體主義的這種思考裏面的上帝，它是一個大實體。實，那就要看你對這個實怎麼去瞭解，像基督教所講的實，上帝的那種實，我覺得是過了那個底線。那個東西如果太實的話，你要它發揮一些力量影響這個世間，就會有問題。因為它太實，它無法鬆開，無法把自己的存在分散，照顧多方面的面向，如果是這種實就有問題。就是說，虛，固然太虛弱、太消極；實，太實也不好，太實就變得很固執，一成不變，不肯認錯，是不是？在人生態度來講就有這方面的毛病。

　　再一個問題就是，這一點牽連到儒家，特別是宋明理學。理學講天道、天理、天命、良知、本心，全都是實體，是不是？如果根據儒家形而上學的講法，萬物包括我們人的生命存在，即便不是全由實體創造出來，可是還是跟實體保持非常密切的關係。儒家有它宇宙論那一面，它是強調天命、天道、良知，有一種生化的作用，生化宇宙萬物，這種具體的宇宙論在儒家裏面就有，像張載、王夫之、戴震和漢代的氣化宇宙論，他們比較多講氣、講現實方面。他們就有一種宇宙論的興趣，說實體有生化萬物的作用，這本來很好，本來不錯，可是如果作這種宇宙論的推演，把那種生化抓得太緊，然後說所生化出來的東西都是實事實理。這點本來沒錯啊，實體性的真理有一種生化的作用，生化出來的那些東西都是實事實理，這有甚麼問題？好像沒有問題啊，可是如果你把它所生化出來的東西，所謂實事實理那個實抓得太緊，那還是有常住論的趨向。如果一個人那種實在性達到一種非常強烈，到非常厲害的程度，那跟常住論也差不多了！你很難讓他變化，你怎麼能對他進行一種道德的教化，進行宗教的轉化呢？是吧？所以，這一點我以前在一些

論文也提過,他們那些講儒家思想的人都沒有回應!我說,你對那些實事實理不要抓太緊,如果你說是因為天道、天命是大實體,它所創生出來的東西都是實實在在,不是虛妄的,那就看你這個實實在在,實到甚麼程度。世界上最堅硬的東西是甚麼?鑽石,對啊!假想有一塊大的鑽石,放在你面前,我要你把它打碎,你沒有辦法,因為它太實、太硬,你不能把它打成一塊一塊的。所以我說這個事跟理,如果你以一種絕對的眼光來講,絕對到那種不能去改變的程度,這也會成為一種思想上的弱點、難題。好像講儒家思想的人沒怎麼注意這一點。牟宗三牟老師強調,實事實理就是從實體、天道、天理、良知、心體、性體創生出來,因為創生之源是實體,所以創生的東西應該是實實在在、遠離虛妄的。可是如果你把這個實在講到底,講得太死煞,收不回來,那就變成常住論。如果是這樣的話,你提實體主義就出現毛病,一種觀念上的毛病,所以我提力動,它不是虛無,也不是實體,而是一種 entelechy,一種重生力,一種超越的力動,這便可免去了虛無、空跟實體這些觀念可能引起的問題。你是不是有問題啊?

瞿慎思:我在想,還在思考。

老師:你有沒有想過一個問題,儒家講實體生化萬物,生化出實事實理,這種講法,有沒有問題?

瞿慎思:我們會有一種想法說,要把天命的東西放在自己身上,才可以有實踐的可能,我在想說,儒家的想法裏面天命要怎麼與我們相關連?

老師：你這種想法離開我們所關心的那個主題，我們現在的題材是實體性的、形而上學的存在，你說它是天命、天理、天道、良知、仁體、心體、性體甚麼都好，它就是實體性格，它有一種創化或是創生的作用，創生萬物，它是創生的根源，它是實體。在創生的歷程裏面，它的那種實的性格，是不是會貫注到被它創生出來的東西裏面，使後者成為實事實理，這應該也沒有問題，是不是？就這樣啊！就是說，實體性的天理、天道創生萬物，讓萬物以一種實事實理的姿態出現，這一點好像沒有問題，好像講得很好，儒家不是一直這樣講嗎？實事實理，他們有一點就是要抗拒佛教所講的虛妄、虛無的看法，因為在宋明理學出現以前，佛教已經出現在隋唐的階段，在義理和實踐上已經達到高峰，可以說是一種圓的狀態了，是不是？天台、華嚴說圓教，禪也可說是一種圓禪，都是到了圓極的不空境界，可是不空並不是表示它有一個實體，而是表示它有種種功德來救渡眾生，開出了很多方便的法門。新儒家對佛教總是有一種防避的意念，不讓它影響到儒學這邊，不讓它泛濫，不給它有機可乘，因此就防守得密密的，實實的防守，可是這個實你抓得太緊，它的毛病就出來。

張惟智：老師，你說純粹力動是一種生的力量，我想生的力量可以從精神上的生和物質上的生去說，好像有這兩種分別。假設我們可以參考康德說的因果性，也許我們可以說它是一種精神上的生，然後在因果自然律上面說它有一種物質上面的生。康德會覺得它是一個設準，可是牟先生會說不是設準，是智的直覺。那老師也會反對牟先生說智的直覺如何可能？我想既然有這兩種分別，那純粹力動

是如何去化作一種更基礎的生的力量呢？

老師：我想主要還是，我們要把純粹力動跟你說的那種生，創生萬法方面的那種生分開。純粹力動的生是精神性的（spiritual）生，一般的那種生是生命軀體的生。純粹力動的生跟像母雞生小雞這種生應該分開。我們可以這樣問，物質性的物件或者現象，如果要關聯到做為終極原理的純粹力動，那它只是純粹力動的一種詐現而已。就是說，到底真的有沒有這種東西，硬硬的、具體的、立體的、有顏色的、有盛水作用的茶壺這種東西，到底有沒有？在佛教來講，唯識學不會告訴你說是實實在在的有，它不會這樣說，因為如果這樣說，就違背了緣起性空的基本義理，它不可能有自性的。茶壺顯現在我的前面，我拿起來喝水，你也不能說它甚麼都沒有，一無所是，一無所有。唯識學講詐現（pratibhāsa），我們的心識有一種詐現的作用，詐現出種種事物，好像真有這麼一種東西，可是它不能確定，沒有人能確定。我是說，沒有人能確定這個茶壺有它茶壺的自性，是不是？它的一切性質被抽掉以後，還是有茶壺的自性在裏面，唯識宗不會這樣講，所有的佛教徒都不會這樣講，除了有部，講實在論那種學派。所以，這些問題可以放在詐現這個觀點來講：不是絕對的肯定它是有，也不是絕對的否定它是無。而是說，好像有這麼一種東西存在，熊十力喜歡講「宛然詐現」，我覺得他這樣看，表現一種洞見，可以避免很多麻煩的問題。好像有這麼一種東西存在，我們只能講到這裏。是不是真的離開我的意識和感覺還有這種東西的存在性？這不能講！你說，我現在到洗手間去，然後我再回來，在我去洗手間以前，我看到這個壺擺在這裏，

是這個樣子，然後我離開到洗手間，我就沒看到這個壺啦！然後從洗手間回來，一樣看到這個東西，好像跟我離開時一樣，沒有改變，是吧？我就問你，在我離開這個房間和我從洗手間回到這個房間之間，有沒有這個東西存在？這是非常好的思考的問題，你說有沒有存在呢？這個東西是不是總是好好的擺在這裏，還是有另外的情況？

張雅評：好好的擺在這裏。

老師：那你這樣回應就是實在論，實在論就是境界比較低一點的哲學思想。（同學：哈哈哈）

張雅評：我相信。

老師：你怎麼能說，你在離開那一段時間它還是在呢！

張雅評：我相信它存在。

老師：相信不能做準呀！相信這種語詞很麻煩，相信到甚麼程度啊？你相信它存在是根據以往的經驗。因為你常常都有這種經驗，就是說你從家裏出來，本來你是有一碗飯擺在桌上，沒有菜，所以你就出去，到便利店買，便利店不是有很多菜那些東西嗎？你就買一些東西回來，拿來跟飯一起吃，這樣吃才過癮，光是吃白飯你就覺得很悶。那我就問你，這碗白飯，在你出去買菜到回來看到它，在這中間，這碗飯是不是存在？你點頭是因為根據你以往的經驗都是這樣呀！就是說，中間下課休息，我就上去（研究室），你們還待在這裏，我過二十幾分鐘下來，我也可以自己問自己，在我離開

這個房間再回來的時候，你們每個人是不是還存在在這個房間裏面？你一定會期待我這種反應，就是說，在我上去，然後下來，這一段時間你們還是在這一個房間裏面。為甚麼會有這種回應呢？這是根據以往生活的情況，每一次都是這樣；就是說，房裏面擺著一些東西，然後你離開，再回來，看到東西都是好好的放在桌子上面，你就以為東西沒有改變，因為這種事情太多了，這對你來講，是沒有懷疑的空間了。你就有一種意識或者是一種認識：離開這個房間，再回來，這些東西都是一樣，擺在這張桌上，是不是？這個問題 Hume 已經提出來，你這種心理經驗沒有必然性，康德才提先驗概念來解決這個問題。根據 Hume 的解釋，這裏面沒有必然性，我不能說這個東西，在我離開到回來中間還是照樣存在。Hume 的回應就是說，你這樣說沒有必然性，沒有保證，你之所以這樣說，是因為你的生活習慣是這樣，每一次你離開一個地方再回來，那個東西都是好好的擺在那個地方，沒有例外呀！所以你就會有這種想法，你離開到回來，那個東西還是擺在那個地方。

張雅評：老師，我想提一個問題。美國有一個心理學家叫皮亞傑（Jean Piaget），他的認知發展理論說，小孩子大約一歲到兩歲的時候，會發展出物體恆存性的概念，稱為感覺動作期（sensorimotor stage）。大概一歲的小朋友，如果你把球放在他的眼前，再把它藏在身後的話，他會知道那個球還在，他會知道你把球藏起來；但是如果是小於一歲，他還沒有發展出事物的恆存性概念，他會以為那個球已經不在了。所以我在想，我們以為東西還在的這種反應是人在成長時，認知發展的一部分，那是人的一種天

性。

老師：他才一歲嘛！他的生活習慣還沒有穩定下來，是不是？他那種感覺完全是一種直覺，因為他沒有過往的、一段比較長時期的生活習慣，這跟我們提的問題不是很相應，我是說一般的情況。

瞿慎思：我想把剛才的問題講一下，我最近在想，為天地立心，為生民立命。為甚麼我們作為一個人，在天地之間，可以為天地立心，天地是一個實體的觀念，還是一個信仰的觀念？

老師：張載是甚麼人？

瞿慎思：他是宋明理學的。

老師：理學家講理，也講氣，講太虛，是不是？

瞿慎思：天地這個想法，到底是甚麼？因為中國應該沒有上帝的想法，沒有神格。

老師：天地不是一定要像基督教所講的，天地是上帝創造出來。中國人很早就對天地有一種宇宙論的意識，就是天地萬物，是不是？就是用這個天地萬物來概括整個宇宙。我是說，你不要提上帝，這個天地也可以成立。

瞿慎思：那它是一個實體的想法嗎？它是一個甚麼樣的存有論的觀念？為甚麼我們可以為它立心？

趙東明：我的意思是，那個地方是嵌入性格的，是不是這樣說？

老師：我想，對天地可以有兩種瞭解方式。第一種是道、終極真裏，另一種的意思不是那麼純粹，指整個宇宙。然後你看這個立心，為甚麼立心？你說為天地立心，這個心本身是有生機的，不是死的，有發展的；這個天地也不是一個死的地方，而是一種有機體性的東西，是 Whitehead 講的機體主義。我們要為這個天地立心，在心靈這一方面，盡一分力量。其實張載這樣講，我覺得也是很空泛。為天地立心，為生民立命，為往聖繼絕學，為萬世開太平。我是不大會講這種東西啦！這種講法，人家一下子不知道你的意思是甚麼，你說天地是甚麼樣的天地？是有生命的天地，還是沒有？如果有的話，你就可以講立心，因為心有機體性。如果沒有生命，是死地方，那你立心就沒有意思了，就不相應。

瞿慎思：因為老師剛剛講實體，所以我想說，他這個想法裏面的天地是不是也有一個實體在人的外面，那我們要幫它立一個心。

老師：張載應該不是這樣子瞭解的，張載是一個很有名的儒者，他怎麼會把天地安放在外面，跟我們有一段距離呢？這完全背離了儒家的基本態度，是不是？那我現在出去了，然後再回來，你看它（茶壺）在不在？

瞿慎思：我們把它藏起來！（同學：哈哈哈）

瞿慎思：（休息之後老師回來）我們忘記把茶壺藏起來了！讓老師檢查一下茶壺在不在？

老師：我出去以前，這個（茶壺）是放在這裏，然後我回來，它還

是放這裏，那你問我，它在這段時間是不是還在這裏呢？沒有改變呢？我也只能說：「我相信它還是在這裏。」那你們就會說：「我們都看到了，我們替你收藏好了，它還是在這裏，你可以安心了。」我也可以這樣問，我說你們可能在騙我，你們沒有把事實講出來，都在騙我說，它一直都在，我為甚麼一定要相信你們呀！這沒有必然性呀！即便是有其他人在，這個問題還是得不到一個很肯定的答案。最後我就搬出上帝來，就是我出去的那一段時間，上帝把這個東西拿開，祂在我進來以前，又把這個東西放回去。因為上帝是萬能的，祂可以這樣作做，有沒有這個可能性？

張雅評：沒有。（同學：哈哈哈）

老師：因為上帝可以有一種特殊的能力啊！就是在這個房間裏面拿那些東西，然後再拿回來，祂可以避開你們的眼光呀！

張雅評：老師，如果有監視器就可以有必然性。

老師：怎樣？

張雅評：監視器，攝影機。

瞿慎思：上面有監視器。

老師：監視器可能也是假的，這不能反映真實。

瞿慎思：你要相信上帝是全知全能的。

老師：像護照呀，假冒的護照多得很呀，即便有監視器我也可以說

這個監視器是你自己編出來的。

趙東明：老師，如果我們把問題弄簡單一點，這個茶壺如果放十分鐘，我們覺得它不會改變；可是如果放一萬年，它會改變嗎？就是我們都不要去動它。

老師：時間應該不是問題，十分鐘跟一萬年都是時間呀！而且在我們眼中，十分鐘跟一萬年相差很大，可是如果你從整個宇宙體系來看，那十分鐘跟一萬年其實都是差不了很多，因為這個宇宙的時間是超越我們那種數目來計量的。繼續講呀！

張雅評：捨邊是捨棄兩個極端，一邊是從緣起上面來說，這邊是指人為欲望對象所迷惑，導致對一切事物的愛著。另一個現象是，人有為苦行而苦行的心理，折磨自己。其實這邊講的捨邊也不是只有兩邊，應該是捨棄所有的、任何一個偏見，兩邊是以淫樂和苦行作代表。它是說，不要靠近兩個極端，能徹底的捨掉這兩個極端的話，便體證得真實的境界。也就是可以達到中道的場域、境界。中道是從極端的生活中提昇出來，它不偏向有，也不偏向無，它能讓我們養成心靈上的平和跟開闊智慧，洞見一切事物的本性、本質，達到絕對的無我狀態，臻於涅槃的場域。在這邊我有一個不是很瞭解的部分，就是在老師的書裏有提到涅槃的轉向，這裏我有摘錄出來，「可以徹底地追溯到佛陀成道後的初轉法輪，超越空與有或其他背反而獲致終極原理，體證最高真理」。這個跟中道的觀念好像很接近，就是轉向的部分，轉向要從哪邊來論述呢？

老師：轉向就是轉向涅槃。即是說，如果你能夠克服種種相對性，

你就能夠遠離種種邊見，種種虛妄、執著，然後就能達致中道的終極真理。你在實踐上沒有障礙，在行為上沒有煩惱，這條路本來就是通往涅槃的一條路。涅槃是一個目標，就是證得終極真理，這涅槃的目標就是在你面前，你就是生活在涅槃裏面，涅槃不是拿來給你瞭解，是拿來給你生活的，它不是一個認知的對象，是讓你生活得很完美。其中沒有迷執，沒有苦痛煩惱；你自由地遊憩於其間，可謂得大自在。

瞿慎思：老師，你說涅槃是一個狀態，我們可以一直待在裏面？是一種狀態嗎？

老師：一種境界、精神的境界，沒有煩惱，沒有執著，你不是置身於一種外在的相對的關係裏面，平和、清淨的。涅槃不是在外面，而是在你的心裏面。跟空與中道一樣，就是說你能夠證成這個空，或者是中道，那你就是生活在涅槃裏面，涅槃就內在化在你的身體、你的生命裏面。涅槃就是這樣啊！就是一種精神境界，遠離種種偏見，克服種種苦痛煩惱，達致一種無執無著、平和的心情。它是一種超越的心情，你可以說是一種意識的空間、精神的空間，它不是物質性的東西。涅槃跟淨土不一樣，你不要把這兩個東西混起來了。

張惟智：老師，淨土跟涅槃的差別在哪裏？

老師：差很大呀！淨土是物質性格的，涅槃是精神性格的。你的修行的程度也不一樣，到了淨土這種境界，你還是沒有得到覺悟，沒有得到解脫。只是說，淨土對你求道、斷煩惱、證菩提，提供一個

很方便、很好的環境,所以阿彌陀佛把你引領到淨土,並不是保證你能成佛,淨土還是一種物理性的環境,你在那邊看到一切都是非常漂亮,都是寶樹成行,頭上口張開就有甘露滴入,裏面也沒有壞人,都是好人,都是善知識,沒有老虎,沒有蛇,沒有那些害人的動物,你碰到所有的東西,都不會成為你求覺悟的障礙,它們只會對你有幫助,不會有害的。你即便是生活在淨土裏面,但還是要繼續努力呀!有些人以為到了淨土就是解脫了,不是啊!阿彌陀佛也不一定有那麼大的法力呀!淨土歸淨土,覺悟涅槃歸覺悟涅槃。

張惟智:老師,你說用境界的場域,用 Horizont 這個字,老師你為甚麼要用場域這個字,是因為在海德格來說,它是不分主客的狀態嗎?我對這個概念不是那麼清楚,它會含具一個空間性在裏面嗎?

老師:那個空間不是物理的空間,是精神的空間,海德格就是這樣來看這個 Horizont,這是德文,不是英文啊!你進了涅槃的場域,這沒有問題啊!就是一種精神的境界,我說 Horizont,不說 horizon,因為海德格是德國人,他大概也不大看英文的書,所以我這裏是引大寫,因為德文所有名詞是大寫,英文就不是,法文也不是。

張雅評:這邊我有一個疑惑。就是說,到達涅槃的境界,在儒家比較強調工夫論的部分,但是在這裏是實踐原則。就是在《阿含經》裏,從三法印、四聖諦、十二緣起之後,實踐的具體條目是八正道。我對於佛教的實踐原則,比較難以理解的是,如果以工夫論來

說，還是不清楚它的標的，不知該如何去界定和實行。

老師：我知道你的問題。我們舉一些例子，儒家講仁，仁是一種道德的境界，怎麼樣才能到達這種境界呢，孔子說克己復禮，這個意思很清楚，己就是個人從自己的立場出發的事情、種種的念頭，自己要得到甚麼，做到甚麼，這樣子。然後自己也有很多私欲，人總是以自己為中心來生活的。孔子說，這樣不好！你要克己，克服自我中心這種意識、觀點。復禮，服從客觀的規準、標準，這意思就很清楚，就是「克己復禮」四個字的原則。可是這裏提八正道，其實佛陀最初為甚麼提這八正道呢？也很難考了！很難考他最初的動機，是不是？佛陀講這個八正道，為甚麼講這八個，為甚麼不講另外一些不一樣的？因為這個八正道基本上是在教育上提供的一些參考，就是一些行為的要點，這裏沒有嚴格的理論，沒有形而上學的意味，只是一般的實踐，一般的生活，我們要注意哪些要點。那我們再提兩個正道行不行呢？可以呀！你把兩個正道拿去，也可以呀！我覺得這裏沒有要尋根究底的需要。我想，佛陀當年提出這個，大概也是像我剛才所講的，就是從教育這個角度來開示他的門徒，說你該當注意哪些方面，有八個方面，八正道，是吧？正見、正志、正語、正業、正命、正精進、正念、正定，其實這裏面也有重複的地方，這不是一個很重要的問題。傳統都是這樣講八正道，一直講到現在。現在西方人學佛學，就喜歡尋根究底這樣研究，為甚麼提這八個？為甚麼不提另外八個？再提兩個好不好？減掉兩個好不好？他們通常有這種反應，我說這無所謂嘛！因為當年釋迦牟尼可能在比較特殊的情況，人家問，咦？我們應該怎麼實踐才能夠

達到覺悟啊、解脫啊這些目標？佛陀就提議說，你要注意這八點：八正道。

不過我們也可以這樣看，這八點其實也有很實在的，跟我們一般的生活有很密切的關係，不是天方夜譚那一種。我們通常的生活經驗就是這一些呀！就是讓你的做法有正確性，能夠被 justified。他所提的八點是非常平凡的那些生活項目，在生活上是可認證的。你看他提正見，見就是一些見解，要有正確的見解，不要碰異端邪說。正志，志是志向，做人要有正確的生命方向。正語，講話要斯文一點，對女士不要用那些不好聽的話來講。正業，業就是行為，就是 karma，要積習正確的行為。正命，命也不是命運那一種，我想應該有方向的意味。正精進，要時時刻刻都有進步、向上的心念。正念，要心存善念，不要想著要利用他人來發財，不要做損人利己的事。正定，心情要保持專一、凝定，不要心猿意馬，搖擺不定。

瞿慎思：這不是跟正志有重疊嗎？

老師：對呀！我說八點是有重複的，這表示佛陀當年不是很嚴格的處理這些問題呀！有人問他怎麼實踐，他就我們平常生活的項目，隨便舉例，舉個例子給你看。但你不要以為一定可以得到覺悟，一定可以解脫，這裏沒有必然性。其中的正精進，在中華民國的國歌中也有提到。

張雅評：夙夜匪懈。

老師：那個時候，一九六幾年，我在臺灣念書，然後去看電影呀！

每次都是先播國歌，我們都先起立，然後他又播一些畫面，播到凤夜匪懈，我們看到老蔣在看文件，非常用心，就是精進，就是這個意思。現在沒有了，是吧？現在一播出來就是電影。

張雅評：捨邊中道，一邊是虛無，一邊是實有，事物的真相，不管說真理、中道、涅槃都好，它不是空頭的無，也不是空頭的有，它是遠離兩種極端的邊見或偏見，這就是中道。捨邊中道講的就是非有非無的意思。

老師：非有非無，這種雙邊否定，那個有、那個無不是好東西呀！從執著、虛妄生起的有跟無的觀點，分別是常住論與虛無主義，它們要被否定掉、非掉的。一般那個有、無，作為範疇看是不能非的，是不是？我問這個茶壺有沒有水呀？我會用「有」這個字，像這個「有」就不能非，這是一種語言溝通的媒介，不在非有非無裏面，要非的是極端的程度，過了那個底線。所以才提中道。中道（madhyamā pratipad），這個 madhyamā 指我們的腰部，腰部就是我們身體的中間部分。這裏就有 analogy 的意味，就是比喻，madhyamā 跟英文的 middle 也有點像，是不是？很多字眼，雖然是用不同的語言表達，但是字母上有很多地方是相像的，我想這是不同語文的系統互相激盪，互相影響，而有這種情況。

張雅評：《阿含經》是釋迦牟尼佛開示的時候，弟子所記錄下來的，它的內容包括釋迦牟尼的行住坐臥的生活和思想，在《阿含經》裏記載得相當詳細。漢譯方面有《長阿含經》、《中阿含經》、《雜阿含經》、《增一阿含經》，《增一阿含經》的部分，

我看到有的書作「壹」，《增壹阿含經》，是不是都可以？

老師：可以。

張雅評：《雜阿含經》的內容最多，成立最早。經中又有經，有收錄比較短的，有收錄比較雜的經。《增一阿含經》匯集了很多以法數為主的經典，很多詞彙跟數字有關的，像四聖諦、三法印、十二因緣、五蘊、六處、八正道、四念處。另外，《佛教的當代判釋》也提到三位日本學者的意見。在增谷文雄的部分，我看到的是，他只是以緣起立場為依歸。而後面的兩位日本學者所說的跟中道的意思比較接近，宮本正尊他提到「根本中」的觀念，他強調理論跟實踐要結合起來，相互影響，分不開的。理論跟真理相應，實踐跟真實相應，我們在日常的生活實踐當中就可以體證佛教的真理觀，不是說理論是理論，實踐是實踐。

老師：宮本（みやもと）在日本佛教界有一定的地位，「根本中」是他提出來的一個新名相，我想這樣提也很好，中道是一切實踐的基礎，是總的原則，所以他用「根本」來講，他寫了一本大書《根本中と空》，就是講中道。

張雅評：還有一位學者，他是舟橋一哉，他也認為說……。

老師：他是研究原始佛教的，舟是一條船的舟，橋是一道橋，一是一二三的一，哉是木村拓哉的哉。哈！哈！木村拓哉，很受歡迎，你有沒有看過他演的戲？

瞿慎思：有。

老師：怎麼樣？

瞿慎思：很帥！

老師：可是他不大會演戲。

瞿慎思：是嗎？可是他演很多戲哩。

老師：因為他很紅呀！

瞿慎思：長得帥就好了！

老師：咦，講完了是不是？

張雅評：還沒有，就是他有提出一個跟宮本正尊很接近的意見，但他的特色是提出的實踐方式是如實智見，然後是厭離、離貪、解脫，最後是解脫智見。如實智見跟解脫智見，都用智見，一個是開始，一個是最後，還是有差別的。

老師：解脫就是目標，如實智見就是以如實的態度來進行，來實踐。不虛妄，也不抽象。「厭離」這個字不是很好，小乘都是喜歡講這個離字。

張雅評：捨離。

老師：捨離就是不食人間煙火，要遠離這個凡俗的世間。後來大乘很嚴厲的批評它。小乘只是講個人的渡化，大乘就不一樣，講無窮渡化，是不是？小乘就是一條小船，一條小的交通工具，只能坐一兩個人，大乘就是一輛公車，一條大船，能夠坐幾十個人。

Mahāyāna 是大乘，Hīnayāna 是小乘。大乘的人是這樣講法，可是小乘的人不同意呀！他們認為，他們的看法才是佛陀的本意，大乘的講法是吸收了婆羅門教，吸收一些外教的影響。他們以為他們那套講法，原始佛教，所謂藏教，才是正宗的、原汁原味的。智者大師判教所提的藏、通、別、圓，藏教就是指原始佛教跟小乘。他是站在大乘佛教的立場來講，可是小乘的人不接受。泰國或斯里蘭卡是小乘的國家，他們不喜歡這種講法，認為他們才是真正承繼佛陀的遺教，大乘是混混雜雜的。這是一種門戶的見解。其實，你看佛教到了今天的世界，小乘還是沒有多大影響，臺灣幾個大法師都是講大乘，星雲、聖嚴、證嚴、華梵大學的創辦人曉雲，這些人我都碰過，是臺灣佛教界的領袖，還有印順我都見過。

張雅評：印順不是已經圓寂了？

瞿慎思：曉雲法師也已經過世了。

老師：印順已一百多歲了，我在一九六九年在大學最後那個階段，要考試那幾天，香港佛教協會邀請印順來作一場演講，那幾天我要考試，可是我也不管就去聽，看看印順是甚麼樣子。到了那個地方呀！很多人，坐滿了，只有最後一行有一個位子，我就坐在那個位子上。然後印順出來，端坐在蒲團上面，法相莊嚴，然後開始講苦、集、滅、道，那是最淺的道理啊！他用普通話來講，旁邊有一個人把它翻成廣東話，怕香港很多廣東人聽不懂，囉囉嗦嗦的。我說印順呀，在那種場合，講那些最好，因為你講龍樹中道，他們沒辦法聽懂。我注意到印順講經有一種習慣，我也常常用，印順每講

到一個階段，他就這樣，把手掌向著臉孔，由額頭撫抹到下巴，然後人就精神一點。（同學：哈哈哈）你們可以試試看，你寫論文呀！做功課呀！工作到某個階段，有一點疲勞，你就像印順一樣，做這個動作，你們怎麼講呀？

張雅評：變臉。

瞿慎思：抹臉。

張雅評：老師，這個叫正顏。就是我們剛剛講八正道的正，顏是顏面的顏。

瞿慎思：為甚麼要稱作正顏？

老師：咦，有這種叫法？

張雅評：呵，我剛剛突然想到，我發明的。（同學：哈哈哈）因為剛剛說八正道呀！再多一個正道，變「九正道」。

老師：差不多了。

張雅評：這邊作一個小結，基本上以宮本正尊和舟橋一哉比較接近佛教所講的中道思想，比較結合中道、緣起，理論跟實踐的結合，尤其實踐的部分是舟橋特別強調的。

老師：你參考文獻不要光依我的書呀！你可以參考別人寫的書呀！很多人講得比我好。

張雅評：好，謝謝老師。

張雅評：非有非無在《雜阿含經》中被這樣地描述，可見非有非無的觀念在佛陀說法時已經存在。到龍樹（Nāgārjuna）的《中論》（*Madhyamakakārikā*），對此有更豐富的邏輯的論述。龍樹主要透過偈頌的方式表現這種雙邊否定的思想。

老師：應該不能說是「觀念」，而應說是彰顯真理的一種方式，你可以從有或從無來講，也可以從有跟無的綜合來講，最後也可以對有和無同時否定，以雙重否定：非有非無這種方式來表達真理。你講觀念，就是把它轉到存有論方面去了，它是工夫論意義、方法，不是存有論觀念。

張雅評：謝謝老師的提醒。觀念、概念、理念，其實是不一樣的，老師的論文也有提到。

老師：我在這裏可以補充一下。我們通常講「概念」（concept），是中性的，譬如我們說「樹」是一個概念，而且是一個經驗的概念，是吧？它是講在我們的經驗世界周圍的一種東西，就是樹，是吧？然後，「概念」也可以是一種先驗的概念，沒有實物跟它相應，可是它是思想裏面用的一種方式，一種規則。譬如說，因果律，因果關係，是先驗的概念，而且是抽象的概念。另外，我們有實體屬性概念，表示事物的實體跟它自己的性質的一種連繫，這也可以說是一種概念。「觀念」（idea）就是比較有理想意味的，是現象學的一種名相，就是有正面的、價值的導向，是相當強的一種名相。譬如說孔夫子講的「仁」，康德講的「自由意志」，牟宗三先生講的「無限心」，這些全都是有現象學意義的，

有理想的意義，這就是觀念。然後就是理念（也是 idea），理念跟觀念比較相近，它的重點通常是放在形而上學中。還有一種就是理型，這是柏拉圖（Plato）所提的，他這個「理型」其實也是一種觀念，我們通常不說概念，因為它是一種本源義的，很多事物都是仿照它而得以形成，我們說這個理型是一種有超越性格的名相。如果照柏拉圖所講，這些理型不能在經驗世界中找到，它是存在於那個理型世界。這當然有理想的意味，是吧？我們如果把理型講成觀念就好，不用概念這個字眼。這幾個名相，我們就是這樣瞭解，不過有時候也不能守得太緊，你在寫書寫到某一個程度你就忘掉了這種分別。譬如說，昨天我看牟宗三的書，他講到有無這些問題，他有時候講觀念，有時候講概念，這兩種名相的分別他當然清楚，可是在實際用的時候，就是沒有注意到，這也不算是甚麼嚴重的錯誤。不過，嚴格來講，我們應該有這種分別。那「上帝」是概念還是觀念呢？

張雅評：觀念。

老師：對，因為上帝是宇宙的根源、價值的根源，是吧？所以我們不說上帝這個概念，而說上帝這個觀念，天道、良知、仁、天理這些全是觀念，有人把它們說為概念，可是他沒有意識到這種分別，就是有價值的導向跟中性的分別。有價值的導向就是良知、天道、天理這些。中性就是，很難說理想性，或者是不能分善還是惡這些東西，就是說，一個錄音機，它就是一個概念，而且是一個經驗的概念，很難說它到底是善還是惡。好，我們繼續。

張惟智：老師，剛剛說的觀念，是德國那個觀念論的意思嗎？

老師：德國觀念論是一個學派。兩個用法可以說很相應，不過我們通常講觀念論，就是對應經驗論或實在論來講，這涉及我們看這個世界的立場。如果有人說世界種種的存在的最根本的要素是物質，那它就是講唯物主義（materialism），這唯物主義也可以用在實在論（realism）的方面去，或者是經驗論那方面去，經驗主義呀（empiricism）！這些都是我們在平常生活裏面可以接觸的，是吧？另外有些人有一種講法，說整個存在世界的根源在於觀念、心靈，共產黨那些人就說，這是唯心主義，這不好的，這是壞東西。康德他們的講法，就順著觀念這一點來講，把存在的存有與價值的根源，講到我們的心、心靈、精神這一方面。黑格爾也是德國觀念論者呀！他講精神現象學，是吧？der Geist，精神，就是屬於心靈方面的，這就是觀念論（idealism）。那我問你，柏拉圖講理型那一套形而上學，那是實在論呢？還是觀念論呢？

張惟智：那好像不好這樣分。

老師：理型是完美的，仿理型而做的那些東西，則有不完美的地方，有不完整的地方，理型是完整的。

張惟智：它好像是在現象世界之外還有一個理型世界。

老師：對呀！

張惟智：可是，亞里斯多德（Aristotle）的實體論是說在現象世界當中，有一個本質形式的實體存在，康德則把這個實體拉到認識論

方面去。

老師：你扯到亞里斯多德跟康德方面去了，很含糊。我是說柏拉圖。

張惟智：我的意思是，好像實在論跟觀念論是就現象世界當中的本質或形式來說，可能亞里斯多德認為客觀事物當中有一個本質，可是康德說這個本質是由我們心靈去認識它。柏拉圖的理型世界不是現象世界當中的那個本質或是認識能力，它是獨立在現象世界之外的另外一個理型世界，所以我想它不好說是觀念論或是實在論。

老師：這個有關理型的講法，有一些模糊的地方。柏拉圖這樣講，我們的心靈可以瞭解理型，就是從認識論這方面來說，理型這種完美的世界，我們的心靈可以瞭解它。可是理型歸理型，心靈歸心靈，我們不能創造理型，它本來就存在於理型的世界，我們的心靈可以瞭解那個理型，可是不能把它創造出來。所以，它還是偏向於實在論。好，可以繼續了。

張雅評：老師提及觀念、概念、理型這些方面的用法。然後，在龍樹的《中論》裏頭，有很多對「非有非無」有更豐富的論述，他主要透過偈頌的方式來表現雙邊否定的思想。《中論》的「非有非無」：

> 一切法空故，何有邊無邊，亦邊亦無邊，非有非無邊。何者為一異，何有常無常，亦常亦無常，非常非無常。諸法不可得，滅一切戲論。無人亦無處，佛亦無所說。

龍樹的意思是，因為性空，一切法都是空，都是無自性的，因而沒有所謂的有、無、非有、非無、非非有、非非無，他用的是一種雙遮的方式。既然說是性空，所以沒有所謂一、異的差別，也沒有有常、無常、常加無常、非常加非無常的分別。一切法都不能夠抓得太緊，有、無、非有、非無這些都是戲論，因為性空，所以一切法都是不可得的，都不能說實。人和處所都是因緣而起，也是空的。另外，我們還要突破對言語的執著，因而沒有所謂「非有非無」的實在性。若說是有，也是因緣而起的有，從緣起性空來講的有，畢竟還是空。一切諸法實相，其實是涅槃相。所有的論辯都沒有定相，都可以滅的，都是戲論。你也可以說佛是無所說的，因為真正的涅槃真境是不可說的。

在龍樹的《中論》中，空是自性的否定，是無自性、無邪見的狀態。正因為事物沒有自性，所以空也是假名（prajñapti）。中道是補充空義的不足，意思是，要活用空這一真理，不應太執取它，也不應偏執於有，這是中道。它是雙離空、有二邊，它是超越空、有二邊，超越有、無相對性而臻於絕對。空與中道都是作為狀態看的真理，它表示終極真理的狀態。相對於「純粹力動」來說，「中道」是比較靜態的說法，比較沒有力動、動感。吳汝鈞先生提出「純粹力動現象學」，可以解決「非有非無」的靜態問題。

老師：所謂「非有非無」，是一組思考方式裏面的一個分子。我們的思考通常有四個層次，一個是肯定某種東西，說它是有，這是肯定；另外一種是否定，就是說它是無；再往上一個層次，就是雙重肯定，它可以說是有，也可以說是無；再進一步的想法就是超越。

剛才說它可以是有，也可以是無，那是綜合，綜合甚麼？綜合有跟無，可是綜合也不是最後思考的層次，最後思考的層次是超越，超越有無這兩種極端所構成的相對性。超越了這種思考，你就達致那種絕對的境界。故這裏有四個歷程：有，無，亦有、亦無和非有、非無。這裏有四個項目，它們的性格就是，有，就是肯定；無，就是否定；亦有亦無，就是綜合；非有非無，就是超越。你也可以說這種思考可以反映出我們瞭解真理的四個層次，有，是一個層次，比方說這個袋子，它是存有，肯定它的存在性，這是初步的一個層次，就是用實體的眼光來看，這個袋子（拍打袋子），放在這個桌上（拍打桌子），顏色是黑的（拍打袋子），然後裏面放了很多東西（打開袋子），把東西放進去，它有這麼一種功用，所以這是有（手放在袋上）。再高一點，那種看法就是，你說它有（手放在袋上），是從緣起這個觀點來講。若從絕對的觀點來講，我們說它是無，它是無，是因為它沒有袋子的自性，它是緣起，由不同的部分組合而成，沒有袋子的實體，所以這就是無，這是比較高一層次的講法。另一個就是你說它有，說它無，可能都有偏頗，不全面，就是你說它有，就忽略了它無的那一面，你說它無，也會忽略它有的這方面，所以就來一個綜合，它同時具備有跟無兩種性格，這兩種性格不是矛盾，辯證法就是這樣講啊！是不是？它是亦有亦無，就是合，合甚麼？合正合反，把正跟反綜合起來就是合，這是辯證法。龍樹覺得正反合這種思考的形態不夠，你說有跟無合起來，你講這個綜合的時候，這個合就有偏向於肯定的那種趨勢，有向肯定傾斜的那種意味，所以他最後來一個超越，就是非有非無。從綜合或是有的那種思考，解放出來，不要陷入有無所形成的思考裏面。

你要超越它,以一種活的思考來講,這就是非有非無,是不著兩邊,就是捨邊,捨邊中道就有這個意味,這就是超越。超越以後,整個心靈都敞開呀!不能單說有,也不能單說無,也不能同時說有跟無,它要超越,超越表示心靈敞開的那種態度,那種眼光。在思想上,你一定要把這個心靈敞開,可以包容正面的,肯定的,或者是負面的,否定的,那些不同性格的東西,這就是所謂四句。四句就是 four alternatives,梵文就是 catuṣkoṭi。alternative 就是一種選擇,一種趨勢。如果從這個觀點來看,我們可以說,龍樹所提的四句的那種思考,是超過黑格爾的辯證法的,因為黑格爾的辯證法,從正開始然後發展到反,最後來一個綜合,就是正反合,最後就是合,這就是辯證法的那個核心,那個宗旨。可是最後那個合也會停在一種固結的狀態中,讓人以為這一種境界就是最後的。結果你就執著這個合的思考方式,不能超脫出來,不能活轉,心靈還沒有全面敞開,所以你要再來一層超越。你這種思考,這樣瞭解真理,才是完美的。

薛錦蓮: 那個非非有、非非無呢?我覺得這一句才比較像超越。

老師: 這就有點文字遊戲的意味啦!非非有、非非無,如果你用邏輯來算,非非有就是有,非非無就是無,還是回到有、無。非非有就是對非有的一種非,非非無就是對非無的一種非,你如果從純邏輯來看,而且是符號邏輯來講,非非就是兩個負號,兩個負號互相抵消,結果這個非非就沒有作用,沒有意義,非非有,在邏輯上說就等於有,非非無在邏輯上說就等於無,這裏不是佛教。佛教要我們抓緊終極真理這個角度,來講它思考的那種方法,就是你到了非

有非無，已經夠了，不用再發展下去了。譬如說，空這個觀念，我們說一切的事物都是緣起的，沒有自性，所以就是空的，這是對空第一層的瞭解。然後有人可能對於這個空的名相或是觀念起執著，我們要把這種對空的執著排除，那空空就來啦！你如果還是要爭下去，你就說，對於這個空不進行執著，就是空空，可是你對第二個空，也可能會有執著，那你就要再空一次了，空空空。空空空是臺灣話，零的意思，是吧？對呀！我就聽他們常常講電話號碼，甚麼甚麼空，我就猜這一定是零。所以，你這樣就提空空空啦！這樣一直提下去沒完沒了，沒意思的，空空就夠了，所以慧能就用無住來鎖定了，用無住這個實踐的觀念，來鎖定那種空、空、空、空，不能一直空下去，在思想上發展到沒完沒了。提無住，就是不要執著任何東西，包括空這一種真理，所以也不會再出現對於空的那種執著了，無住就是對一切執著的解放呀！是超越啊！所以無住，是關鍵性的名相。當年慧能聽人講《金剛經》，聽誰講呀？五祖！一聽到弘忍講「應無所住而生其心」，他就悟啦！到了這裏他就覺悟了！這也不簡單，《金剛經》都還沒講完呀！而且《金剛經》整本書裏面都沒有空字，你們可以拿來查查看，可是整本書都是講空，很奇怪呀！其他佛教的經論沒有這種情況，只有《金剛經》才有。整本書裏面你找不到一個空字，可是整本《金剛經》都在講空呀！裏面不是說「若以色見我」，然後怎麼樣？

趙東明：「以音聲求我，是人行邪道，不能見如來。」

老師：對，對，它講這個道理。

（休息完後）

老師：我們剛剛講四句，後來我在上面（研究室）想了一下，可能我剛剛講得比較複雜，我現在比較簡要的講一下。所謂四句，catuṣkoṭi 或是 four alternatives，是以思考的形式來瞭解真理，在瞭解真理的整個歷程裏面，有四個階段。譬如說，這個袋子，有關這個袋子的真理或是真實的情況是怎麼樣，有四個階段。第一個階段是對它的肯定，這也可以環繞佛教講的緣起性空這種基本的義理來說。第一個階段就是肯定它的那種存在性，有或者是緣起性。然後第二個階段提高一點，肯定它性空的那一面，就是把緣起放在一邊，重視它的性空這一方面，就說它是無，這是否定。那我們要全面瞭解真理，要全面瞭解袋子的真相，光是說有，不夠，說無，也不夠。你如果說它是有，你就可能太偏重它的緣起那方面，忘掉那個性空。如果你說那是無，那你就執著於性空那一方面，沒有看到它的緣起那種現象性。因此要再進一步，以一種綜合的方式來把它的有跟無，或者說它的正面跟負面，它的肯定面跟它的否定面都綜合起來，這樣瞭解就比較周延。可是這個還不夠，到了這個階段啊，還是會出問題。就是說，你說亦有亦無，你把這個有無，因為它們是放在一起的，你說有，也說無，同時說這兩個面向，那你很容易犯上一個錯誤。問題就是你把這個有跟無相對的來講，以一種相對性，或者是相對的眼光來看這個東西。那相對的東西，如果從終極真理的瞭解來講，最後這個相對性還是要超越，相對性的超越就是非有非無。另外有一個意思就是說，你說這個袋子一方面是有，一方面是無，你也可能在下面一種情況出問題，就是說，你對

這個袋子的有的性質抓得太緊，鬆不下來，結果這個有就成為常住意味的有。那你就陷入常住論。另外一方面，如果你對它的無，抓得太緊，純粹從虛無那邊來看，那你就犯了斷滅論這種錯誤的瞭解，而且是不周延的瞭解。所以最後還是要來第四個階段，就是非有非無，經過這個雙非或者是雙重否定或者是雙遮這一種思考，那你就能夠對袋子這個物體有深入而正確的瞭解。一方面你超越了相對性，另外，你也遠離了或超越了常住論和虛無主義。應該是這樣瞭解比較清楚。可以繼續了。

張雅評：接下來是非有非無與純粹力動現象學的部分。簡單來說，「純粹」（rein）這個語詞，指的是沒有經驗內容。

老師：rein 這個字是德文。

張雅評：「純粹」（rein）這個語詞，還有超越（transzendental）性格之意。這超越是既超越又內在的超越。

老師：超越這個字眼，作為哲學的一個名相，我們要注意啊！就是transzendental 或是 transzendent 這個字眼不能隨便用啊！要很謹慎用。它有兩個矢向，一個是既超越而外在，像基督教的上帝，另外一種是既超越而內在，所以那兩個字在英文和德文裏面是分開的，一個是 transzendent，一個是 transzendental。transzendent 是指超越而外在的，transzendental 是指超越而內在的。所以有時候我們翻 transzendent 為超離，超離就表示離開了，不是內在的，transzendental 就是不離開，是內在的。所以在這種情況，我們有時候用 transzendent 來說超越而外在的，用 transzendental 來說超越

而內在的，一個是超離，一個是超越。在康德的《純粹理性批判》（*Kritik der reinen Vernunft*）裏面，他講到超越，transzendent 或是 transzendental，是有這麼一個意思，就是說，有一種超越的東西，它對現象界裏面種種的相對性、種種的束縛，都能夠解放出來，不受它的限制、束縛。同時，它對這些現象進一步還有決定的作用，這就是康德所講的超越（transzendental），他就是用 transzendental 來講「範疇」（Kategorie）。Kategorie 有兩面的意味，一面是超越現象界的東西的種種有限性，另外一面是，它對現象界這些東西都有一種規範的作用、決定的作用。現象界那些東西都成為我們瞭解的對象，知性的範疇對現象界有一種作用，可以將現象界的事物決定下來，把它穩固起來。這個 transzendental 是有超越跟決定兩層意味。

薛錦蓮：所以是外在的超越，內在的決定？

老師：也可以這樣說。1970 年，我寫碩士論文的時候，就用另外一個名相，不用超離，也不用超越，也不用先驗，而用「超馭」，「馭」就是你坐一台車，不是用汽油作為能源，而是用一隻馬、兩隻馬作動能，你就要坐在前面駕馭它，結果我用「超馭」這個字眼，後來我看好像沒有人這樣用啊！可是我覺得最好！意思是，你駕馭它就是有決定的意味呀！可是沒有人這樣用啊！我用了以後好像大家都不太清楚意思在哪裏，為甚麼會用一個新的名相來講？我跟牟先生講，transzendental 這個字應該翻成「超馭」，他也沒表情呀！沒回應呀！

張雅評：朱子講理氣的時候，有講過「如人跨馬」的比喻，理在氣上，使物運動，猶如人在馬上，使馬行走。但後來，學者們發生了爭論。但後來，這個比喻有一些爭議。

老師：對，那你要有一條鞭才行。有時候那匹馬懶惰，不走路或者走得太慢，你要駕馭它，「馭」就對它有一種決定，有一種內在方面對它產生影響力，它才會聽你的話。所以我現在寫書，用到 transzendental，我都是用「超越」算了，哈哈，不用「超馭」。然後這個 a priori，可以翻成先驗跟先天。勞思光先生就把它翻成先驗，黃振華先生翻成先天。transzendental，就是超越，牟宗三先生也用超越。所以在不同的脈絡，你要注意呀！你應該用哪一個名相，超越、超離、先驗、先天都要小心。

二、中道與純粹力動觀念

張雅評：就老師所提的純粹力動來講，它是先在於主體跟客體，或者是二元對立的關係，是一種先驗的意思。它是一切分別的前狀態或基礎，是終極義、絕對義。純粹力動是一種原創力，以力動說的原理，沒有實體，也沒有人格性。它凝聚、下墮、分化而詐現宇宙萬物，也貫徹在宇宙萬物之中，萬物都秉有它的虛靈性格。純粹力動在萬物之中，與後者有一種超越（transzendental）而內在的（immanent）關係。這種超越的活動、動感，借用熊十力的體用哲學的辭彙來說的話，它是體也是用，是絕對的體用。它沒有經驗內容，在物質性、經驗性之外，超越一切二元性，在主客、能所、人

我、心物的分別之先。它透過一種否定、轉變方式開出主體世界、客體世界。這裏我想到，牟先生用良知的自我坎陷開出民主科學。那麼純粹力動現象學是不是一定要用否定的方式，才可以開出現象世界呢？這一點等一下想請教老師。

另外，純粹力動現象學在存有論上，是先在於主體與客體。它是一種活動，或稱純粹活動。老師是很強調它的動感性（Dynamik）。那麼，在各個宗教、各個大系統裏面，都是有強調生生不息的本性。這種動感的動是絕對義，不是與靜態相對的動態。它是恆常地在動態中，因為它自己本身就是一種生生不息的活動。它是恆時地在起現流行，恆時地在作用之中。它是不是有一種時間觀念在裏面呢？是不是有超越這個時間的性格？

老師：就像上帝一樣，我們不能以時間觀念來講上帝，因為上帝是絕對的、超越的終極原理，personal 人格性的終極原理，它是超越時間、空間的。純粹力動也是這樣，不過它跟上帝不一樣，有兩

點：上帝是實體主義，純粹力動是偏向非實體主義；另外一點就是，上帝有人格性，純粹力動是根本的原理、終極的原理，沒有人格性。如果你說上帝有人格性，我們可以馬上提出一個問題說，天下間有很多種動物，都是上帝創造的，為甚麼要把上帝人格化？為甚麼

是這樣？為甚麼上帝像人不像生物？不像狗，也不像貓，不像其它動物？這裏面有這麼一個問題，這種觀念就是，上帝以一個人的形態出現，已經很早就有的，你如果去義大利的羅馬，去梵帝岡，天主教的大本營，有一個大教堂：聖彼得大教堂（Saint Peter's Basilica），這個教堂內面的頂部是一個弧形，你看上去，它有很

多圖畫，都是跟創世紀有關係的，其中最重要的一幅圖畫就是上帝的手指跟 Adam 的手指，幾乎碰上，這邊是上帝，那邊是 Adam，上帝就是以人的形態出現，有鬍子，Adam 就沒有，因為是年輕人。為甚麼這幅圖畫是這樣？它象徵上帝創造人類，它通過手指相碰觸來表示這個意思，那幅畫是 B. Michelangelo 設計的，米開朗基羅，是吧？一個很有名的畫家跟雕刻家，大衛就是他雕的，聖母瑪利亞抱著耶穌，從十字架拿下來的耶穌，已經死掉了，在那個大教堂裏也有這個石雕。為甚麼把上帝畫成這個樣子？到底這是表示上帝造人，還是人造上帝？Michelangelo 是一個畫家，他是一個人，他把上帝的形象表達出來，就是一個人格的形象，這不是人造上帝嗎？就是上帝造人，人也造上帝，這是矛盾的，你說奇不奇怪？中國以前也有很多神話，神話裏面有很多奇奇怪怪的動物，現在都看不到了。你看《山海經》，它裏面就有很多這種故事，你也可以說，是人造那個動物。人造動物，人也造上帝。上帝造人，是《聖經》裏面最重要的一個觀點，可是《聖經》裏面沒有講人造上帝。上帝造人，人也造上

帝。你可以這樣理解，就是說，上帝造了人以後，人就依他自己的形象來造上帝，來寫上帝。這樣理解，到底是人造上帝，還是上帝造人？你說呀！

趙東明：老師，這是一個很大的問題。費爾巴哈就會認為是人創造了上帝，康德認為人在理性上沒有辦法達到跟上帝一樣，但人的理性對上帝的存在的論證都可以加以反駁，所以康德認為只有透過道德實踐才能接觸上帝，有的學者就批評康德，前門把上帝關起來，後門透過道德實踐又讓上帝有出路。在佛教來說，特別是中觀學派，絕對是反對上帝的，在《中論》裏有論證：如果有上帝，上帝跟五蘊是同一還是不同一呢？不論答上帝等於五蘊或上帝不等於五蘊，都會陷入矛盾。依照龍樹的看法，一個具有自性的上帝是不存在的。

老師：康德的意思是，上帝不是可以通過我們人的理性去處理的，他是指純粹理性或理論理性（theoretische Vernunft）。你要處理的話，要轉到實踐理性方面去。其他像靈魂不朽、自由意志這些形而上學的觀念，都是超越人的知性（Verstand）或理論理性的作用範圍。所以問上帝是不是存在，這個問題不是一個認識論的問題，而是一個信仰的問題。因為上帝是不是存在，不能通過知識、知識論的思維方式來處理，因為我們的認知能力只能認識在時空以內的事物，所有超時空的事物，像上帝、無限心、良知、天命都不是認識心所能夠瞭解的。所以，有一個朋友提出一個問題會難倒很多人，關於上帝的矛盾，問題是：上帝能不能創造一塊祂不能舉起的石頭？這個問題，不論你從正面或反面來回應，對上帝的全知、全

善、全能，特別是全能，都會產生困難。因為，從肯定面來說，上帝能夠創造一塊祂不能舉起的石頭，表示上帝的能力就有限制，這個限制是有一個石頭是上帝不能舉起的，祂不能是萬能，不能是全能。從否定面來說，上帝不能創造一塊祂不能舉起的石頭，表示上帝的能力是有限的，有些東西祂創造不出來。所以，在理性上來談這個問題就是戲論（prapañca）。因為用理論理性、知性、語言談超越理論理性、知性和語言的形而上學對象，最後會陷入一種背反（Antinomie），解不開的。上面說上帝的存在與否，是一個信仰的問題。平實言之，你信祂便存在，不信祂便不存在。

當年，我自己思考純粹力動這個問題，主要從形而上學的脈絡來處理，也參考過熊十力的體用不二的思想。所謂體用不二，「不二」並不是完全相同，這是熊十力的意思。這跟《維摩經》（*Vimalakīrtinirdeśa-sūtra*）的「不二」不完全一樣，因為熊十力曾經講過，「體用不二，而亦有分」，體用雖是不二，但還是有分別。所以這裏所講的不二，不是完全相同，而是不能分離。意思是，體是用中的體，離開用以外沒有體，無體可求。而用，也是體所展現的那種用，離開體，這個用也變得毫無頭緒。也就是本體與現象、體與用不能分離。就熊十力的體用論來說，我發現兩個關鍵性的問題。他說，「本體有複雜性」，這有文獻的根據，意思是說，本體有多元性，雜是多元性。這裏便有一個問題，如果講本體有雜，那麼，這個本體就不是終極的，因為有雜，雜的東西可以被分解、被還原出來，如果本體可以被分解、被還原，還原到比本體更基本的東西，本體就不是終極了，不是終極的本體就不是真的本體。因為，本體本身含有終極性，這是一定的，這是分析命題。當

我們講本體，是指有終極性的本體。不管你是人也好，一個原理也好，作為本體，是有終極性的。那些有終極性的東西都是最基本的，不能再被還原為更基本的東西，終極關懷也是在這個脈絡下說的。以前在科學發達的時代，科學界發現原子，原子是物質最基本的結構，最基本的形態，不能再分了，後來經過很多實驗，發現原子還是可以再分，原子裏面有原子核，周圍有電子，原子核裏面還有質子跟中子。「原子是物質最基本的單位」，這種理論就破滅了。這是一點。熊先生所瞭解的體用不二，有關本體的部分是有問題的。

　　另外一個問題是，本體能夠發揮種種作用，種種作用都要靠本體發出來，就像一個發電機，那個發電機就是「本體」，它所發出來的電能就是「作用」。作為用的電能需要有其機器為體才能發出來。其他燃料發出的能量，木材可以燒火，牛糞曬乾會變硬，可以生火，而且生得很好，比木頭還要好，木頭不是最好的原料，牛糞才是。發電機、木材、牛糞都可以生起能量，這些東西是體，與能量是分開的。對於能量或用來說，必須要有在它們之外的能源或體發出來。牛糞可以生火，有些人覺得不可思議，但這是事實。我年輕的時候就有這個經驗啊，住在農村，沒有事情做，那時候沒有煤氣、瓦斯這些，甚麼東西都用柴來生火，不用柴你也可以用樹葉、樹枝，要乾的，溼的不行，所以火要有燃料如柴、乾牛糞、石油作為原料，才能生出來。我在這裏說的是物理的現象。熊十力所講的是後設物理的（metaphysics），是形而上學方面的問題。意思是，所謂用，要由本體發出來，像水力發電，要有發電的機器，電才能從機器發出來。當初我就這樣想，我們對終極原理，對本體的那種

思考，那種瞭解，是不是要順著一般流行的像水力發電的機械性的思考來做呢？這個用，是不是要像電能一樣，需要一個機器發出來，而有一種機械性的（mechanical）關係呢？這是我們對一般經驗世界的現象的理解。裏面那些功能：電能、核能的發出，都要有機器作為其源頭。

這些問題講到本體這方面，我們是不是也可以這樣問：大用流行的大用，是不是要有一個體才能發出來？沒有體，這個大用流行就無從說起？如果是這樣的話，就陷於一種機械論的（mechanical）思考，這是一個大困難。對於終極真理，我們是不是要從機械性的思路來處理？答案顯然是：不可以，因為機械性那種關係，那種作用，只能用在經驗現象這個範圍，你一出了經驗世界、現象世界，到了形而上的世界、超越的境界，mechanical 這種關係就不能用了。所以，我們不能說大用流行要由一個實體、一個本體發出來。如果是這樣，體用問題怎麼解決？我的結論是：解構，把體用關係廢掉，沒有體用不二的關係，而是體就是用，用就是體。因為當我們說大用流行的時候，它本來就是超越的一種力量呀！你不需要在外面找一個體，作為發用的根源；那個純粹力動，那個超越的力量，它本來就是一種超越的活動，就是力，它就是體，你不需要從另外一個地方找一個體，找一個根源，讓它發出那種力量。所以在這個脈絡下，體用論、體用關係是無效的，這是一個很嚴重的問題，對形而上學衝擊得很厲害。因為自有哲學史以來，哲學上最重要的問題還是形而上學的問題，體用論就是這一方面的問題，體用關係終極來講就是形而上學的性格，如果說廢掉體用關係，所產生的震動就會很猛烈，我們剛才講的這幾點都是有文

獻上跟義理上的根據。對於終極實在的瞭解，我們不能以一種機械性的方式，不能在形而下的框框下來想形而上學的問題。因為現象與物自身、現象與本體、用跟本體是一種形而上學的關係，是一種超越時空的關係。你如果用時空的關係來講，就是錯置，就是把本體那些問題錯置，錯誤的放在現象世界。以一種機械性的講法來進行瞭解，這是對象搞錯了，本體不是這方面的對象，所以這點一定要很牢固的建立起來。如果這點有問題的話，你那一套純粹力動現象學就動搖，不能講。可是如果我們很理性、很客觀地去思考這問題，好像順理成章，它就是這樣。然後有人會說，像熊十力這麼有天才、有洞見的大哲學家，他在這一方面怎麼會有漏洞呢？這是一種權威主義的看法，他們以為權威的人物不會犯錯，新儒家第二代、第三代都出來了，可是沒有人反省這個問題。

林美惠：像老師提出純粹力動，可以說徹底推翻掉體用論。但新儒家在臺灣學術界也有崇高的學術地位。

老師：可是問題就是，在臺灣講新儒學的人，對他們的前輩所說的那些思想、義理，缺乏一種反思的能力，前輩怎麼講，他們就怎麼說。照著說，不是接著說，這沒有批評，沒有反省。「這是熊十力講的」，「這是牟宗三講的」，「怎麼可能會有錯？」他們其實有一種固執。有一次在鵝湖的聚會裏面，談起一些文化、哲學的問題，請我們幾個發言人講一些話，我講到其中有一點，我說，我們這一代當然應該對新儒家那些宗師很尊敬，可是我們也不能把他們作為一種偶像來崇拜，以為他們所講的東西都是正確的、完美的，沒有缺點，我們不能這樣。我們應該以一種批判性的眼光來看新儒

家的第一代、第二代，我這麼一講，所有人都靜下來，大概大家都覺得很奇怪，怎麼會有人對新儒家的第一代、第二代從另一種有負面意義的角度來看呢？真的，你在鵝湖那些朋友的文章裏面，很難發現他們有批判性的思維，對第一代、第二代的大宗師的哲學思想以一種批判性的眼光來看，很少，就是有也不會公開講。蔡仁厚是牟宗三最忠實的門徒，他所講的那些東西基本上都是重複牟先生所講的，沒有創見，沒有自己的見解，可是他對自己還是不瞭解，沒有自知之明，他說，在他的著作裏面有七成是接著說，三成是照著說。他公開這樣講，我心裏在想，他是九成以上是照著說，不到一成才是接著說。你看過蔡仁厚的書，是吧？

張雅評：《王陽明哲學》跟《宋明理學》。

老師：對呀！他甚麼時候對熊十力，對牟宗三有過批評呢？在哪裏有批評呢？你找不到啊！

張雅評：說不定是我沒看到。（同學：哈哈哈）

老師：我是說，就你所看到的書來看，他都是照著說，沒有接著說，如果是這樣，那新儒家就是一代一代衰退下去。第一代很好，開宗立派，超越清代以來那種循章逐句的文獻學的工夫，他們超越清代學術，接上顧炎武、黃宗羲、王船山這個傳統，這很了不起呀！熊十力就有這個本領，他不圉限於清代那種呆板的、八股式的研究方法。然後第二代，知識非常廣闊，而且他們所提的那些說法，很有系統，很有力量，理據很強。第三代主要是把儒家那套思想傳到外國，發揚光大。第一代是熊十力，第二代就是牟宗三、唐

君毅,第三代就是杜維明、劉述先,第四代就是與我年紀差不多的
朋友。有一次,在一個研討會裏面,我就提這個較新的說法,要
「解構體用論」,劉述先坐在我旁邊,他說:「你有你的道理,可
是在一般生活上,我們還是要靠那個體用關係,以體用論來瞭解種
種的現象問題。」他這樣說。我說,這個很好,我同意,在一般生
活的層面,在現象的層面,體用論還是蠻重要的。我們要常常運用
體用關係。可是在超越的層次、絕對的層次,我們就要另外構思。
現象界那些東西都是有限的、經驗的,是吧?有它的限制性。這應
該分開來思考。有沒有其他問題呢?

趙東明:蠻佩服老師去挑戰新儒家的,因為新儒家好像有個綽號叫
「牟門教」,是嗎?

老師:那是指李明輝、楊祖漢啊,牟門的弟子啊。

趙東明:以前我在臺大哲學系上課時,傅佩榮老師講人性現象論,
新儒家的人就槓上他;他說有一次在研討會連主持人都問他問題,
就好像群起圍攻他。我就非常佩服老師,能夠去挑戰新儒家的學
說。

老師:傅佩榮已經很多年不搞學問了,他都是出版一些非常普及的
書。甚麼都講,《易經》也講。《易經》是一種很難解的學問,不
能輕易講,很多人拿來講。而且《易經》這種思想的傳統非常悠
久,空間非常廣,時間非常長,已經有很多不同的《易經》解讀及
研究,朱伯崑便寫了一大本有關它的思想史。我們當然也可以用一
種普及的講法,但這又常常跟民間一些雜亂的想法混在一起,結果

《易經》原始的精神就不見了。這裏面的例子也很多，有人用《易經》作為他們的思考的背景及源頭，來講很多不是理性的東西如算命、問吉凶、測名字等，很多與《易經》的易沒有直接關連。可是他們利用《易經》在一般人心目中有一種好像「隔著一層神秘的面紗」，左看右看都看不清楚那種情況，他們就在這裏面作文章，因為你們一般人不懂它的那個本質，他們講錯了，你也不知道，也就是因為那種神秘性，就吸引很多人。很多人都不喜歡讀《論語》，反而喜歡讀《易經》，原因就是在這裏。《論語》太悶了，不過癮，《易經》就很有吸引力。講《易經》當然也有講得好的，像謝大荒、戴璉璋他們。

張雅評：我想回應剛剛老師說的純粹力動現象學中提到機械論的問題。我前些時在讀老師的書時有想過「體用的關係」，就好像我們在現象世界裏，任何一樣東西例如說手機、電燈，我們要讓它們啟動，一定要有電池或電源，如果沒有了，它們就沒辦法起作用，一定是這樣的，它不可能自己發動。可是以人來說，沒有插座，也沒有電池，我們自己卻有這個動能，也可說吃了食物是像電池的功能，但這也不是絕對的，因為有些人吃很少的東西或喝很少的水，也可以有創作或思考。我的意思是，我們人的身體不能單獨拿胃出來說，我裝上一個胃，消化食物，我就會產生動力，因為它是跟身體其他部分連接在一起。人本身是一個整體，故不是說單獨的食物或一個消化系統，或任何食物來源作為一個中介，就會產生整個動能。而且產生的與吃下去的有時候也不成比例，就是它的精神、價值與思考全部都是超越那個物質性的，不是說這杯水會轉化成水蒸

氣,而是這杯水喝下去,我散發出來的人性、仁義禮智、孔孟所說的仁義之道,兩方是完全不一樣的。並不是說我吃了食物,喝了水,之後會轉化成甚麼。所以我在思考這個問題時,我是這樣去理解的。我又想到陽明講過「即體而言用在體,即用而言體在用,是謂體用一源」這些話。陽明講的體用,跟熊十力的體用不二好像不太一樣,陽明有講體用關係,熊十力是不是借用這個語詞來講體用關係,我不太確定。熊十力的體用論當然很多人都有提到,但是其實陽明的體用論,我認為也很值得探討。

老師:你講這些關鍵性的觀念及問題,當然不同的人有不同的看法,有不同的解釋,可是我想我們首先要抓緊哪些是關鍵性的觀念、哪些是關鍵性的問題,就是核心的觀念、核心的問題,在這方面下工夫,這樣才行。像體用論、體用關係這種學說,其實我也不是完全反對,我是說,當我們講到那終極真理的時候,我們是不是要用另外一種思維,因為它是絕對的,它是超越時空的,它是永恆的,這就是它的本質。這跟我們在日常生活所碰到的那些物體、事情、現象是不一樣的,剛好是相反;一邊是超越、先驗,一邊是經驗、後驗;一邊是絕對,一邊是相對;一邊是無限,一邊是有限。所以我們思考的時候,應該分清楚層次,還有界限,其實這點在康德的思想裏面,已經表示的很清楚:我們人的那種思辨的理性、理論的理性,或者是知性與感性這些東西,只能用在現象或者經驗這範圍裏面去。康德抓住這點,就是說,像上帝、靈魂不朽、絕對自由這些東西,我們的理性、理論理性、知性是不能碰的。我們要分清楚,你要處理某些事情,要用真正有效的、有關聯的方法才行,

你如果用錯了，那你所做的一切，都是白做的，是嗎？就是說，像我剛剛提康德說的上帝等幾種東西，他說，這不是我們的認知理性、理論理性所能處理的，然後他開拓出實踐理性，這是他了不起的地方。他沒有限定自己於純粹理性或理論理性裏面。有人以為認知理性應該是萬能的，無所不能的。可是康德發現，它有那個限制，然後他要再進一步開拓另外一個領域，就是實踐理性的領域。他講睿智的直覺，這是他了不起的地方，這就顯出我剛講的那點，就是說，你要達致一個目標，或者是說要處理一個問題、一件事情，你要用相應的辦法，你要用真的是有效的工具才行。你在這方面抓得不緊，抓得太鬆散，就會出問題、出毛病。有時候你出了毛病自己還不知道，還要埋怨別人哩。

　　當我們說存在（existence）時，它的範圍非常廣，海德格有一本書《存有與時間》（*Sein und Zeit*），是吧？存在是一個意義的外延非常廣的概念，甚麼東西幾乎都可以說存在。在時空裏面那些東西，我們說它存在，在時空以外的那些東西，我們也說它存在。不過我們要分開，在時空裏面的東西，你說它存在，是存在於我的認知能力所及的範圍裏面，一出了這個範圍，你就很難從認知上講存在了。譬如說良知、天道、天命這些東西，你說存在，要把它們體證出來，通過一種道德實踐的方法把它證成，你就可以說它們存在，存在於你的生命裏面，存在於你不斷進行的工夫實踐之中。

張惟智：老師，你對「氣」的觀念有甚麼樣的看法？純粹力動詐現為「氣」的時候，那個「氣」是怎麼樣的一種東西或作用？

老師：「氣」，還是經驗性，所以純粹力動以「氣」那種姿態出

現，這條路不是一條直路，而是一條曲路，你要有一些曲折才能有效。我們可以這樣瞭解，純粹力動是「理」的性格，我們用朱熹的觀念，是「理」那方面的性格，它是超越的，它是無限的，有絕對性，這些都與「氣」不一樣。「氣」可以說是物質的開端，最原初的那種型態，就是物質的 pattern，最原初的型態就是氣。怎麼樣從純粹力動發展到氣，要經過一番曲折，或者是說，自己對自己有一種自我的限制，或自我的否定、限定。限定這觀念，在京都學派特別是西田幾多郎的書中常常出現。甚至絕對無有一種自我限定，如果你從宇宙論這方面來講，從存有論這方面來講，就是說，絕對無是一個終極的原理，它是虛的。如果要呈現它裏面種種的功能，甚至開拓出經驗的世界、現象的世界，他就說，它要限定，自我否定，自我限定，自我分裂，由分裂裏面才能夠出現陰陽的那種不同的形態。這是好事呀！不是壞事呀！你要分裂，你要自我否定，你要進行種種的曲折動作，你需要一種力量呀，一種動感才行。所以朱子講的理就有問題，朱子所講的理，比較接近柏拉圖所講的理型，馮友蘭就喜歡用實在論或進一步是新實在論，包括柏拉圖的思想來解讀中國哲學，最能相應的就是解讀朱熹。因為朱熹就是那種思想型態，他所講的理是沒有動感的，不能活動的。不能活動就不能講生命，不能講生機，這跟柏拉圖講的理型很相像，現在很多人不會這樣講了。這個理不能這樣講，實體也不能講它是完全不能移動，不能運作，不行。懷德海對這個問題已經展示得很清楚了。他講機體，不講實體，在他的哲學裏面你找不到他以實體作為整個宇宙存有論的一個發源地。他講存有論的機體（Organism），每一種事物他都以機體來講，有生命的，這個生命要有發展才行。所以他

講歷程，從甚麼階段發展到甚麼階段，只有機體的東西才有歷程，因為歷程要預設變化，只有生機的東西才有變化，才會不斷的生長、發展。懷德海就用機體來講，他就不再講實體了，你有沒有看過懷德海的書？

張惟智：我還沒看。

老師：他的書也是挺難看的，尤其是《歷程與實在》（*Process and Reality*），這本書難看的很，像「鐵饅頭」這些公案。禪宗不是說有些公案非常難消化麼？饅頭是鐵做的，不是麵粉做的，你怎麼消化它呢？無從著手！難是難，不過它還是講得很精彩，還是很有洞見，他是以一個機體的眼光去看整個宇宙，結果，整個宇宙在他看來就是一個大機體，活的，不斷在發展、創發。他跟 Bergson 在這裏有點相像，Bergson 不是有一本書專講進化論的嗎？他是從形而上學來講，講生命，也是形而上意義的一種生命。如果今天還是有人以朱子、柏拉圖的方式來講「理」的話，那就表示他的瞭解太窄，看問題太淺，不能深入。

張惟智：老師，純粹力動以 Husserl、海德格來比較的話，應該比較貼近 Husserl 的型態吧？那 Husserl 和 Ding an sich 比較接近哪一個呢？

老師：兩個都有，我是吸收、消化了很多重要的系統，把它們的優點找出來，然後作一種綜合的思惟，內容很多元性，有佛教的成分，有京都學派的成分、有機體主義的成分、有絕對意識的成分，就是 Husserl 那一套，有 Bergson 的成分。Bergson 不是講宗教有兩

種型態嗎？在他的眼中，宗教有兩種，一種是靜態的宗教（static religion），一種是有動感的宗教（dynamic religion）。他這種分法很好，他說只有 dynamic religion 才能發揮出真正的影響力，才能有正面的建構，static 那種宗教就是自我封閉的，不是敞開的。他講這一點很重要，可是他對動感跟靜態這兩種宗教所舉的例子，我就不大同意了。他說基督教是最有動感的一種宗教，佛教有 static 的傾向。他當年所瞭解的佛教基本上是小乘那方面的，不是大乘。Bergson 在這方面沒有很清楚的概念，佛教分為大乘跟小乘，他所瞭解的佛教是從一些翻譯來的，在字面上瞭解一下就算了，以為佛教就是這樣啊！他根本沒想到後來有天台提出中道佛性，有一念三千的實踐，有內容非常豐富的佛教思想。在個別的宗教方面，他的瞭解有很多偏差。印度教最差，最沒有動感，這種宗教居然提出種姓的觀點。這種姓的觀點在佛教也有，唯識學就有種姓的思想，小乘也有，可是這不是主流，佛陀也不贊成種姓的說法。

在佛陀以前，婆羅門教流行的時代，他們不是講種姓嗎？婆羅門出身的人，不能跟下等的人在一起，不能同桌吃飯，更不能論及婚嫁。一個大的哲學家，他是很偉大的，他提出新的哲學體系，這是我們要注意的地方。可是，也有一些毛病呀！像黑格爾，他甚麼都講，真的是甚麼都講，他講精神現象學，講政治學，講宗教，講藝術，講哲學史，而且一講就有幾本巨著拿出來。他光是講宗教已經有幾大本，講美學也很多，精神現象學篇幅也不少。又有邏輯，有大邏輯，有小邏輯，有歷史哲學，可是後者也有很多地方是錯誤的。他很輕視東方的哲學，說東方哲學是哲學發展的嬰兒時期，一個 baby 的階段，他只欣賞講一個人，只是講一種思想，就是老子

跟老子的那種辯證法。黑格爾呀！海德格也是呀！他講的其他東西都是不大正確的，可是將老子講得很精采呀！因為老子跟他的思路很像。老子認為，我們不要看輕這個水，它是至弱同時也是至強，這種講法黑格爾就很喜歡，因為這都是辯證的一種表現，就是有一些詭詞（paradox）在裏面，在邏輯上是矛盾的。可是它顯示出智慧的一種模式，我們說是洞見，英文是 insight，德文是 Einsicht。可是辯證法你拿到毛澤東身上就不是那個樣子，它變成一種工具。好，這一節課上到這裏。

第三章　委身他力

一、淨土宗的思想

林美惠：這篇報告是《佛教的當代判釋》〈委身他力〉的一個單元，主要探討委身他力我的宗教救贖問題。首先，要對淨土宗的三部代表經典《阿彌陀經》、《無量壽經》、《觀無量壽經》對極樂世界的殊勝境界作出說明；接著，說明淨土宗由中國傳入日本之後，親鸞主導的淨土真宗在備受注目下廣為流傳，其中日本京都學派學者西田幾多郎、田邊元、西田啟治，對淨土思想紛紛從名號、懺悔道以及空的存有論等不同觀點提出新的詮釋，對他們所提出的詮釋加以分析。以上這些文獻皆是本文著墨的題材，最終會對淨土他力信仰的終極觀點作出結論。

老師：很好啊！這開頭不錯啊！你把整篇報告論文作品的旨趣講清楚。臺北不是有一間善導寺麼？它裏面有一位居士叫李子寬，有沒有聽過？六十年代我就來過臺灣，去善導寺見過李子寬。他是太虛大師的弟子，跟印順一樣，年紀很大了，那時候應該是超過八十五歲，現在當然是不在了。當時他送我《太虛大師全集》中的幾本

書。《太虛大師全集》好像有六十本，裏面有四本書專門講佛學概論，你們去讀一下這四本書，對初學者不錯。另外印順也有寫書，叫《佛學概論》、《淨土與禪》，這些都是比較好的參考書。《淨土與禪》是把淨土教與禪放在一起講的一本書，這本書篇幅不多，但寫的非常好，你去找印順法師的《妙雲集》，其中便有這兩本書。印順雖不是淨土宗也不是禪學的人，是般若空思想譜系的人，不過他講唯識學、中觀學說的很好，可以作為參考資料。還有任繼愈主編的《中國佛教史》，一些相關的地方，都寫的很好，可以參考。

林美惠：謝謝！老師那現在進行第一節內容。在第一節先說明中國彌陀淨土思想的起源與發展，這一部分文獻資料主要參考太虛大師的著作以及任繼愈主編的《中國佛教史》。

　　隨著大乘佛典的傳譯，宣傳彌陀淨土信仰的經典也開始輸入中國。主要描述淨土中的諸佛，如阿彌陀佛、彌勒菩薩、藥師佛，其中有關阿彌陀佛的經典最多。因此，一般所說的淨土信仰，往往即指彌陀淨土信仰。約在西元一世紀以後，印度逐漸興起阿彌陀佛的淨土信仰。彌陀淨土信仰傳到中國，在社會上迅速傳播，對中國佛教發生重大影響，彌陀信仰又從中國傳到東亞各國，至今對這些國家還有相當大的影響。[1]

　　三國以後，淨土信仰得到進一步的傳播。東晉時名僧慧遠

1　參閱任繼愈主編，1993 第四版，《中國佛教史》第一卷，北京：中國社會科學出版社，頁 439-440。

（334-416 年）在廬山糾集不少名僧和文人於阿彌陀像前「建齋立誓，共期西方」。後人傳說慧遠成立白蓮社，即指此事。北魏時，汾州北山石壁玄中寺僧曇鸞（476-542 年）為世親《無量壽經論》作注，倡導稱名念佛，大力宣傳彌陀淨土信仰，為以後淨土宗的創立奠定了基礎。隋唐時期，由道綽、善導正式創立淨土宗，淨土信仰得到廣泛傳播。[2]

　　淨土宗者，以樂求往生阿彌陀佛之極樂淨土為宗旨得名。所宗依者，為曹魏康僧鎧所譯之《無量壽經》，劉宋畺良耶舍所譯之《觀無量壽佛經》，姚秦鳩摩羅什所譯之《佛說阿彌陀經》，及菩提流支所譯之《往生淨土論》，號稱此宗之三經一論者是也。而此土始於廬山慧遠大師，結蓮社專修習之。約可分為二流：一、為慧遠之流，後之慈雲、元照等師屬之。二、為善導之流，後之懷感、法照、少康屬之。然淨土之確然建興，實由長安光明寺善導大師也。師初誦《法華》、《維摩》，忽思教門非一，當求契機，投大藏信手探得《觀無量壽佛經》，專精誦習。後謁西河道綽禪師，益喜入道津要，莫過於是。遂上承曇鸞、道綽二師之意，作《觀經四帖疏》等，大宏於長安，道俗並從其化，故此當依以為高祖也。[3]

老師：這裏對淨土傳入中國作了介紹。我這本書 1983 年出版的《佛學研究方法論》是在德國打拼出來的。我把西方跟日本他們在

2　參閱任繼愈主編，1993 第四版，《中國佛教史》第一卷，北京：中國社會科學出版社，頁 548。

3　《太虛大師全書》，1998，《法藏：佛法總學（四）——佛教各宗派源流》，臺北：善導寺佛經流通處印行，頁 843。

佛學的研究方法，綜合起來，然後寫出好幾種理想的研究方法，最後總結，研究佛學應該有兩個矢向，我稱為雙軌研究法。是哪雙軌呢？就是文獻學跟哲學分析的雙軌研究法，這是我二十九年前提出的理論。到目前為止仍沒有同類書出版，因為這要包含日本、美洲、歐洲學者的研究，都要非常清楚。在我看來最理想的研究方法，就是文獻學跟哲學分析的雙軌研究法，目前在日本跟德國有很多學者，都是跟這種研究法有關，最先提出的人，就是奧國的維也納大學的一位教授 Erich Frauwallner，很多人受他的影響，跟著這麼做，我也受他的影響，也是這麼做。現臺灣最近二十年開始，對這種方法有比較深刻的印象，現在一些年輕的朋友，有些是自覺，有些是不自覺，也用這種雙軌方法。我希望有人像我這樣也提出具體的佛學研究方法，可現在沒有。

林美惠：由以上文獻，我們將可為中國淨土宗的起源劃出一個藍圖。早在西元四世紀時，彌陀淨土思想已經由印度傳入中國，傳入之後分南方、北方兩面發展，最終北方的善導流一枝獨秀，主導中國整個彌陀淨土長遠的發展。彌陀淨土宗主張求生於阿彌陀佛極樂世界的宗教信仰。該宗的主要經典有曹魏康僧鎧所譯的《無量壽經》、劉宋畺良耶舍譯的《觀無量壽經》、姚秦鳩摩羅什譯的《佛說阿彌陀經》，以及菩提流支所譯的《往生淨土論》，又稱「三經一論」。最初中國淨土思想始於廬山慧遠大師，其後分為二個流派，慧遠流與善導流。然而，讓淨土真正興盛的，是善導大師。善導最初學習《法華經》與《維摩經》，後又專精誦習《觀無量壽經》，繼之入道綽師門下。於是善導上承曇鸞、道綽，下啟淨土教

法，於長安說淨土法，將淨土推向高峰，學徒絡繹不絕，善導師可說是淨土宗的開創者。

老師：這裏對淨土傳入中國作了介紹。首先，念佛好像很容易，其實不是那麼一回事，我也念佛啊！平常一直念，特別是在大病的時候，做完手術以後心思很亂，我念佛，讓心念不會向外一直擴散，不要發出很多很多的念頭，把自己的念頭集中起來。從表面來看，念佛是一種他力的實踐，念阿彌陀佛名號好像是很容易，真正做起來就沒有那麼容易。因為念佛基礎就是對自己進行一種解構，把自己的生命存在解構，不要執著，把整個生命存在都交託給阿彌陀佛，讓他替你安排覺悟成道的事情，所以這裏面也有一種弔詭的成分在，這一點一般人都沒有注意。就是說你自力成佛當然是很辛苦，像慧能那麼偉大的一個天才人物，還是要在東山法門裏待了好幾年，有一天晚上聽五祖講《金剛經》，裏邊一句話「因無所住而生其心」，令慧能大悟，所以自力當然很重要。但他力那種易行道，那種信仰根據，對根器比較低的眾生還是有存在價值。這困難在哪裏呢？就是你要把整個生命存在交託給阿彌陀佛，這是一種很徹底的自我解構，這種自我解構很不容易做。一般人都是執著於自我，是嗎？唯識學講四大煩惱，很難擺脫的四種大煩惱：我見、我愛、我慢、我痴。這是自我深層的一種執著，只要去掉這種執著，就是無我。釋迦牟尼最初講法輪的時候就提到無我，怎麼能無我？這很難做啊！每個人都有他的一種自我中心在，那種念頭，那種想法，即便不是在意識出現，也會在潛意識出現，所以要走淨土這一條路，要先過了自我解構這一關才能講，光這一點就很難，非常難。

林美惠：所以自我解構不成，就無法進入淨土的信仰圈。

老師：對啊！就不成功啊！光是這一點就很難。很多年以前，新竹有一位真華法師請我去他的福嚴精舍演講。我在那裏待了一個禮拜，每天都跟他們演講，到最後他請我用餐，他問我有沒有修行，他以為我只是一位學者，作客觀佛學研究的學者，沒有甚麼修行，他就這樣問我：作研究以外有沒有其它佛學的修行呢？我就說：「我是念佛的。」他有點驚訝。這念佛是有效的，問題是你能撐多久呢？因為它不是頓悟，不是一二個鐘頭的事情，是經年累月的事情。

林美惠：老師我曾參考《佛光大辭典》，現在有一個問題。我對佛教的相關知識完全外行，尤其是對繁多的名相，我要找一本工具書輔助我學習，到底要找哪一本呢？

老師：我這一本書《佛教思想大辭典》，你怎麼不知道？

林美惠：我不知道耶！我看一下，我回學校圖書館找找看有沒有這一本辭典。

老師：這是我用健康打拼出來的。我搬《大藏經》右手受力，長期的搬上搬下，結果肘關節出了問題，變成網球肘，兩邊都有問題。看中醫沒有用，後來看骨科醫師，骨科醫師說：「肘兩邊的筋都已經鬆脫了，長期受壓，所以變的很鬆散，最後長出膿液，變的很痛，所以要開刀，把膿液刮出來，才能治好。」兩次手術我都是這樣子過的，這種手術不用全身麻醉，只需局部麻醉，我都聽到刮的

聲音,很大聲,聽的很清楚。這是我個人的體驗,人生出來都是受苦的,要在苦痛中歷煉。受苦是讓生命自我淬煉,經過淬煉後,便能把精神狀態提高。所以也不要執著,俗語說:「吃得苦中苦,方為人上人。」這一句話不是每一個人都做得到。

我這《佛教思想大辭典》對主要問題都有照顧到。有一個字眼出來,對名相解析以後,梵文、藏文、巴利文都有附出來,然後標明在《大藏經》哪一冊,第幾頁,上、中、下,第幾欄出現,都很清楚耶!外國人念佛學,還要把第幾頁,第幾行寫出來。我研究唯識學,要處理梵文資料,要註明梵文裏面第幾頁、第幾行,都要交代清楚,這才是現代佛學研究,如果不懂梵文,研究佛學就很吃虧。

林美惠:今天主要報告淨土三經的思想,這部分主要參考老師您的著作《佛教的當代判釋》這本書中的委身他力的章節,我只是將這部分內容,用我自己的說話方式表達出來。

老師:如果你們發現有甚麼問題隨時都可以提問。

林美惠:淨土宗最重要的三部經典,即《無量壽經》、《阿彌陀經》、《觀無量壽經》,經典內容包含信仰與實踐兩方面。以下就三部經典內容作出說明。

老師:我想先做一些補充說明。其實這些淨土經典,除了這三部經典之外,還有很多。不過通常都是把這三本當作是淨土文獻的代表性經典,它們的內容都差不多,是說你要把整個生命交給外在的他力大能,你對祂要有一種很真誠的信仰,在精神上要把自己解構,

把自己交付給他力大能，讓他力大能來處理自己的救贖問題，就是把自我意識完全解構，才能真正的委身於他力。如果這樣的話，在實踐方面就能有效。如果不是真的相信他力大能，就不需要這麼做。因為佛教裏面有很多法門讓你解脫，淨土宗只是其中一個他力的方式，如果你要走淨土信仰這一條路，那就要很虔誠，真的要相信阿彌陀佛，相信祂能幫助你往生極樂世界。如果沒有這種信仰心，只是把它看成是一種虛假的形式，沒有內容的，那就沒有效果。所以這個「信」就很重要，信甚麼呢？信阿彌陀佛，信觀世音菩薩。沒有信，一切都不能講，所以信就是委身他力，我只用這四個字：「委身他力」來替淨土宗的精神定位。

禪宗就不是這樣，禪宗是自了、自覺、自己覺悟。雖然都是佛教法門，兩個恰恰相反，一個是自力，一個是他力。一般人以為他力很容易，可也不是你要怎麼樣就怎麼樣，你如果對他力大能沒有虔誠信仰的話，那效果也不會好。所以相信他力就要把祂當成是一個真正的終極的大能，這才是委身他力。

基督教也是這麼說「信者得救」，信甚麼啊？信耶穌。差不多三十多年前，有一次我在加拿大，很冷的冬天，我在等公車，來了一位基督教徒的女士過來跟我聊天，她要傳播基督教的福音，那時候我心情很不好，聽了她說幾句話，我忍不住說：「我不關心這方面的問題。」她說：「你不信上帝，會下地獄。」我便說：「我下你也下。」她覺得很沒有滋味就跑掉了。這個人就很不好，沒有修養，怎麼說我不信就要下地獄呢？這是威脅啊！因為下地獄是很悽慘的事，怎麼能這麼說呢？她用這種方式就很不好，她不夠寬容，信耶穌或者不信耶穌有很多因素，我已經說：「我現在不關心

這方面的問題。」這是反映當時的心情，我現在暫時不想考量，以後可能會考量，表示還是有機會信基督啊！不能在當時聽到我好像不想信耶穌，勸人不成，就說：「你會下地獄。」這種人很難傳教，讓人信基督教。

　　好吧！回歸正題。這一節就是講淨土宗的經典，即使阿彌陀佛願意讓你往生淨土，也不是保證一定可以得到覺悟，得到解脫，只能讓你處於一個好環境。淨土就是一個修養成佛非常好的地方，沒有壞人，都是善人，環境非常優美，心情感到非常暢快，可以集中精神來做自己的功課，來暝思。所以這裏還是要注意，自己的努力還是不能缺少。好！繼續。

林美惠：《阿彌陀經》是淨土重要文獻之一。阿彌陀是梵語 Amita 的音譯，又稱阿彌陀如來或阿彌陀佛。原名為 Amitāyus，整個名字 Amitāyur nāma tathāgato'rhan samyakṣambuddha 的意思是「無量壽的如來、應供、正等覺者」。漢譯者鳩摩羅什以原語 Amita 作音譯，為「阿彌陀」。Amita 是有無量功德的佛的意思，這佛在西方的極樂淨土說法。阿彌陀佛未成佛前為妙喜國的國王，名為憍尸迦。憍尸迦王聽世自在佛說法，遂發菩提願，捨棄王位，皈依世自在佛門下出家，號法藏。世自在佛知救度一切眾生是法藏的大願，於是告之「二百一十萬億諸佛國土中，西方淨土最為殊勝」，法藏大悅，於佛前發四十八願，創設新的極樂世界，廣度眾生，回歸莊嚴極樂世界。[4]以下先了解阿彌陀的性格。

4　參閱吳汝鈞，2011，《佛教的當代判釋》，臺北：臺灣學生書局，頁

> 舍利弗，於汝意云何，彼佛何故號阿彌陀？舍利弗，彼佛光
> 明無量，照十方國，無所障礙，是故號為阿彌陀。又舍利弗，
> 彼佛壽命及其人民，無量無邊阿僧祇劫，故名阿彌陀。[5]

阿僧祇，梵語 asaṃkhya 或 asaṃkhyeya 的音譯，又作阿僧企耶，漢譯作無數、無量數。此詞之意，是無量數，不可數量。是印度在數量方面的一個單位，是極巨大的數量。梵語 saṃkhya 是數，前加上 a- 是否定，asaṃkhya 變成含有無數的意思。阿僧祇劫：無數劫，表示極長久的時間。[6]阿彌陀在經文中，被描述成一個具有光明無量的能者，照耀一片國土，其智慧能量足以庇護全國人民，開啟佛法真理的大門，免去眾生災難，所以阿彌陀佛極樂世界的人民，個個都經歷過無限無盡的阿僧祇劫。阿彌陀佛是無量光明的使者，帶給眾生希望，帶來趨吉避凶的希望，進入它的信仰領域，將可享有無數數不清的長壽億萬年。

　　經文所描述極樂世界的莊嚴神聖境域，說成以世間奇珍異寶堆砌而成的樂土，種種美景唯有極樂世界方有，凡人只需透過覺悟、修行、解脫，便可在樂土中逍遙自在，存活下去。

547；吳汝鈞，1992，《佛教思想大辭典》，臺北：臺灣商務印書館，頁 300b。

5　《大藏經》第十二冊，1988，《阿彌陀經》，姚秦鳩摩羅什譯本，臺北：無量壽出版社，頁 347。

6　參閱吳汝鈞，1992，《佛教思想大辭典》，臺北：臺灣商務印書館，頁 298b。

舍利弗，彼佛國土常作天樂。黃金為地，晝夜六時，天雨曼
陀羅華。……彼佛國土，微風吹動，諸寶行樹及寶羅網，出
微妙音，譬如百千種樂同時俱作。聞是音者，皆自然生念佛
念法念僧之心。彼國常有種種奇妙雜色之鳥：白鵠、孔雀、
鸚鵡、舍利、迦陵頻伽、共命之鳥。是諸眾鳥，晝夜六時出
和雅音。諸眾鳥皆是阿彌陀佛欲令法音宣流變化所作。[7]

老師：這裏都是以一些誇張方式，把淨土的樂土的好處講出來。你
看你所引用的這三段引文，都是誇張手法，如「黃金為地」，土地
是黃金做的；和第二段的「彼佛國土，微風吹動，諸寶行樹及寶羅
網，出微妙音，譬如百千種樂同時俱作」。淨土充滿微妙音樂；然
後接著描述叫聲非常好聽的那些鳥，有「白鵠、孔雀、鸚鵡、舍
利、迦陵頻伽、共命之鳥」。這些鳥都能發出很美妙的聲音，讓你
覺得很快樂，很積極，又說「是諸眾鳥，晝夜六時出和雅音」。這
就是說聲音非常好聽。通常宗教的典籍都有誇張筆法，盡量把那種
境界宣揚出來，看是從哪一個立場來講。如果是從歷史角度來講，
是不會相信這種境界，誰會相信有這麼好的地方，用黃金打造土地
呢？那你是信佛的話，就會相信有這種境界。可是它在甚麼地方
啊？它用無窮遠的語詞描述，西方在我們的地球的西面，無窮的
阿僧祇劫的地方，有一個所謂極樂的地方，阿彌陀佛就在那邊說
法。

7　《大藏經》第十二冊，1988，《阿彌陀經》，姚秦鳩摩羅什譯本，臺
　　北：無量壽出版社，頁347。

瞿慎思：老師我想問一下，既然這樣的一個地方，好像應該是找不到的地方，那為甚麼佛經要寫這些不可能達到的地方？為甚麼要製造這些妄想呢？西方境界是想出來的嗎？

老師：對你來講是這樣，對某些人他不幸福的話，他真的會相信。一般信徒會相信地球西方有阿彌陀佛。當然它是一種宗教，非常強調信仰的宗教，不是理性的宗教。譬如說禪宗是比較理性的宗教。信淨土這些人是信仰比理性重要的多，有信仰的人就相信這些說法。一般思考比較發達的人，重視理性的思考，這些人就會質疑，這些講法完全沒有科學的根據。可是信與不信，完全是看你的立場是哪一方面。譬如說，有人問上帝有沒有。你信了就有，不信就沒有，這種東西永遠是信仰佔優勢。世界上有沒有鬼，這答案應該是你信就有，不信就沒有。因為這種東西已經超越科學驗證的層次，它的有或無，不是科學知識所能解決，所能回答的。

瞿慎思：是因為他的幻想，感覺很具體，感覺自己是可以碰到的，可以抵達的境界麼？

老師：你站在科學立場來說，可以說它是「幻想」。可是科學對人的心理的要求，不一定能夠滿足。譬如說，人想要長生不老，如果是科學家就說不可能，人怎麼能夠不死呢？長壽是可以，不死是不可以，科學家不相信，可那些道教的人就相信，相信人可以成仙，成仙就是長生不老，所以道教在民間非常流行，甚至一些皇帝都非常相信，相信吃了一些仙丹以後，就可以長生不老，結果不但不能長生不老，而且死的更快。因為丹砂有金屬水銀成分，吃了以後水

銀不能消化，多吃之後，水銀聚在胃裏邊，長久以後，胃就被穿破，胃穿破很危險。漢武帝和唐太宗就是因為吸食這種丹砂死掉了。這麼兩個好皇帝還會信這種東西，所以說，成仙對一般人而言很有吸引力。

林美惠：淨土宗的教理不是傾向於自力救贖方面，恰恰相反的，它建立在委身他力的宗教救贖中，這是淨土教理、教義的特色。為了突顯它的委身他力的宗教特色，因此對殊勝環境的佈置，是非常重要且不可或缺的一環。在阿彌陀佛的極樂國土中，空中時常飄出微妙的天樂，土地是黃金舖設而成，有諸多天女晝夜無間，散放天雨般的曼陀羅的天花。[8]空氣中有一種微風飄動，能夠使七寶行樹和寶物結成的羅網，發出微妙聲音，恰似百千種天樂同時共鳴。聽聞了此音樂的人，都能發自內心，自然生起念佛、念法、念僧的菩提心。除此之外，常有種種奇巧美妙雜色的鳥，這些鳥兒，不時唱出清雅的音調，它不是凡世間的娛樂音樂，而是淨土極樂的法音，是阿彌陀佛不可思議神力加以變化的佳作，其目的不外乎是使一切微秒法音，藉由鳥兒歌聲宣揚流通。這裏提到天樂、遍地黃金、曼陀

8　曼荼羅：梵語 maṇḍala 的音譯，又作曼陀羅，其原意是本質、精髓，漢譯為輪圓具足。這是一種密教表示宇宙的真理的圖繪，其上有神聖的壇，把佛、菩薩配置于其中。這主要是本尊。本尊即是修密教的人自己所依止的佛或菩薩，被認為是法界的表徵，透過它，可把握法界的真實。這種圖繪由印度教的幾何圖形的護符演變而來，顯示大日如來的覺悟境界。作為觀想與禮拜的對象，這是密教的象徵主義的具體表示。參閱吳汝鈞，1992，《佛教思想大辭典》，臺北：臺灣商務印書館，頁 415b。

羅花、雜色鳥的鳥啼聲,這些都是象徵性格。自然天樂和鳥啼聲象徵絕對清淨的(prabhāsvara)性格,由阿彌陀佛安排,欲令眾生心中生起憶念法佛僧三寶的菩提心。遍地黃金象徵莊嚴聖境,是安祥和樂無憂無慮的淨土;雪花般飄落的曼陀羅花,象徵洗滌眾生心靈上塵埃和汙染。

老師:人的意識通常都不停的發出去,自己也感覺不到,而且是一發就馬上忘掉了,所以這種情況如果要修行的話,就要把心念盡量減少,解構自己。一下子要這麼做很難,所以擺設有曼陀羅的幾何圖形,在修觀想的時候,就把注意力集中在曼陀羅上面,然後做這種觀想工夫,就能從曼陀羅裏面,看到整個法界。他們相信是有這種效果,你們可能不相信,不過也可以不妨做一下,回家以後找一幅曼陀羅的畫,貼在牆上觀想它,注意力集中在圖像上,久而久之,一切念想可能就會減少,覺得一切都很平安,很平靜,自然而然心的感覺就放輕鬆,沒有那麼多顧慮,那麼多雜念。

然後還有本尊的問題,就是你所信仰的本尊,密教裏面有很多本尊。對修密教的人來說,所謂本尊就是指佛菩薩,有無量數的佛菩薩都可以做自己的本尊,自己可以挑選。所以曼陀羅的圖畫,就被認為是法界的表徵。透過這個法界,曼陀羅圖畫表現宇宙的真實,這種幾何圖畫由印度教的幾何圖形演變而來,就是受印度教影響,印度教有這種實踐工夫,吸收之後對它進行觀想,最後顯現這種大日如來,像太陽一樣發出光明。佛教的大日如來法力非常高,能展現如來覺悟的境界。

林美惠:

佛告長老舍利弗：從是西方過十萬億佛土，有世界名曰極
樂。其土有佛，號阿彌陀，今現在說法。舍利弗，彼土何故
名為極樂？其國眾生無有眾苦，但受諸樂，故名極樂。又舍
利弗，極樂國土七重欄楯、七重羅網、七重行樹，皆是四寶
周匝圍繞，是故彼國名曰極樂。又舍利弗，極樂國土有七寶
池、八功德水充滿其中，池底純以金沙布地，四邊階道，
金、銀、琉璃、頗梨合成。上有樓閣，亦以金、銀、琉璃、
頗梨、車磲、赤珠、馬瑙而嚴飾之。池中蓮花大如車輪，青
色青光，黃色黃光，赤色赤光，白色白光，微妙香潔。舍利
弗，極樂國土成就如是功德莊嚴。[9]

老師：這一段就很清楚的說明，用一種誇張手法表現勝境。這當然
是一個信仰的問題，用理性思考當然不行，你們現在都是念碩士
班，念博士班，當然是不會接受，可是他要照顧一般的凡夫眾生，
要吸引他們，讓他們對淨土宗起信，所以要用誇張文字來呈顯淨土
的極樂世界。

在一般宗教文獻通常都可以找到這些文字，在佛教密教和淨土
教，在這方面都非常重視，其他佛教教派也有完全不講這些，只是
講哲學、邏輯，如中觀學（Mādhyamika）。《中論》
（*Madhyamakakārikā*）裏面二十七節，沒有一節講這些，純粹講哲
學，講邏輯。《阿彌陀經》就不一樣，佛教有信仰成分，這有道

9　《大藏經》第十二冊，1988，《阿彌陀經》，姚秦鳩摩羅什譯本，臺
　　北：無量壽出版社，頁 346-347。

理，淨土就是一個證明。你也可說佛教是一種理性的宗教，信仰的宗教，這也對。

唯識學（Vijñāna-vāda）那些經典文獻也沒有說這些，所以當年歐陽境無說：「佛學不是宗教，也不是哲學。」因為佛學內容非常多元，宗教可以拿《阿彌陀經》或其它經典來作證。然後佛學也是哲學，《中論》就是一個明顯的例子。

還有《唯識三十頌》也是哲學，所以當年歐陽境無他沒說錯，佛教是宗教，亦哲學，不能說佛教是純宗教或純哲學，是宗教也是哲學，兩方面都包容。有人問佛教是不是科學呢？你怎麼回應呢？這問題好像很簡單，可是你要仔細考量裏面一些問題，我們可以這麼說，這佛教有兩個存在的層次，一個是第一義的勝義諦（paramārtha-satya），另一個是世俗諦（saṃvṛti-satya）。科學是屬於世俗諦，科學是經驗的，不是超越的。科學有實驗性，有空間性，不是超時空的，這些全都是在世俗諦層面來講的。聖義諦就不是這樣講，它是超過科學。它所講的真理，不是科學要研究的對象，是宗教與哲學要處理的對象，所以可以說宗教與哲學，看是偏重在哪一方面，就有那一種講法。不同學派有不同講法，所以把它分開講答案就出來了，世俗諦跟科學相應，聖義諦超過科學，是哲學的境界，是宗教的境界。若你心中是以科學來講，那麼你就覺得《阿彌陀經》所講的內容，是誇張不真實，但它所面對的人都是一般的凡夫，他們看事情都是偏重在感官知覺，以感官了解世界的事情。《阿彌陀經》的內容的確是對感官很有吸引力，經文所列出來都是非常美麗，有很多鳥發出好聽的聲音，這些都是感官所感受到的。善用理性來看世界，看自己，就不相信這些，因為理性超過感

官，它有一種抽象的作用，超越感官，有一種邏輯的分析。這就在於你個人從哪一個觀點來看這種經文了。

瞿慎思：老師我覺得如果這樣幻想的話，那它的精神層面可以延伸到死後才能看到極樂世界，這樣才能說服一般民眾相信這個。

老師：那就是說，淨土在這個宇宙裏面是存在的，它的情況真的就像經典所說的那種情況，不管是生或是死它都存在。我們也可以這樣說，如果你是信仰淨土教，你依淨土教所提出的項目來修行，那你最後會往生極樂世界，在那邊一切環境都非常好，可以成就覺悟，得解脫，這有一種加持、加護的作用。

瞿慎思：老師不用相信這個也可以好好的死，或是好好的活。

老師：因為你是生活在一個溫暖的環境裏面，世界上還有無窮無盡的眾生，他們還是在苦痛煩惱環境中生存，他們有一種非常強烈的意念，要脫離他們所生活的苦痛環境，可以轉生到另外一個，像淨土所形容的「極樂世界」。所以你不能光是以一個角度來看這個問題。

瞿慎思：因為他在寫這些東西的時候，就用上這些現象，那這些東西好像不可以被驗證的，只要他寫甚麼，就是甚麼。

老師：那只要講信或者不信。

瞿慎思：那如果我信，結果沒有那一種地方，那會不會有一種被詐騙的感覺？

老師：那你就不是真信。

瞿慎思：老師我會質疑啊！

老師：你會質疑，就是不信，你是矛盾，質疑就是矛盾。

瞿慎思：老師我暫且相信。

老師：那不行，你這種情況不能往生極樂，我是說要委身他力，你是暫時或者是以假設的方式來看的話，你就不是走這一條路了。你是走另外一條路，這另外的路不是唯一的路。這一條路的對象是屬於凡夫眾生，很多苦痛煩惱集中的那種人，這些人不以科學家的眼光來看這個世界。他們是從宗教信仰方面來看這個世界，這裏邊所說的東西，這些誇張的情況，從科學的角度來說，當然是不可信，可研究科學的人畢竟有限，大部分眾生都是生活在苦痛煩惱裏面，他們很需要，期望一個像淨土宗這樣的宗教，這淨土教是對一般人來講很需要，不是對科學家來講的。

佛教有照顧到這方面的人，也有照顧到理性邏輯的人，所以說有兩種境界，聖義諦與世俗諦，這是分別滿足不同的眾生。世俗諦是滿足純粹理性的人。依康德的說法，你的純粹理性所不能解決的問題，就交給實踐理性來處理，所以在這裏康德跟佛教也有溝通的空間。這就是牟宗三講的「兩重存有論」，這「兩重存有論」很明顯的就是從佛教的聖義諦與世俗諦發展出來的。如果不看佛家的東西，他未必能察覺到這兩層世界。他唸書很用功啊！看的書很多，牟先生思考非常的細密，他雖是儒家立場，可是對佛教也下過很深的工夫，才能寫出那本書。我的想法，他肯定受到佛教聖義諦與世

俗諦思想的影響或者啟發，所以他講的「兩重存有論」，能照顧到科學的世界，也能照顧到哲學的世界，也能照顧到宗教的世界。

林美惠：我們學校有一位老師，他母親往生時，他請師父去誦經禮懺，足足用了一個多月時間。他妹妹比較具有特殊能力，有一次他妹妹夢見他母親全身發光。從我老師的談話中，就可以感覺他對他母親的往生，放下心了，很放心他母親往生後去的地方，對他母親不捨的心情放下了，同時也覺得孝道盡了。

老師：這就是宗教力量。

林美惠：阿彌陀佛就在離這娑婆世界向西方而去，經過十萬億的諸佛國土的地方，名叫極樂世界。[10]極樂世界無有苦痛，眾生可以享受種種快樂。因為極樂國土的宮殿樓閣、七重行樹、七寶池皆是由金、銀、琉璃、玻璃、車磲、赤珠、瑪瑙等七種寶物裝飾而成的。[11]七寶池池水非人間凡水，其水是具有澄淨、清冷、甘美、輕軟、

10　娑，娑底也，梵語 satya 的音譯，真理、真諦的意思。娑婆是梵語 sahā 的音譯，又作娑呵、索訶，漢譯為忍土、堪忍土、忍界。就語源來說，這詞是忍之意，由忍而泛指這個現實世界。即說，這個世界的眾生，內有種種煩惱的干擾，外有風雨寒暑的侵襲，故必須要忍受、忍耐，才能挺立得住。娑婆即指這個現實的世界；所謂娑婆世界、娑婆國土，這是釋迦要現身施教化的世界。轉引自吳汝鈞，1992，《佛教思想大辭典》，臺北：臺灣商務印書館，頁373a。

11　苦的梵語原文由 du 與 kham 兩部構成。du 是嫌惡之意；kham 是空虛。一方面有嫌惡之感，一方面又處於缺乏常、樂、我、淨的空虛狀態，即是苦。苦的梵文是 duḥkha，音譯作豆佉、諾佉。苦是佛教的

潤澤、安和、除飢渴、長養善根等八種性質的功德水。極樂國土的成就都是彌陀無量功德莊嚴而成的。淨土之美,是人間難得的寶物,這裏處處皆是,仰俯呼吸間,何處不有啊!世人何人不愛寶物,委身他力的宗教救贖行動,提供非常寂靜的殊境,使眾生進入淨土信仰圈,關於這一點在《阿彌陀經》的經文中處處可見。

老師:在這裏基本上就是我剛剛說的誇張的筆法。有兩點要注意一下,一點是對娑婆世界的名相解釋要注意。另外,有一種人,他們都有比較強的意向,要能有效的且是急於往生到極樂世界,人對極樂世界那種強烈的意願嚮往,有使眾生生起往生極樂的信心。這樣就沒有失去宗教的意味。就是人不管是淨土宗也好,或是其它教派也好,都有宗教共同的目標,就是希望能對終極真理有正確了解,減少執著。執著少了,煩惱少了,慾望也少了,一些顛倒的行為也跟著少了,這宗教意味就很明顯。這比較符合發願的願望,就是人有一種強烈的欲望,要早日從充滿苦痛的娑婆世界解脫出來,往生極樂世界,最後能夠成佛。

根本觀念,所謂「一切皆苦」,是佛教的根本思想,表示佛教對存在的一種普遍的感受。佛教以至整個印度民族,先天便有一種強烈的苦業意識。它面對著存在界,第一個反應,並不是要認識或利用它,而是將之化歸自己的感受圈中,感受它的無常性,在自己主觀方面,也相應起一種不安與苦痛的感受。對於生命自身,佛教有更強烈的苦的感受;生、老、病、死,是生命的普遍的苦相,無法避免。轉引吳汝鈞,1992,《佛教思想大辭典》,臺北:臺灣商務印書館,頁 338a-338b。

趙東明：這樣的世界是不是很無聊的世界呢？蓮花、念佛、念法、念僧，有些人可能會覺得很沒有興趣。

老師：這也未嘗不是一套說法，那如果不喜歡，可以走別的途徑，佛教有很多不同的教派，不光是淨土。其他不同教派的實踐方法都不一樣，可以改投其他教派，譬如說般若、華嚴、天台、禪……很多方法，你喜歡它就可以用。也有道教、基督教……你也可以走它們的路，這些都是安身立命的法門。好！繼續。

林美惠：

> 彼佛國土，無三惡趣。舍利弗！其佛國土當無三惡道之名。……若有善男子、善女人，聞是經受持者，及聞諸佛名者，是諸善男子、善女人，皆為一切諸佛共所護念，皆得不退轉於阿耨多羅三藐三菩提。[12]

淨土中沒有地獄、餓鬼、畜生等三惡道，凡聽聞此經都能得到諸佛保護，沒有障礙阻止修道的路，修行者不必擔心受到壞因素的影響，有一條無魔坦蕩的正路，等著眾生覺悟，成就無上正等正覺的果位，得到不退轉的阿耨多羅三藐三菩提（anuttarā-samyak-saṃbodhi）的最上佛果的果位。[13]

12　《大藏經》第十二冊，1988，《阿彌陀經》，姚秦鳩摩羅什譯本，臺北：無量壽出版社，頁 347-448。

13　惡趣，邪惡的處所：眾生行惡業，結果必趨於邪惡的處所，便是惡

　　《阿彌陀經》的部分就在這裏結束，現在進入第二部經《無量壽經》的思想。《無量壽經》梵名 *Sukhāvatīvyūha*。曹魏康僧鎧譯。法藏成佛後，號無量壽，國土在西方，名為極樂。經文內容敘述淨土之莊嚴，勸發諸天眾生精進修行，以求往生彼佛國土。首先以美好、微妙、和雅的音樂展現無量壽佛的淨土極樂世界。

> 佛告阿難：第六天上萬種樂音，不如無量壽國諸七寶樹一種
> 音聲千億倍也！亦有自然萬種伎樂。又其樂聲，無非法音。
> 清暢哀亮，微妙和雅，十方世界音聲之中，最為第一。[14]

趣。又稱惡處、惡道。轉引吳汝鈞，1992，《佛教思想大辭典》，臺北：臺灣商務印書館，頁 437b。

三惡趣是眾生在生時行惡事，死後所受生的處所，稱為趣（道）。三惡趣即是地獄、餓鬼、畜牲。這三者加上修羅、人、天，便成六道，都是流轉輪迴的領域；三惡道，即三種罪惡的世界，這是由惡業召感而來。惡道的梵語是 durgati，其意為由惡業所召引而趨附的世界。轉引吳汝鈞，1992，《佛教思想大辭典》，臺北：臺灣商務印書館，頁 81a。

阿耨多羅三藐三菩提的梵語是 anuttarā samyak-saṃbodhiḥ、巴利語 anuttarā sammāsambodhi 的音譯，有時略寫成阿耨三菩提、阿耨菩提。漢譯作無上正等覺、無上正真道、無上正遍知、無上正編智等。這是佛覺悟的智慧，是真正的平等圓滿的智慧。anuttarā 是無上的意思，samyak 是真正的完全的意思，saṃbodhi 則指覺悟。轉引吳汝鈞，1992，《佛教思想大辭典》，臺北：臺灣商務印書館，頁 299b。

14　《大藏經》第十二冊，1988，《無量壽經》卷上，曹魏康僧鎧譯本，臺北：無量壽出版社，頁 271。

經文作者將淨土世界的音樂，以「清暢哀亮、微妙和雅」加以形容，主要是想傳遞法音的殊妙，遠勝世俗音樂，而這法音只能在淨土世界中方可聆聽，它界無從分享、欣賞真理之音。世人進入無量壽佛統率的淨土世界，可以獲得滅除無明煩惱、永離三惡趣之心，也不會有三惡趣的苦報，心靈變的實在踏實，心境一片祥和快樂。[15]

老師：我想關於他力信仰，印順法師跟演培法師他們兩人講的應該是很好的。印順法師有兩位徒弟，一位是演培法師，一位是續明法師。續明法師是一位很有智慧的出家人，可惜年輕就死了，所以印

---

[15] 轉輪含有輪迴、轉法輪兩大意義。轉法輪，是指能夠轉動佛法之輪，對眾生宣揚佛教正理，使之轉迷成悟。轉輪王又稱轉輪聖王，梵語為 cakravarti-rāja。能夠轉法輪的王者，以王者的身分宣揚佛教正理，開導眾生，使之離苦得樂。參閱吳汝鈞，1992，《佛教思想大辭典》，臺北：臺灣商務印書館，頁547a。

寶樹，珍貴如珠寶的樹，指淨土的樹木。轉引吳汝鈞，1992，《佛教思想大辭典》，臺北：臺灣商務印書館，頁557a。

原始佛教以十二因緣說明因果關係。十二因緣又作十二支、十二因生，是解釋人生的種種苦痛與煩惱的起源，這十二因果關係的條目為：無明、行、識、名色、六入、觸、受、愛、取、有、生、老死。參閱吳汝鈞，1992，《佛教思想大辭典》，臺北：臺灣商務印書館，頁42b。

無明的梵語 avidyā，意指無知的行為。含有沒有理性光明的狀態，沒有方向而是一團渾沌的狀態。這是世界與生命的最原始的狀態，為十二因緣的第一支。所謂無明支，人生的生老病死等一切苦痛，都由無明而來。說一切有部視之為一種大煩惱地法；唯識派則視之為根本煩惱，所謂無明使，使即煩惱。轉引吳汝鈞，1992，《佛教思想大辭典》，臺北：臺灣商務印書館，頁442a。

順法師主要弟子就是演培法師。演培法師不知道還在不在，我不是很清楚，印順法師都走掉了，他活了一百多歲也夠了，是嗎？演培法師我就不清楚，不過他講的那些經文不錯，基本上他的學問從印順來，印順學問非常深廣，雖然他始終守著佛教中觀的教理，可他對其他教派義理講的很好，很正確，如《淨土與禪》。一位出家人在學理上，總會歸宗於某一個宗派，有一些歸宗於空宗，有一些歸宗於禪宗，有一些歸宗於涅槃宗……，歸宗是一回事，可他對自己歸宗的教派的教理非常了解，對其他宗派教理的了解也非常清楚。印順法師就是一個例子，他講其他宗派講的非常好。除此之外，他也有講中國古代神話，又撰著《中國禪宗史》，這不是他的本行，但因為他用功，對漢文文獻的理解有他的功力在裏面。所以我想應該多看他們的書，當然其它現代學者的書也可以參考。他們出生在佛門裏面，也在佛門裏度過大半生，也有修行的經驗，所以他們的著作應該有參考的作用。下面《無量壽經》繼續。

林美惠：《無量壽經》云：「欲生我國，乃至十念。」[16]《觀無量壽經》云：「如是至心，念聲不絕，具足十念稱南無阿彌陀佛。」[17]二經均記載有十念念佛即可往生彌陀淨土之說，這是淨土宗重要

16　《大藏經》第十二冊，1988，《無量壽經》卷上，曹魏康僧鎧譯本，臺北：無量壽出版社，頁 272。十念是念想十種不同對象，即是念佛、念法、念僧、念戒、念施、念天、念休息、念安般、念身、念死；另一說法是念佛十遍。轉引吳汝鈞，1992，《佛教思想大辭典》，臺北：臺灣商務印書館，頁 52a。

17　《大藏經》第十二冊，1988，《觀無量壽經》，宋畺良耶舍譯本，臺北：無量壽出版社，頁 346。

教義的根據。透過十種念佛修行方法，以及對阿彌陀佛的誠心信仰和依賴，可使自身通往西方極樂淨土。這說明經由阿彌陀佛的神力，得到解脫，也就是將自身終身幸福大事委託於阿彌陀佛，這就是「委身他力」。委身是指把自己的生命，交託給自身信仰的一個超越者。以下會就經文內容陳述的解脫、覺悟等觀念，依循委身他力的脈絡，進行一連串的探討。

老師：這裏有一個字眼，所謂「南無阿彌陀佛」，為甚麼叫「南無」？是甚麼意思？要交代清楚。這南無的梵文是 namas。漢譯為歸命、歸敬、歸禮、敬禮。表示歸向佛、法、僧三寶之意。又稱南無三寶、南無佛。這有尊敬的意味。

　　我這辭典寫的非常清楚，交代的很完整，要這樣子寫，才具備學術的規格。有些人念「南無阿彌陀佛」，甚麼意思都搞不懂，念起來聲大，可是不知道它所指是何，這樣就不太好，白念啊！你不能進入它的內容，是嗎？所以這種念法是不足的。很多出家人在念經，聲音有念出來，可裏面到底講甚麼東西，也不是很清楚。譬如，有些人往生，家人去請一些出家人來念經，讓死者靈魂能夠安息下來，可這經典裏面有很多名相，梵文他們不懂，都是照著漢音來念，念的很熟，如此而已。繼續！

林美惠：

> 佛語彌勒：如來興世，難值難見；諸佛經道，難得難聞；菩薩勝法，諸波羅蜜，得聞亦難；遇善知識，聞法能行，此亦為難。若聞斯經，信樂受持，難中之難，無過此難。是故我

法，如是作，如是說，如是教。應當信順，如法修行。爾時
世尊，說此經法，無量眾生，皆發無上正覺之心。……於將
來世，當成正覺。爾時三千大千世界六種震動，大光普照十
方國土；百千音樂，自然而作；無量妙華，紛紛而降。佛說
經已，彌勒菩薩及十方來諸菩薩眾、長老阿難、諸大聲聞、
一切大眾，聞佛所說，靡不歡喜。[18]

老師：這段文字我們要注意兩點。第一點，它是盡量強調我們有機
會接觸佛教的義理，這個機會是非常難得，所以它裏面都是講，怎
麼怎麼樣難，怎麼樣，怎麼樣也很難，所謂「人身難得」，它這裏
沒有講，可是從這一點來講，它就是要我們理解生而為人，既不是
十界裏面的三惡道，也不是阿修羅，而是人。這還是難能可貴的。

人在這個十界裏面是屬於比較高的那種境界。十界下面有三惡
道，還有阿修羅，那人上面就是天和二乘，然後在上面就是菩薩，
菩薩上面就是佛，這就是十界。人就是在前五界裏面，在十界裏面
是屬於這個比較高的那一界。所以，你有機會生而為人，也是應該
感恩的，應該很努力去學習佛法，這是一點。譬如說，人身難得，
佛法難聞，這是一般的講法。

另外，世尊講《無量壽經》的時候，有很多不尋常的現象，如
「三千大千世界，六種震動，大光普照十方國土；百千音樂，自然
而作；無量妙花，紛紛而降。」這一路是描述，在這種殊勝的場

18　《大藏經》第十二冊，1988，《無量壽經》卷下，曹魏康僧鎧譯本，
　　臺北：無量壽出版社，頁279。

合，所引發出來的種種難以想像的、非常殊勝的景象。這些講法，你不能用科學的眼光來看，應該從宗教的角度來看，它的目的不是講那個現實，而是講宗教的一種效果。在宗教運動裏面，有種種的殊勝的這種現象，然後才顯得佛教的那種妙境。

　　一般來講，所有的宗教大概都有這種描述，這些我們都可以說是一種宗教神話，基本上它是神話的那個性格。這些講法當然不能從科學常識來看，它有它的目的，都是以種種不同的殊勝的現象來吸引眾生，讓他們受到影響，而生起一種信仰，佛教的一種心念，這是起信。

　　《大乘起信論》有這種起信的語詞。其他宗教也有，基督教、回教，還有道教，好像也有。基督教在這方面講法的是很明顯的，講耶穌的無邊的法力，如在瘋人院的那種癲瘋病人，那種麻煩的病人，如果他們對基督教起信，然後又蒙耶穌的加持，耶穌摸一摸他們的頭頂，他的癲瘋病就馬上消失。是不是呢？這不是神話嗎？

　　在佛教裏面也有很多，說釋迦降生不是依一般正常的生殖程序，而是從母親的右腋下生出來，一出生就能講話，就能走動，走了七步，就發一個誓言「天上天下唯我獨尊」。說自己就是上帝，是吧。這跟我們平常的情況完全不相應，哪有人一出生就能講話，就能走路，而且講話講的那麼誇張呢？所以說，這些都是宗教神話，我們了解就算了，不要以科學的角度來做一些批評。

林美惠：在上一段經文，作者在表述一個經驗。世尊說法時，有偉大神奇功效的種種現象，如大地震動、佛光普照、仙樂飄飄、天花

從天而降等。[19]基於此現象，正突顯出正法難遇，得遇此盛會，諸

19　如來梵語為 tathāgata。此語可拆分為 tathā 與 āgata，前者是如、如
　　此，後者是來，為過去分詞。兩者合起來，即是如來，指已經覺悟的
　　人格，由真理、真如而來的人格，即是佛。所謂如來藏，又名如來
　　胎，由梵語 tathāgata-garbha 而來。garbha 是藏，寶藏、寶胎的意
　　思。如來藏通常被視為真如、佛性的異名，這其實是成就如來人格的
　　可能基礎，是宗教意義的最高主體性。在佛教來說，這即是佛性，即
　　是自性清淨心，是眾生超越地平等本有的成佛可能性。故又稱如來藏
　　自性清淨心。吳汝鈞，1992，《佛教思想大辭典》，臺北：臺灣商務
　　印書館，頁 227a。
　　菩薩，梵語 bodhisattva、巴利語 bodhisatta 的音譯，又音譯作菩堤薩
　　多、菩堤薩埵，漢譯為覺有情、大心眾生、大士、高士、開士。完成
　　了覺悟之事的有情之意。依大乘佛教的解釋，菩薩的特點不是在覺
　　悟，而是在其利他行，所謂「上求菩提，下化眾生」，下化眾生即是
　　濟度眾生的利他行。這利他行的基礎，是大乘佛教的不捨世間的精
　　神。梵語 bodhi 是智慧之意，又有覺悟之意；sattva 則是有情眾生。
　　故 bodhisattva 是覺悟了的眾生之意。吳汝鈞，1992，《佛教思想大
　　辭典》，臺北：臺灣商務印書館，頁 426a-b。
　　波羅蜜是梵語 pāramitā 的音譯，又作波羅蜜多。漢譯作度、到彼岸。
　　其本意為完全、絕對完滿。這即是修行的完成，一般則作菩薩的修行
　　解。六波羅蜜意指，施、戒、忍、進、定、慧。所謂布施（dāna）分
　　三種：財施、法施、無畏施；持戒（śīla）是守護戒律；忍辱
　　（kṣānti）是忍耐種種迫害困苦；精進（vīrya）是激勵身心，努力不
　　懈地修習其他五波羅蜜；禪定（dhyāna）是使精神集中起來；智慧
　　（般若 prajñā）是開發根本智慧，以悟入最高真理，這即是諸法緣起
　　無自性的空理。吳汝鈞，1992，《佛教思想大辭典》，臺北：臺灣商
　　務印書館，頁 61b。
　　三千大千世界，又稱三千世界，這是古代印度人對全宇宙的稱呼。按
　　一般所謂的世界，以須彌山為中心，其周圍有四大洲，其四周又有九

多眾生當堅定信念，奉行正法，期許於來世能往生極樂世界，成就正覺佛法。

老師：這裏我們要注意一點，妳這樣說，「期許於來世能往生極樂世界，成就正覺佛法。」要注意就是，你能夠往生於極樂世界，只是往生於一種殊勝的極樂世界，不是成佛，不是覺悟。而是這種環境對你，和對佛教的起信和修行，證成佛教的真理，非常有幫助。就是說，你如有機會在這種殊勝環境裏面居住，那你成佛的環境非常好，有助於顯現菩提的智慧，照見終極真理，從覺悟中得解脫。這跟一般人了解不一樣，一般人以為往生到極樂世界就是成佛，就是得到解脫，你是這樣理解的嗎？

林美惠：嗯！我就是這麼理解的。

老師：這樣不對啦！所以我要跟你們講清楚。

林美惠：好！謝謝老師。眾生在宇宙間漂流，無依無靠隨波逐流，失去生命意義，墮落於苦海中，若將自身主導權託付給無量壽佛，在無量壽佛的安排下，讓祂引導眾生意識進入淨土，恢復眾生自身的生機，又何嘗不是一件好事呢？因此之故，接著又對淨土世界，大筆揮毫描述莊嚴神聖的場域，吸引更多信眾加入委身他力的信仰

山八海；這便是我人所居的世界，是一小世界。一小世界的一千倍，是小千世界：小千世界的一千倍，是中千世界；中千世界的一千倍，是大千世界。由小、中、大三種千世界而成的世界，又稱三千大千世界或三千世界。梵文為 tri-sāhasra-mahā-sāhasra-loka-dhātu。吳汝鈞，1992，《佛教思想大辭典》，臺北：臺灣商務印書館，頁 61b。

行列。那麼委身他力者的菩薩形象，必定是經文內容不可或缺的一部分。《無量壽經》以釋尊降生、出家、修苦行、得正覺、普渡眾生的宗教修行歷程為參考，來述說無量壽佛的修行歷程。同時代表無量壽佛是至高無上的象徵，象徵菩薩的莊嚴相，象徵菩薩法音相，象徵菩薩渡眾生的偉大心胸，所創造的種種功德。

老師：這裏我們要稍微講一下所謂委身他力觀念。這是我在判教的時候所用的字眼，用來判淨土思想。所謂委身他力，就是將個人的生命存在，奉獻出來給他力大能，期望他力能幫助你從苦難的世間得到解脫。他力就是阿彌陀佛。委身就是把生命存在全部委託給祂，對祂無條件信任，一種委許。一般人可能覺得不需要努力，一切聽從他力大能阿彌陀佛給你安排，這樣不是很容易嗎？這是表面的一種了解。其實你真的能夠委身他力很不容易，因為人總有一個自我，一個主體性。通常人都有一個 self，以自我為中心的一種觀點，強調個人為中心的主體性。就是說要把自己的主體性與外在東西做比較，當然自己的主體性最是重要，無論如何都比其他東西，不管是甚麼東西都重要。一般人都有這種意識，自我意識。它現在要叫你把這種 self awareness 放下，把它解構，把生命存在的自我無條件委託交給他力大能。這一點有一個關鍵的修行，就是要能克服自己的自我，克服自我主義，對自己的意識以及我的執著解構掉，把生命存在全權委身給他力大能，就是一種無條件的放棄，放棄甚麼？放棄自我，放棄主體性，這很難的。佛教不是講四大煩惱，有關我這方面的四大煩惱，哪四大煩惱呢？

趙東明：我見、我愛、我慢、我痴。

老師：這是以自我為中心，見、愛、慢、痴都是以自我來講，在這裏顯出自我的一種尊貴，現在它要把你的自我的尊貴卸掉，解構掉，這很不容易。所以不要以為淨土這種義理很簡單，以為他力主義是依賴他人來得到覺悟，自己不用努力，這是誤解他力的真諦，完全不是這樣的。

瞿慎思：老師請問一下，這可以理解是我執，然後把執著轉向他力大能嗎？因為它必須要有很堅固的聯繫，才能把他力大能跟要悟的存在，強烈地連在一起，這也是一種執著嗎？

老師：對！對！不過我們有一種比較好的了解，就是說你不要執著自己，不要以為自己有那種尊貴性。在你的意識裏面，要除掉對自我的那種意識，在 awareness 裏面，把自我的意識捨棄掉。然後對於一個他力大能無條件的起信，對他有信心，有無窮無盡的信心，應該是這樣。

瞿慎思：可是老師如果以自我做一個支柱，做一個起點的話，如果自我都捨棄掉，那我的信心要從哪裏來？

老師：所以我說人的自我有好幾個層次。一個是情慾的自我，一個是物理的自我，也有自私的自我，也有一種審美的自我，也有道德的自我，也有一種求解脫的自我，求覺悟的那種自我，這就是宗教的自我。那妳作為一個佛教徒，妳念茲在茲所關心的問題，是你自己個人的一種解放，對你自己的執著淡化、驅除。

瞿慎思：所以要解構的只是情慾，還有就是物理上面的。

老師：解構情慾的自我，解構物理的自我，然後克服科學的自我，或者是認知的自我，然後超越德性的自我、審美的自我。因為這些自我都有相對性，根據京都學派的講法，他們都有相對性，就是善惡的相對性、美醜的相對性。唯有宗教的自我沒有相對性，它是從這裏講一個絕對我，把它講成一個自由無限的最高的主體性。

你如果懂一些京都學派的哲學就能了解。所以對於那個終極真理，我們如何描述它？根據京都學派的講法，我們用道德的語詞「善」或者是「絕對善」。用科學的語詞「真」，從錯誤的或者不正確的想法超越出來，而達到一種正確的對真相的了解。在審美方面，能夠驅除醜惡，嚮往一種藝術美的幸福。這些東西全都有相對性，唯有「無」，才沒有相對性，才是絕對的。

這是他們的想法，我們可以不接受，也可以批評。譬如說我跟阿部正雄見面的時候我就提這個問題，我說：「你們為甚麼只講『絕對無』，不講絕對善？或者是仁？或者大而美？莊子不是說天地有大美而不言麼？」阿部正雄給我的回應是：「這些仁、善、美觀念畢竟還是有相對性。」譬如說仁跟私是相對的，我們說仁是大公、公心的話，那它就是跟私相對；然後善跟惡是相對，愛跟恨相對，真跟假相對，所以他說這些觀念都有相對性。唯有「無」，它是真的超越一切相對性，一切對反，而顯出那種絕對無限真理的境界。

當時我覺得有他的道理，可是覺得不能完全接受。你說有絕對無，那我們能不能講絕對善，絕對仁，或者是絕對美，所以我沒有無條件接受他所講的「絕對無」。他是把宗教放在最高位，然後下面是道德、知識等一些文化活動，宗教是最高的文化活動。當然他

們的思想背景是佛教，尤其是般若思想的空和禪宗思想的無。後來經過很長的時間，我在思考有關終極真理的性格，對很多宗教的講法我都有研究，最後才提出純粹力動這個觀念。當然中間有很多思想上、觀念上的轉折，最後才歸到純粹力動這方面來。這一下子很難講清楚，主要就是說在京都學派看來，只有這個絕對無，才能徹底克服一切的相對性。他們以絕對無作為終極原理，可我覺得這個絕對無作為終極原理有所偏，就是偏於否定一方面，偏於負面。因為有這種偏的性格，所以就不是最完美、最圓融。所以我就提純粹力動，我認為它是對於終極真理比較完整的展示方式。如果要更清楚了解，就看我寫的那本書《純粹力動現象學》。

趙東明：老師京都學派講絕對無，他們在濟渡眾生（普渡眾生）那方面要如何解釋？那普渡眾生方面要怎麼樣，在他們的哲學脈絡要怎麼樣去說明？

老師：所以這涉及我提的純粹力動的問題，因為如果你把終極真理，講成一種空的狀態，那既然是狀態，就是缺少動感。可如果你要講大乘的精神，講普渡眾生，要發展出一種宗教運動，普渡眾生的運動，如果你要這樣子做，那你非得要有動感不可。佛教光是講覺悟，不管你是從空，或者是無來講，這是世間的本性，是空，是無，這沒有問題。起碼在哲學思想上，在學理上沒有問題，可是另外又講普渡眾生，這個就有問題，因為眾生無量，你怎麼能去普渡無量的眾生呢？佛教四弘誓願不是有「眾生無量誓願渡」這句話嗎？你要渡化眾生，你得要有動感，有力量才行。像空、無這種終極真理，傾向靜止的狀態，怎麼能普渡眾生呢？沒有力量啊！問題

就在這裏。你如果不講這個普渡眾生,那就沒有問題。

像道家思想講與天地精神相往來,從靈臺明覺心發展美感的主體性、審美的心靈,《莊子》常常提獨這個觀念,它就是一種單純的、獨立無依的、無待的那種意涵,如果這種意涵,只是把它看成一種美學的境界,這就很好,這能成就一種很高的美學境界。所以在這方面,道家所碰到的問題不嚴重,因為他們沒講普渡眾生,它要成就一種美感,天地的大美,靠個人的修行就可以了。可如果要讓一切眾生都有這種美感,都能展開或開拓出天地的大美,這種的絕對美感,這就不夠了。因為這涉及溝通、轉化、教化的問題,如果是這樣的話,那終極原理要有力量才行。道家不講普渡眾生,所以這個問題就不嚴重。

趙東明:老師那《金剛經》講說發阿耨多羅三藐三菩提心,要渡一切眾生。就是說,使無數眾生得滅渡者,它的前提還是發普渡眾生的心。

老師:對呀!對呀!

趙東明:但是為甚麼,我不太懂《金剛經》的般若思想,它既然發菩提心,說要去渡一切眾生,但最後還是沒有那種力量。

老師:因為它的中心觀念是空,空就是對自性的否定。你可以拿《金剛經》漢譯本來看,裏面有鳩摩羅什的翻譯,也有玄奘的翻譯。你把《金剛經》從頭到尾讀一遍,裏面你看不到「空」字。你可以去查《大藏經》第八卷,有《金剛經》的漢譯本,有好幾個譯本,其中以鳩摩羅什的譯本翻譯的最好。不管是哪一個翻譯本,裏

面都沒有空字，可是整本《金剛經》所講的就是空。可《金剛經》還是大乘佛教啊！它還是要普渡眾生。它所強調的不是小乘的自我渡化，自我渡化就是自渡，它不光是講自渡，還講他渡，要渡化他人，那就是普渡眾生。所以《金剛經》作為一種般若思想的文獻，就有這個問題，你光講空不行，沒有力量。

　　所以我研究佛學四十多年，最初研究佛學的時候你們都沒有出生，我四十多年的佛學研究，還是站在作研究這種立場。我也不是佛教徒，因為我不能無條件接受佛教的義理是最完整的，最明顯就是在這方面。你要講普渡眾生，但所歸宗的卻是空寂的境界，不講力量，不講力動，這怎麼能普渡眾生呢？你跟我在這方面努力，你非要講那種力動不可。因為普渡眾生，光是自渡是不行的，你要有自渡作為基礎，然後又有他渡的慈悲心與行動才行，佛教在這方面就缺少動力。

　　譬如說唐君毅，在他那本《生命存在與心靈境界》一書中，理解佛教，是人空、法空的我法二空，他講我法二空也沒講力動。雖然他講我法二空，我覺得也不是很完整，我法二空可以用來講印度佛教，可不能講中國佛教。中國佛教很強調佛性，而且講佛性的如來藏，有空的一面，還有不空的那一面。然後也有限度的講這個力。華嚴宗講力用，天台宗講功用，禪宗講作用，作用見性。他們都強調這個用，強調力量這方面。可是他們都是在緣起性空的義理下來講用，他們講的這個用，就是力動，可還是很弱，不足以普渡眾生。大乘思想是比小乘思想高明一點，比它機警一點，可是大乘佛教是不是最完整，它的義理，是不是比其他宗教都要優秀，都要殊勝，尤其是對儒家而言，這很難講。所以唐先生講佛教我法二

空，我覺得它只是適用於印度佛教，講到中國佛教的話，它就有問題。

瞿慎思：老師請問一下，剛剛講的那個京都學派的絕對無，讓我想到宋明理學，周敦頤有講說，無極而太極，它是在太極上面安一個無極，那是不是可以作一種比較？

老師：嗯，可以啊！可是那個分別點非常明顯，周敦頤所講的，無極也好，太極也好，都是有實體性格的終極真理，它是實體主義。甚麼是實體主義呢？就是強調實體，作為一個最高的存在。

瞿慎思：所以他講的虛也是實體嗎？

老師：實體，有虛、有不虛不同的表現。雖然講虛，可它是從實體展示出來的那種虛，它還是在實體主義的基本立場下開展出來。佛教就不是這樣講，佛教不講實體，不講自性，它是非實體主義，格調不同。不管你說絕對有，說生生不息，大用流行，說天命之謂性，率性之謂道，修道之謂教，它裏面提那個道，就是實體。所以儒家基本上，是屬於實體主義的型態。實體主義當然有它的好處，就是在動感方面，它能夠顯現健動的性格、力量，是陽剛的矢向。這跟道家就不一樣，道家是不講健動，而是講虛靜，老子不是說：「致虛極，守靜篤，萬物並作，吾以觀復；夫物芸芸，各復歸其根」麼？他是講虛靜這一方面，不講健動。所以有人說儒家是陽剛的性格，道家是陰柔的性格，這麼說沒錯啊！一種是實體主義，一種是非實體主義。佛教是非實體主義，京都學派也是非實體主義，純粹力動現象學不只是實體主義，也不只是非實體主義，它是兩者

的綜合，同時吸收兩方面的優點，也同時避免兩方面所可能發生出來的一些流弊：常住論與虛無主義。這常住論的問題很嚴重，如果一切都是常住的話，那就表示變是不可能的，常住就不可能變的，不可能變的話，那整個世界會是死的世界，沒有生氣。生機是表現在變的意味裏面。一個嬰兒長大，長成童年，再長成少年，然後是青年、壯年、中年、老年，最後死掉。這就是變，他在成長過程中接受教育，有知識上的教育，有道德上的教育，這些都是變，表示一直在變。如果是常住論的話，這些都不可能，道德的教化，宗教的轉化，都不可能了，世界就像是死潭，一個死池，它是死的，沒有生氣。虛無主義又是另外一面的一無所有。

林美惠：老師我有個想法，在純粹力動現象學裏面，老師提到儒家思想、道家思想、日本京都學派和西方學者各家思想，我們中國傳統上，不是有陰陽五行嗎？陰陽五行說可以套在純粹力動現象學中講嗎？

老師：不行。陰陽五行基本上是宇宙論，不是本體論，不是存有論，它主要是講萬物的生成跟變化。講宇宙萬物，它是怎麼生起，它是怎麼發展，怎麼變化。陰陽五行作為一種哲學思想的話，那我們就可以把它放在宇宙論這裏面來講。你光是講宇宙論是不夠的，還要講一個形上學的根源才行，所以除了講宇宙論外，還要講本體論。形而上學基本上有兩個部分，一個部分是本體論，一個部分是宇宙論，這樣才完整。本體論後來有人講為存有論，那是偏重不一樣，本體論是偏重本體，存有論則強調萬物的存在性。所以要建構一套健全的形上學，當然有這兩方面。像柏拉圖就偏於講本體論，

講理型世界，講宇宙萬物這方面就比較少，講的不夠。漢儒以氣來講宇宙論，我們說它是一種氣化的宇宙論，也是偏於一邊，偏於宇宙論，它講不出本體來。氣不是本體，氣是有限的，是經驗世界的，不是超越的，不能說本體。

林美惠：就像老師提到，一個講絕對有，一個講絕對無。自古以來有人提出一種形上學，他們都是偏向在某一方，沒有辦法在存有論以及宇宙論這兩方面圓融兼顧，成就一種善巧的形而上學。所以老師的意思是說，您研究了這麼多豐富的學問之後，就想要提出一套形而上學，能夠兩方面都非常圓融兼顧，一方面論及絕對有，另方面也論及絕對無。講實體，也講非實體，所以就提出純粹力動現象學。

老師：在歷史上出現的所有哲學學派，基本上還是離不開兩種型態，一種是實體主義，另外一種就是非實體主義。實體主義有它的優點，也有它的缺點，非實體主義也一樣。兩邊兼攝，就能把終極原理的豐富內容開拓出來。簡單來講，純粹力動的內容有動跟靜、剛跟柔、陰跟陽。我提的純粹力動現象學，也不光是哲學，而且也是宗教。宗教的主要問題，或者是問題意識，就是要如何處理終極的信念。

　　終極的信念當然離不開覺悟，離不開解脫，也離不開信仰。所以我常常說，人若有宗教信仰，那非常好，這是福氣，但這不能勉強。有人比較強調理性，你要他接受某一種信仰，就比較難，可理性也不是一切，理性也有它不足的地方，信仰也一樣，有正信有邪信。聖嚴法師寫了一本書，叫《正信的佛教》，它是從正信這方面

來講。他們出家人，或者是在家的居士，有佛教的信仰，這很好，這是他們的福氣。

可如果有人不能無條件接受某一種宗教的教義，那就有兩種情況，一種就是覺得很孤獨，很慘，這麼大的一個天地，找不到一個能夠容身的地方，這不是孤獨寂寞嗎？陳子昂的登幽州臺詩：「前不見古人，後不見來者，念天地之悠悠，獨愴然而涕下。」對啊！他哭了，就是寂寞的那種感受，讓人流淚的。有人說英雄是流血不流淚，我就不同意，一個真正的英雄，是血淚雙流，該流血就流血，該流淚就流淚。流淚不表示是弱者，而是真性情，他的真面貌。沒有一種教義作為一種終身依靠，如果是這種情況，你可以說他沒有福氣，沒有領受一種信仰的福氣。

如果你在現實的宗教跟哲學這方面，找不到一種能無條件接受的話，那就得自己做出來，這就是創作，這也不是不可能。在孔夫子出現以前，還沒有儒家學說流行，所以他自己提這個儒家思想，親親仁民，仁民愛物。釋迦牟尼在未出現以前，印度是婆羅門教的天下，沒有緣起性空的講法，沒有八正道的實踐，所以他自己創造佛教，一種教理與實踐方法。有人可以問說，歷史上四、五千年，有東方有西方，難道你真的沒找到讓你滿意的教理嗎？沒有就沒有，如果一定要有的話，那你就得自己做出來，這是很辛苦的事，因為你需要從無來生有。

林美惠：老師，我在我們學校讀宗教系，裏面就有講到伊斯蘭教的默罕穆德，得到安拉的啟示，還有耶穌也是接受上帝的啟示，所以就自己寫了一套創世真理，他們被稱為先知。老師您不是接受上帝

的啟示，而是累積豐富的知識，來自內在的靈感，創了一套純粹力動現象學。只是在他們宗教領域尊稱為先知，而老師您是在學術界享譽為大師，差別就這裏。

老師：嗯，這不一樣，大家的工作不一樣，想法也不一樣，我們也不能夠勉強，不能說先知就是好的，不是先知就是不好的。先知就是有智慧，不是先知就是沒有智慧，也不能這樣看。默罕穆德、耶穌、釋迦牟尼，他們都是有一種創造義理跟文化的本領，世界上幾種不同文化系統，就由這幾個人來創造出來。可是創教很難，你要把它成為一種精神境界很高的宗教，要很多人都相信，這就更難。

趙東明：老師你剛講您自己的心路歷程，那老師是不是把自己的純粹力動現象學當作自己的一種信仰呢？

老師：對！宗教。我是說在現實方面找不到一種可以無條件接受的義理，如果要有信仰，你有一種很強烈的要求，要求一種可以無條件接受的義理，一種哲學，進而是一種宗教，那就得自己做出來，因為現實沒有。至於成不成功，能不能開拓出去，成功開拓到甚麼程度，則是另外一個問題。以前有不少人，也提出一些不同的意見，有關宇宙和生命的一些意見，關於生、老、病、死的一些看法，可流傳下來的不多，只有儒、耶、道、釋這幾個大系統。

那馬克斯思想算不算呢？作為一種真理，馬克斯那一套我們可以說是獨斷，他的出發點不是很正確，因為他是從唯物主義發展來講，一直講到人類的智慧、文化的建構。他有很多講法都是獨斷。康德常常批評那些獨斷主義。甚麼是獨斷呢？甚麼是不獨斷呢？主

要是看理性成分有沒有，或者是理性成分是不是很高，或者是不是很低。如果從理性來講的話，馬克斯主義和列寧主義，都是相當獨斷的，就是缺少超越性、普遍性。比如說他們講人的文化的發展，是基於經濟的狀態，而作為經濟發展的狀態，基礎是在於物質這一方面，不是在於精神或者是心靈這方面。所以他們把一切文化，所謂上層的結構，都歸到經濟的那種發展的模式，再把經濟發展的模式歸宗於跟工具生產相關的那種方式，最後就是物質。就是以這個物質作為一個起點，來解釋人類種種的生活方式，跟種種不同的文化活動。基本上他們是走這條路線，這也算是一種創作。

馬克斯的智慧也是不簡單的，列寧的智慧也是不簡單的，可是他們都有所偏，就是用機械性、物質性、經濟性、階級性來解釋人性。以階級性來看人性，然後就說人性是由階級來決定，沒有普遍的人性，只有階級的分別。不同階級，就有不同的人性。資產階級有他們的人性；無產階級也有他們的人性。如果是這樣的話，那你就是把這個人性分類了，分類為不同階級的人性。如果是這樣的話，人性就不能講普遍性，那問題就很大。

甚麼階級就產出甚麼人性，結果人性就落於次等的層次，不是基礎的層次。基礎的層次是甚麼呢？是階級嗎？可階級是外在的、被決定的。一個人一生出來，你不能定他是甚麼階級，要看他的父母是甚麼階級。所以這階級完全是被動的、被命定的、經驗的、現象的。如果從這個角度來看人性的話，那就很糟糕，不同的父母，有不同的階級，然後產生不同相應的子女，他們就有不同的人性。如果是這樣的話，那一切道德、宗教、藝術、科學都不能講，因為都沒有普遍性。這樣，這些文化活動都有階級性，天下便會大亂。

林美惠：老師，印度的種姓制度，不也是這樣嗎？

老師：那就不好，佛教是反對這樣，唯有唯識宗保留，其他的宗派都是反對這種種姓制度，因為它沒有普遍性。印度教講人性，還是從種姓制度來講，生而為婆羅門是婆羅門的人性，生而為剎帝利就是剎帝利的人性，生而為吠舍就是吠舍的人性，生而為首陀就是首陀的人性。這跟馬克斯主義一樣，把人性放在階級性下面來規劃，這是錯誤的。

林美惠：現在我們討論佛祖的誕生。《長阿含經》和《無量壽經》分別說：

> 從兜率天降神母胎，從右脇入，正念不亂，當於爾時地為震動，放大光明，普照世界，日月所不及處，皆蒙大明。……當其生時，從右脇出，專念不亂。從右脇出，墮地，行七步，無人扶侍，遍觀四方舉手而言：天上天下唯我獨尊。要度眾生生老病死。[20]

> 身為太子，悟世非常，棄國財位，入山學道。跏趺而坐，奮大光明，使魔知之，魔率官屬，而來逼試，制以智力，皆令降伏。得微妙法，成最正覺。釋梵祈勸，請轉法輪。……常以法音覺諸世間，光明普照無量佛土，一切世界，六種震

---

20 《大正新修大藏經》第一冊，1994，《長阿含經》，臺北：世樺出版社，頁 3c-4a。

動。總攝魔界，動魔宮殿，眾魔攝怖，莫不歸伏。……以諸
法藥救療三苦，顯現道意，無量功德。授菩薩記，成等正
覺。示現滅度，拯濟無極。消除諸漏，植眾德本。[21]

釋尊從兜率天下降入母胎，十個月後從母親右脇出生，出生時便能
行七步，說：「天上天下唯我獨尊。」身上放出光明，照耀十方佛
土，佛土因受到佛光照耀而產生震動。釋尊自覺既生人間，身處宮
中，過著凡人生活，但眼見眾生的生、老、病、死的無常現象，心
有不忍，於是放棄國家與財位，入山學道。

老師：在《阿含經》裏面記載，有一天，釋尊出門去看外面的世
界，看到很多讓他感到很傷心的景象。他遇到一些老人和很辛苦的
病人，身上好像沒有肉質，只有骨頭，又見到死人，他就對生命有
一種震撼性的感受。感受到生命是無常，生、老、病、死是眾生一
定要經過的歷程，生命沒有永恆的安穩性、平和性。就像他身為太
子，是特殊的身分，在宮殿裏所有一切都是豪華的享用對象，可那
也是無常。他體悟到世間一切事物都是緣起性空，都是無常，於是
決心離開這種環境，放棄宮中的生活，去追求一種永恆的精神境
界，那就是覺悟、解脫。

　釋迦牟尼離開他的宮廷，就去修行。先碰到幾位婆羅門教的修
行者，這些人是修苦行，盡量在日常生活上折磨自己，讓自己受種

21　《大藏經》第十二冊，1988，《無量壽經》卷上，曹魏康僧鎧譯本，
　　臺北：無量壽出版社，頁 265-266。

種的痛苦：有衣服不穿，有飯不吃，有好的地方不睡覺，偏偏在樹蔭下睡覺，被很多蚊蟲叮咬。他學習過著這種生活，忍受身上的折磨，這樣過了六年。結果弄到很悽慘的地步，骨瘦如柴，沒有達致他所要求的那些境界，不能實現覺悟的理想。他就放棄這種苦行，離開這些苦行的婆羅門教徒。婆羅門教徒以為他好像是熬不住了，沒有勇氣繼續奮鬥下去。事實不是這樣，他是要走另外一條路，不過那種苦行的生活，而是過一種中道的生活。所謂中道，雙離兩邊就是中道，兩邊就是苦樂相對的兩端，這在《阿含經》裏面都有記載。你們可以看《長阿含經》，裏面記載著諸魔道所施行的種種威脅與誘惑，非常清楚。

林美惠：釋尊經歷一番奮鬥，最後在菩提樹下跏趺而坐，發出光明相，使魔知情。魔率領屬下，前來試探虛實，都為釋尊菩薩的智慧所降伏。菩薩得微妙法，成就無上正等正覺。說法因緣到來，帝釋梵王都來請求他轉動法輪。釋迦便常以法音，說法度生，覺醒世間，使智慧光明普照無量佛土，一切眾生得到沾恩。更能統攝魔界，把魔界轉為佛界，眾魔攝伏，莫不歸順。佛法如藥，以諸法藥救濟、治療眾生諸苦，教導眾生發菩提心，累積無量功德，最後證得無上正等正覺。[22]

22　法輪，梵文 dharma-cakra，是佛教的真理之輪。法輪轉起，可使眾生轉迷成悟，而得解脫。所謂轉法輪也，又有所謂法輪常轉。引吳汝鈞，1992，《佛教思想大辭典》，臺北：臺灣商務印書館，頁317b。

老師：甚麼是法藥？

林美惠：比喻佛法如藥，可以治療眾生的疾病。

老師：對，它是那種精神的疾病，不是肉體的。

林美惠：釋尊為了渡化眾生，來到人間示現入胎、出生與滅度，其目的就是希望拯救無量的眾生，超離無邊的生死苦海，消除諸漏，能生起一切功德，名為「植眾德本」。

老師：甚麼是諸漏？甚麼是漏？

林美惠：漏，就是煩惱的意思。

老師：有漏，無漏，就是不完美，就是有錯漏、漏洞，好像天花板漏水，你說煩惱也可以。

林美惠：以上這些詞句都是在形容佛法無邊。在無量壽佛統帥的淨土世界，是神聖莊嚴的聖境。無量壽佛可以除去眾生的一切煩惱，讓眾生心靈變的清澈明朗，無生死念頭，無貪嗔痴的煩惱，令此三毒無法殘害眾生的生命和智慧。這其中最大功臣者即是委身他力的無量壽佛。眾生聽聞《無量壽經》的解說，心生信念，備感無限歡喜，接受它的教說和戒律，全心全意歸向無量壽佛。拋棄我見、我愛、我慢、我痴的舊有陋習，做個實實在在的修行人，將自身主體性託付給慈悲的他力大能。淨土教信仰有另一個特色，總是將西方極樂世界說的無比豪華，是人間絕對找不到的仙境，《無量壽經》這麼記載：

> 佛告阿難：無量壽國，其諸天人，衣服、飲食、華香、瓔
> 珞、繒蓋幢幡、微妙音聲、所居舍宅宮殿樓閣，稱其形色，
> 高下大小，或一寶二寶，乃至無量眾寶，隨意所欲，應念即
> 至。又以眾寶妙衣，遍布其地，一切天人踐之而行。無量寶
> 網，彌覆佛土，皆以金縷真珠百千雜寶奇妙珍異，莊嚴裝
> 飾，周匝四面，垂以寶鈴，光色晃曜，盡極嚴麗。自然德
> 風，徐起微動。其風調和，不寒不暑，溫涼柔軟，不遲不
> 疾。吹諸羅網，及眾寶樹，演發無量微妙法音，流布萬種溫
> 雅德香。其有聞者，塵勞垢習，自然不起。風觸其身，皆得
> 快樂，譬如比丘，得滅盡三昧。[23]

老師：你們看這一段，都是用一種誇張的手法，來盡情描述西方淨
土世界美妙的環境。經文「其有聞者，塵勞垢習，自然不起。」淨
土有這種環境，能夠薰習眾生，將眾生引領到清淨世界，讓他們這
些人塵勞舊習，自然不起。就是把自己的心念，把一切不乾淨的、
不完美的舊習都驅逐了，最後得到滅盡三昧。滅盡三昧就是一種禪
定的境界，三昧就是禪定，梵文 samādhi。

林美惠：無量壽國中有取之不竭、用之不盡的食衣住行供應，生活
環境百千雜寶裝飾其中，微風吹出動人法音，國中之人不起煩惱，

---

23 《大藏經》第十二冊，1988，《無量壽經》卷下，曹魏康僧鎧譯本，
臺北：無量壽出版社，頁 272。

更無舊習，個個快樂，達滅盡三昧境界。[24]

老師：這裏的描述，把淨土的種種善巧的情況，一一寫出來。盡量用誇張的手法，描述淨土的殊勝境界，一方面也可以引領很多人，產生投身到淨土的信念。不過，我想問題也不是這麼簡單，那些人如果到了那些地方，那麼好的環境，他們可能就停下來了，不再用功了。因為生活在這種環境裏，比做和尚還要好啊！和尚修行的目的，到了最後都要放棄這些物質享受。所以那種環境，可能就導致一種反作用，讓那些投身到淨土的人，沉醉在這種環境裏面，忘記了原初求覺悟、求解脫的信念。還求甚麼解脫呢？這個環境這麼好，在這裏不是比解脫好嗎？他們可能會這樣想，這就產生了反效果。在這種情況下，可以理解。那些淨土的文獻，都是那些頭腦比較簡單的人寫出來的，你越是寫的美妙，那些投身到這個地方的人越是迷醉，迷醉在這種燦爛優美的環境裏面，於是不求覺悟，不求

24　三昧，又作三摩地，梵語 samādhi 的音譯，是定的異名，漢譯作等持。這是一種心所，是十大地法、五別境之一。這是一種心、精神的統一作用，把心、精神集中到某一對象上去，而凝歛其力量，進入宗教意義的深沉的瞑想境地。通常所謂禪定，即指此而言。此中並不必需要一特定的東西，作為集中的對象。初步的精神集中，是要一對象來助成，但最高級的精神集中，卻是無對象的集中，是「無集中」的集中，這則近於禪境。此時，集中者與被集中者，是一而非二；這表示這種修行純是一心的活動。在密教，三摩地是覺悟的境地，其最終階段，是修行者的身、口、意三種領域都徹底澄清起來，在精神上境界上與佛平等不二。轉引吳汝鈞，1992，《佛教思想大辭典》，臺北：臺灣商務印書館，頁 89b。

解脫。寫這些經文的人，大概沒想到這種反效果。我們今天就可以這樣講，那個時候寫這些文字的人，作這個紀錄的佛教徒，他沒有想到越是把環境寫的好，便越會讓人迷醉在這個快樂環境裏面，忘記了原初的那種求覺悟、求解脫的心念。

林美惠：老師我有一個想法，他寫的這麼美好，如果修行的人到最後沒有進入極樂世界，或者已經進入了，但是沉迷在那個境界中，不再精進往上，他心理上又會有甚麼樣的想法？

老師：他的本意是說，引導你到這種境界，在這世界裏面的種種殊勝現象，會幫你展開菩提的智慧，得到覺悟解脫，讓你更積極地去追求覺悟解脫，這是有正面的影響。就是說，這環境是這樣，非常好，這麼好的一種境界，一定會讓人最後能夠達到求覺悟得解脫的願望，讓這個願望能實現，它最初是這個意思。但我們也要知道，眾生都是有惰性，有貪嗔痴，他們會不會在這種環境裏面，給麻醉了，忘掉原來的想法。身處在物質性的華美環境，而忘掉本來意願。寫這種文字的人，可能萬萬沒有想到，他們的頭腦比較簡單，沒有意識到我剛才講的問題。我們的頭腦複雜，所以煩惱就多了。

趙東明：老師寫這部經的人，可能真的是佛嗎？還是文學家的創作？我一直有這個疑惑。

老師：所有經，都可以說是佛說法的記載。說是這樣說，可是佛經那麼多，不僅《大藏經》，還有不限於《大藏經》裏面的文獻。如果佛是指釋迦牟尼的話，他二十九歲出家，三十六歲才成道，成道後說法普渡眾生，直到八十歲就入滅，這期間只有四十多年在說

法，怎麼能說這麼多法來？事實上經文是佛弟子寫的，他們假借釋迦牟尼的名字來寫，這樣才有權威性，才能吸引一般的眾生，讓他們對佛教起信，讓他們發心，做一個好的佛教徒。至於論、律當然是後人寫的。經是託付釋迦牟尼名號寫的，可事實上釋迦摩尼好像沒寫過甚麼東西，他是說法，像孔夫子一樣。對眾生開示說法，讓他們覺悟，他只是開示而已，沒有拿起筆來寫東西。所以佛經都是弟子聚在一起，將佛陀口中所說的記下來，然後用筆寫下來。如孔夫子、蘇格拉底、默罕穆德、耶穌，這些偉大的創教人物，從沒有人提筆寫東西，只是講而已，而下面那些弟子，聽了以後有記憶。佛陀講的是甚麼東西，過一段時間後，或者是佛陀死掉後，他們聚在一起，把他們所聽到佛陀所講的內容，大家商量比較一下後就寫出來。所以這些文字，多多少少都有重複的地方，因為聽佛陀說法的時候，大家都在聽，但紀錄的時候，可能是分組紀錄，這組紀錄的東西，跟那組記錄的有相同的地方，就是這個原因，這就叫結集。就是佛陀滅後，弟子們把佛陀的遺訓，來做結集，最後成為經，收藏在《大藏經》裏面。

瞿慎思：老師這個會不會有《聖經》碰到詮釋學的問題，就是理解、曲解？

老師：有啊！佛陀所講的是不是能夠真的傳到弟子耳朵裏面，他們的記載是不是正確，有沒有不符合佛陀所講的旨意。這些都是解釋學的問題，在基督教有這個問題，在佛教也有這種問題，在儒家孔夫子和孟子他們都有這個問題存在。

瞿慎思：那會發展成一個專門的學問嗎？

老師：比如說原始佛教裏面，有部派佛教。在釋迦牟尼入滅後，很多佛教徒組成不同的團體，其中最有名的是說一切有部、大眾部。你們看初期的佛教史就會知道，這佛教史應該有它的歷史依據，不是隨便拿來講講的，是有根據的史事。

像《論語》所記載的是孔子教導他的弟子的情況，比如說有不同的人，對孔子提出怎麼樣做才是仁。仁是德行的全體，怎麼樣做才能符合仁的目標呢？那孔夫子就有不同的回應，其中比較著名的「克己復禮為仁」、「剛毅木訥近仁」、「巧言令色鮮矣仁」，這些都是孔夫子對不同的弟子問仁的事件的回應。這回應是順應問者具體的情況來回應，所以沒有一個定則，對同樣的問題，孔子會以不同的話來回應，那就是照顧到問的人具體的需要而定。比如說有人問怎麼樣才算是行仁，孔子就說，克己復禮，孔子可能是覺得這個人自我中心意識重，以為自己很重要，對客觀的規矩不太遵守，所以就跟他講克己復禮，就是克那種自我中心意識，恢復禮的那種客觀規制。另外剛毅木訥近於仁，孔夫子可能覺得這個人是一個很輕浮的人，不嚴肅，不穩重的人，就叫他要剛毅木訥。就是要那人老實一點。孔子是因應那個問者，他的個性，他的特別的情況，他的弱點，以不同的說法來回應，這就是教育。

教育就是要有效果，要考慮到問者的具體條件，不光講大原則，講大原則太抽象，問者不知道該怎麼做。譬如，我們通常要了解這個仁，就要有一種公信，就是天下為公。國父就是這麼說，天下不是個人的天下，天下是一切人的天下，不是皇帝的天下。你如

果這樣講的話，問者可能很難明白仁的意思，可你說克己復禮就很具體，要盡量克服自我中心意識，這樣就是行仁，而仁便包含天下為公的意思。克己就是克服自己的私心，以公心待人。要這樣回應，問者才能了解，而且會表現一種具體的行為，符合仁的那種行為。

林美惠：老師，就是孔子所說的因材施教。

老師：對！沒錯，就是這樣。教育家要考慮到你所教育的，到底是怎麼樣的人。因為不同的人，會提出相同的問題，這是常常有的，那你怎麼應付呢？不能光是以天下為公去解釋仁，你對不同的問者都這樣講的話，可能沒有人能了解，既然不能了解，在實踐上就沒有改善。天下為公這字眼，太普遍，太抽象，所以對不同的人，有不同的教法，這就是因材施教。

二、日本淨土真宗的興起與京都學派的發揮

(一)親鸞

林美惠：現在報告日本淨土真宗的起源。以下這些資料主要參閱村上專精所著的《日本佛教史綱》。在日本能夠在諸宗之外，另創立獨立的宗派，在弘法大師創立真言宗以後，法然上人可以說是第一個人。法然上人十三歲時登睿山隨源光出家，從睿空得到源信僧《往生要集》的傳授和佛立三昧法門的傳授。又讀中國善導大師的《觀經散義》到「一心專念彌陀名號」的句子時，大有所悟，於安

元元年（1175）四十三歲，完全撇開其他事務，開創「一向專修宗」，一生致力修行念佛法門。當時人們稱法然是「智慧第一法然房」。建歷初年（1212）於京都大谷，正月二十五日，他唱著彌陀名號圓寂，享年八十二歲，在元祿十年（1697）詔賜圓光大師的諡號。[25]

親鸞是京都人，四歲喪父，八歲喪母，九歲投青蓮院慈圓僧正的門下出家，法名范宴，建仁元年（1201）二十八歲時拜法然上人為師，改名綽空。建仁四年，正值三十二歲，法然上人授《選擇集》。承元初年發生住蓮與安樂事件，被流放越后國府，當時親鸞三十五歲，流放後自稱「愚禿親鸞」。元仁元年（1224）著《教行信證文類》六卷，此即淨土真宗的開創。親鸞於弘長二年（1263）口誦彌陀名號安祥入寂，享壽九十歲。明治九年（1876）天皇賜以見真大師的諡號。[26]

老師：親鸞是日本方面最有學問、修行工夫最神聖的淨土宗人物，而且他接受由中國傳過來的淨土宗，進一步發展淨土的思想，他加上一個真字。我們講日本的淨土宗，有時候講「真宗」，真宗就是日本的淨土宗，那是親鸞自己創出來。他以原來淨土文獻做基礎，然後自己創了一個淨土宗的宗派，叫「真宗」或者是「淨土真宗」。

---

25 參閱村上專精著，楊曾文譯，1999，《日本佛教史綱》，北京：商務印書館，頁 142-146。

26 參閱村上專精著，楊曾文譯，1999，《日本佛教史綱》，北京：商務印書館，頁 158-160。

真宗最重要文獻，就是《教行信證》，這是日本人認為非常出色的文獻，可以說代表日本佛教的一個高峰的成果，主要的修行實踐，就是念佛。後來京都學派的一些學者的信仰是淨土真宗的，講《教行信證》這一本文獻。所謂教行信證有一定程序，先教後行後信最後是證，要有四個歷程，不是一下子就成佛，它是漸教，分四個階段，不是頓教。淨土宗的他力宗教是漸教。

親鸞還提出一個重要觀點，很有辯證意味。那是說，最壞的人越是我們要救渡的對象。我們修行好，有了一定成果，然後去幫助別人，讓他們了解佛教的真理，要找那些最壞的人去救渡，不要怕。所以在這裏親鸞提出一個重要觀點「惡人正機」。這是很有辯證意味的：越是大奸大惡的人，越是我們要救渡的那些根機，他了不起的地方在這裏。我們平常處理一些事情，總是希望從簡單事物入手，慢慢累積經驗，再處理一些麻煩問題，這是一般人作法，這不是辯證作法。親鸞就不是這樣，他提出辯證作法，專找吳三桂、秦檜這種典型的惡人去渡化。這就是日本淨土真宗與中國淨土宗不一樣的地方，其他教義都差不多。

中國淨土開宗人物叫曇鸞，日本淨土開宗人物叫親鸞，他自己取的「鸞」字，就是指曇鸞。他一生中最敬佩、最崇拜就是中國淨土開宗人物曇鸞。「親」有人說是指世親（Vasubandhu），因為世親雖是唯識學派的人，但有些淨土著作也是他寫的。也有一派說法，說不是指哪一個人的名字。有兩種不同說法。

林美惠：淨土三經傳到日本，透過親鸞大師（1173-1162）將它推向高峰，提出「真宗」稱號，於是創造出日本式的佛教淨土真宗

派。經歷八百多年後，日本近幾十年來，出現研究親鸞思想的熱潮，如京都學派田邊元、西田幾多郎和西谷啟治等人，對淨土思想從各自不同面向提出新的詮釋。京都學派主要是宗禪法，但也開拓出淨土法，而且開創出深具啟發性、正面涵義的懺悔道的哲學，一個突破前人教說的新的思想上與工夫實踐上的體系。以下探討的焦點轉到京都學派對淨土宗的詮釋與開展，進行脈絡式討論。[27]

(二)西田幾多郎

林美惠：西田幾多郎（1870-1945）可說是日本當代最偉大的哲學家，也是京都學派哲學的創始人，由於他的關係，京都學派又稱西田學派。西田提出「絕對無的場所」的理論，論說惡與罪都是人性

27　研究親鸞思想的熱潮，有清澤滿之、山崎弁榮進行淨土教改革。鈴木大拙、曾我量深、金子大榮推行現代的淨土思想。京都學派田邊元有懺悔道，另外有西田幾多郎和西谷啟治對淨土思想的闡發。參閱吳汝鈞，2011，《佛教的當代判釋》，臺北：臺灣學生書局，頁 554-556。

京都學派是當代日本人的一個強有力的哲學學派，學派的成員都在京都大學受學或教學。無論是日本本身或國際方面研究京都學派的人越來越多，根據阿部正雄自己編出的〈京都學派的主要著作〉（"The Major Works of the Kyoto School"），內中收入西田幾多郎、田邊元、久松真一、西谷啟治、武內義範、阿部正雄和上田閑照共七個人的作品，依此文這七人可以確定京都學派有這七個成員。我們可將此七人分成三代：第一代為開創期的西田幾多郎、田邊元；第二代為建立期的久松真一、西谷啟治；第三代為繼續活動期的武內義範、阿部正雄和上田閑照。參閱吳汝鈞，1998，《絕對無的哲學：京都學派哲學導論》，臺北：臺灣商務印書館，自序，頁 1-4。

中的負面因素。絕對者要解決人的惡與罪的問題，就淨土教法而言，借助他力的慈悲願力把我們引領到西方極樂世界，就是他力的救贖。但西田的體悟不僅於此，更深深地感受到「生命中有一種悲哀的情結（complex）」，這情結與成覺悟、得解脫有直接的內在關連。

老師：這裏西田說的「悲哀」，不是我們一般所了解的悲哀的意味。人有悲哀的感情，在一些不幸的現象、不幸的事情，尤其在大災難發生時，如地震、海嘯，看到很多人被海水捲到大海裏，死了。看到這種景象，你就覺得很悲哀。西田思想裏面談悲哀，不光是這個意味，還有一個特別的意味。西田自己也講過，一般人說哲學的起源，是起源於驚訝，指的就是整個世界山河大地的一種氣象，讓你感到很驚訝。西田就不這樣說，他說：「哲學不是起於驚訝，而是起於悲哀。」他這句話我們要善於解讀，否則好像感覺西田這個人的思考有問題。他這個悲哀，不是我們一般講的負面的悲哀，而是一種悲情，悲憫之情，人要有一種悲憫之情，才會接近哲學跟宗教。

　　牟宗三大概五十歲的時候，寫了一本自傳《五十自述》，有沒有看過這本書呢？鵝湖出版社出版的。他書裏提到一個語詞，應該是他自己提出來的觀念：「悲情三昧」。悲是悲憫，不是悲哀。所謂悲憫就是對宇宙與人為的種種現象，引起很多的災難，像火山爆發、大旱災、大屠殺這些現象，你面對這種現象，心裏面感到不安，為那些受苦受難的人感到悲傷，不忍心看到他們在這種情況下受傷或者死掉，這悲憫的情懷就出來。牟先生在 1959 年寫的《五

十自述》一書中，把這種心情，說成是一種悲情三昧。所以西田所說的悲哀情結，不是負面的情感，而是正面的情感。就是因為我們有這種悲情，才會想到宗教方面的一些問題，如怎樣才能從苦難、罪、死這些負面的現象突破、解脫出來，認證無限的、超越的終極的真理。所以它有正面的意味，這就是我在這裏的補充。

林美惠：親鸞的「愚禿」風格成了西田的悲哀論的根據，[28]他所謂的悲哀是指能自我採取主動的融通、梳理，解除閉塞，以求得自我解脫、自我放鬆。

老師：你這裏的講法就符合西田所講的悲哀的哲學。悲哀不是一種很簡單的情感，而是內心裏面有一種悲天憫人的情感，一般人很難展示出這種情感。通常都是人在經驗到一些特殊的，跟一般情況不同的現象，負面的現象，才會表現出來。無窮無盡的苦痛和煩惱，會使人生起一種悲憫的心情。這種悲憫的心情，就是牟先生所說的悲情三昧。

就像孟子所說的性善論，人本來就有善的本性，如果沒有實踐的生活，沒有實踐的行為，那這個善性跟悲情還是出不來。所以這裏說，要解除負面種種的東西，以求得自我解脫，自我放鬆。可是光說自我也不夠，因為悲情三昧所涵蓋的，不光是自我，也有他人

---

28 西田寫了一篇〈愚禿親鸞〉的短文，正顯示親鸞對生命的哲學觀。親鸞教法強調生命內部要有賢德，有實質，外表則無所謂，即使表現為愚昧無知也可以。內心要謙厚，特別是面對如來的場合，要徹底內外地、絕對地放棄自己的知見與經驗。參閱吳汝鈞，2011，《佛教的當代判釋》，臺北：臺灣學生書局，頁560。

在內。好像佛教所說的覺悟、解脫，不光是自己的覺悟、解脫，不光是自渡，而且還有他渡；同時也要幫助他人解決他們的苦痛、悲哀與煩惱。這裏光是講自悟，是不夠的，真正的覺悟是自悟跟他悟結合在一起。或者說，自解脫跟他解脫合起來，才是真正的解脫、完全的解脫。

　　自渡就是佛教小乘的那種自己覺悟、自己修行，這不是真正的覺悟、修行。所以大乘佛教就提出普渡眾生，當然這個普渡眾生，你自己要先證成得覺悟的境界，不然的話你自己都沒有覺悟，怎麼幫助他人覺悟呢？好像泥菩薩過江，自身難保。所以真正的覺悟，應該是自悟加上他悟，大概應這樣瞭解。

林美惠：這種心靈上產生的心理行為是宗教性的。西田表示「愚禿意味」是自己本來便有的姿態，是人間自己要歸向的本體，也是宗教的骨髓。他說：

> 他力也好，自力也好，一切宗教都不外乎這愚禿二字。不過，這愚禿二字並不單獨地來自與切合真宗，但真宗是在這方面最為著力的宗教。[29]

西田的宗教性，可以理解為悲哀是宗教的基礎，當世人經驗到人生的貧窮、殘疾、苦痛種種悲哀現象，在心靈孤苦無依最脆弱時，便

29　轉引吳汝鈞，2011，《佛教的當代判釋》，臺北：臺灣學生書局，頁560-561。

會生起宗教的問題，希望在宗教情境中找到生機、找到出路、找到生命的歸宿，使世人由憂轉喜，由陰霾轉向清朗，獲得重生的機會。這樣悲哀便在宗教意義的救贖下得到理解與認同。

老師：這裏有沒有問題呢？西田這種宗教性，也約略地涉及哲學，就是以悲哀為基礎，宗教是以悲哀為始點，源於悲哀的這種情懷。我想悲哀這個字眼不好用，因為我們習慣把它了解為一種不幸的事情，比如說父母去世，我們感到很悲哀，想到父母生前對我們很多的恩典，他們生我育我，詩經裏面不是有兩句說：「哀哀父母，生我劬勞」麼？所以就是面對親人，特別是父母死亡，我們感到很悲哀。如果這樣是悲哀，悲哀是不好的事情，我想正確的表達方式，應該是悲情。慈悲是偏於佛教，悲情就不限於佛教。當然現在慈悲這個字眼的用法已經普遍化，也不光是佛陀講的慈悲，其他人，像醫生、護士、軍人那些，他們幫助我們解決現實的困難，從現實中的苦痛煩惱解放開來，他們就是有那種慈悲的心懷。

林美惠：西田曾說過如下的這一段話：

> 自己一旦陷於極度不幸中，不是總會感到一種宗教心由自己的心的底層湧現上來麼？宗教是心靈上的事實……哲學家應該對這心靈上的事實究明出來。[30]

30　轉引吳汝鈞，2011，《佛教的當代判釋》，臺北：臺灣學生書局，頁562。

老師：這裏西田提出一個非常有深意的講法，對宗教有一種扼要的說明：宗教是「心靈上的事實」。心靈就是我們生命的根本，如果從宗教角度來講，就是尋求心靈上的解脫，讓心靈不再對種種事物有所依賴，沒有種種分別，沒有所謂得失的心念。得而不喜，失而不憂。要培養到超越得失、貧富的背反。要從這些背反中超越上來，心靈是在這種情況下講，不是一般所說的心靈。它是以宗教為基礎的心靈，所以說悲天憫人、普渡眾生的基礎，就是這裏所說的心靈。其實也不光是宗教家講心靈，哲學家也應該對心靈上的事實究明出來，宗教與哲學就是探究心靈上的事實的，不過宗教比較強調信仰，哲學就比較強調理性，它們的根源就是這種心靈。

林美惠：所謂宗教心，是要超越自己的生命，或可說是如來的清淨心從自己的心的底層湧現出來，這讓清淨心湧現出來的場所正是精神的場所。當世人被悲哀籠罩時，內心深處越是湧現出生命的原動力，促使頹委不振的意志力變的堅強，忍受風霜侵蝕也不屈服，此時悲哀搖身一變，便是一種生命的動力，治療心痛疾病的萬靈丹。倘若從淨土宗的教理與實踐工夫來看西田的悲哀論，人在悲哀時所具有的生命力，要依賴他力的加持才能實現。委身於阿彌陀佛的神力下，將自身一切舊有思潮拋棄，全然放下驕傲、偏執、我見種種陋習，日以繼夜觀想與念佛，如西田的〈愚禿親鸞〉的短文所說的「禿」般，承認自身是卑微的、一無所有的，把生命交託給他力的大能，讓大能內化於心。期許阿彌陀佛慈悲回應，引導眾生邁向淨土大道的極樂世界。

老師：這裏有幾點我們要注意，西田所講的那個場所，是一個自由

自在的天地，眾生在其中，可以無障礙地、自由地遊戲，這種場所是一種精神的空間，一種精神的境界、心靈的境界。這是一種自由自在，沒有任何執著的心態。

愚禿親鸞，「禿」這個字眼用的很妙。禿，就是光頭的，沒有頭髮，也就是「無」，一無所有。大陸以前有一個做官做的很高的一位女性，叫吳儀。大概十八年前她退休，她是裸退。所謂裸退就是全退。這表示她放得下，把權力放下。達到退休的那個階段年齡，她就真的退休，不再參與種種政治活動。有很多人放不下權力、地位、金錢，這些對一般人來講很有吸引力。人到了該退休的時候，就應該把所有的權力和地位都解放，把它們發放出來，不要老是抱在胸前、胸懷，要把它裸退。吳儀就是強調這種裸退。所以這幾年的報紙，沒有報導她的消息。像那個朱鎔基一樣，他退休後，真的完全不參與具體的事務、現實的那些事情，尤其是政治的事情。就是全都放下，這個就是一無所有，就是禿。

林美惠：不再去執著。

老師：對啊！都放下了，一無所有。很多年前，大陸不是有一位搖滾歌手崔健，他就是唱一首「一無所有」的歌而聞名於老百姓麼？「一無所有」有沒有聽過？我有啊！我是他的粉絲。他也唱「最後一槍」，但這易讓人想到六四屠殺事件，所以被老共禁掉了。

林美惠：西田對淨土教法中的名號問題，主要是就親鸞所創的淨土真宗的教理與實踐而言。所謂名號，是指諸佛、如來的名號。對淨土宗而言，尤重阿彌陀佛名號。親鸞認為名號具有殊勝的力量，充

滿慈悲的意願、本願，我們能夠透過言說與名號結合起來，影響眾
生，進行救贖與救渡的宗教大業。所以說名號不是一般的名稱，它
具有象徵願力的作用，充滿救贖的動感。[31]

老師：這裏涉及那個念佛的問題，念阿彌陀佛的名號，或者是念南
無觀世音的名號。這念佛是有用的，跟迷信拉不上關係。念佛就是
一種讓自己的精神集中起來的宗教活動。讓自己的心靜定下來，不
會癲癲狂狂擾亂心性，行為守規矩。

(三)田邊元

林美惠：老師現在要繼續報告田邊元了。田邊元（1885-1962）是
京都學派中，後於第一代西田幾多郎，又稍早於第二代西谷啟治的
哲學家。田邊元的哲學生涯可分為三個階段，第一階段留心科學、
數學與知識方面的問題；第二階段留心政治與歷史方面的問題；第
三階段開始反省宗教與倫理的精神問題。他對宗教的問題的反省，
可以歸結為兩個重點，其一是懺悔的問題，其二是對基督教的理
解。本文就他個人晚期作品《懺悔道的哲學》，從宗教哲學的角度
進行討論。[32]

31　參閱吳汝鈞，2011，《佛教的當代判釋》，臺北：臺灣學生書局，頁
564-568。

32　田邊元反省懺悔的問題，發展出懺悔道的哲學，那時正是第二次世界
大戰（1937-1945）末期盟軍對日本城市的猛烈轟炸。一方面，他對
黷武的軍國主義者的侵略政策感到憤慨，另一方面，他對自己國家的
衰敗的命運感到傷痛。他以為，只有對過去所犯下的惡與罪全部承擔
過來，進行徹底的懺悔，才能挽救日本民族的衰敗的命運。參閱吳汝

所謂的懺悔，田邊元說：

> 懺悔表示對自己所做的過錯表示追悔，並伴隨著一種痛苦，
> 知道對自己的罪過，是沒法補償的。它亦表示一種對無力與
> 無能的羞恥，這無力與無能驅策自己，至於失望與自我放棄
> 的境地。……它是由一種在我自己之外的力量所激發的。[33]

古希臘哲學家蘇格拉底說過一句話，「未經檢驗的生命，是不值得
存活下去。」人類對自身生命具有一種反省的能力，檢驗生命性格
的優缺點，優點可以繼續保留下去，缺點所造成污點又當如何？假
使生活在懊悔、痛苦、心碎、自責、無力感的環境中，是否該透過
懺悔而自拔自救呢？田邊元從宗教立場發表他的觀點，認為生命中
負面的感受，可以逼引出生命力的反彈，這些不良的因素可以在心
中造成一種自衛自強向善的反彈力量，轉化成一股濃烈的道德性與
宗教信仰的巨大力量。而阿彌陀佛的他力大能正是懺悔行為或活動
的背後動力來源。

老師：這裏有一點非常重要。西田的逆對應在義理上和懺悔道是相
通的，人在最無奈、最痛苦的心境下，一般可以有兩種作法。一
種，是順著負面走向走下去，選擇自我放棄的生活方式，如果是這

鈞，1998，《絕對無的哲學：京都學派哲學導論》，臺北：臺灣商務
印書館，頁 25-36。

33 轉引吳汝鈞，1998，《絕對無的哲學：京都學派哲學導論》，臺北：
臺灣商務印書館，頁 36。

樣的話，這人就無救了。人做了很多壞事，自己不用付出代價，當
他有一天自我反省惡劣的行為的時候，發現造成對別人淒慘的傷
害，他的意志力被那些壞的行為所壓倒，自己挺立不起來，卻作殘
傷害，結果自我放棄，自暴自棄，以至於身敗名裂，對社會，對自
己毫無好處，自己的人生無價值可談。這是一種隨波逐流的作法，
一種精神上的自殺。即便他沒有自殺，可是在精神上已把自己解剖
了，沒希望了。這是一種。

　　另外一種，反省自己過往的行為、活動，會生起一種慚愧的心
情，對以往的惡行進行懺悔，這會在生命底層有一種不可思議的力
量反彈出來。這種力量會讓反省者對自己過去錯誤的行為做一種補
償。就是說越覺得自己不值得生存下去，那反彈力量就越大。這力
量是一種良知、良能所發展出來的道德力量，也可以說是一種宗教
力量，是非常強大的力量。這就有辯證意味，反省者沒有被過去的
惡性所擊倒，卻可以做出一般人做不出的行動，從過去罪大惡極的
經驗中跳脫出來，產生極大的力量，要扭轉和補償過去的過錯所造
成的傷害。在這時候那真實的力量才顯現出來，生命的真相才彰顯
出來。

　　這關連到天台宗所說的「煩惱即菩提，生死即涅槃」，這就是
西田講的逆對應，要停止對他人跟社會做出災難的事情，要超拔出
來，發出正義的力量，為過去的惡行贖罪，這是一種救贖意味
（soteriology）的行為。要盡力克服不好的念頭，回歸到自己生命
真正的基點，改邪歸正，如達摩所說的捨妄歸真那樣。這力量的強
度是不可思議的，一般人很難想像，人怎麼會有這麼大的轉化呢？
可田邊元就有這種思想，你所提的「這些不良的因素可以在心中造

成一種自衛自強向善的反彈力量」是對的，可能田邊元自己有這樣的反省經驗，不是順取的，是逆轉力量化成一股道德與宗教性格的巨大力量。

瞿慎思：所造的惡業越大，反彈力量也會跟著大，那一般人都會這樣嗎？

老師：不是！這不是一般人都有的，世界上能展示這種力量的人很少，那是一種懺悔，能對自己進行一種全新的洗練工夫的人才有，棄惡從善。從哲學角度研究這種反彈力量，反彈活動，可成為一種懺悔哲學。這是生命裏懺悔力道所引導出來的生命的反彈，田邊元積極研究這種經驗，叫做「懺悔道的哲學」。這是田邊元在淨土宗的一種突破，也可說是有智慧的洞見。

淨土宗有很多研究者，在印度、在中國、在日本的研究者中，田邊元有開創性的闡發，把它建構成一套懺悔道哲學。哲學專書都非常不好看，裏面有深奧的學問，要寫的好，要費很大力氣。而讀者也需要更長時間、更有耐心去閱讀。思辨宇宙人生的問題，能不用腦袋嗎？又不是寫小說。繼續。

林美惠：所謂懺悔道即是懺悔的哲學，以他力信仰為基礎的哲學，強調自我反省和實踐工夫。田邊元說：

> 我把自己的整個存在都交託給他力。同時，通過實踐懺悔和維持對於這種力量的信仰，我印證了自己的「轉化和復活經驗」的真理。這樣，我的懺悔的「行信證」便成了我的再生

的存在的哲學。這便是我所謂的「懺悔道」，這是他力的哲學。[34]

在懺悔的行為中，陷入困境的當事人將整個生命存在都託付給一個絕對的他力大能，向祂告解訴苦心中悲淒哀痛之感，表示內心的悔意，祈求他力以慈悲願力拯救失落的靈魂，讓種種苦楚離去，迎向朝陽的光輝，獲得新的希望與重生。田邊元從哲學觀點審視懺悔行為與活動，建立懺悔道。懺悔道與淨土宗的他力思想結合起來，便是所謂的懺悔道哲學（philosophy of metanoetics），又稱他力信仰的宗教現象學。這裏有一點值得注意，懺悔道與淨土宗二者的他力結合的關鍵，在於當事人必須有信與證，這信與證使二者相連並結合起來，有媒介的作用。

老師：這裏表示，淨土信仰就是把自己無條件託付給他力大能，完全放棄自己的主體性。我用委身他力來形容這種淨土信仰。這跟一般人認識的不一樣，他們以為是依賴一個外在的權威，自力比他力好。其實不然。他力也有非常難做的地方：要徹底放棄自己的主體性。佛教不是常常講要放棄我執，放棄自我中心麼？這很難！很難！懺悔道哲學就是要我們真正放棄自己的生命存在，委託給他力大能，光是這一點就很難做，是嗎？誰會放棄自己的自我呢？誰會放棄自己的主體性呢？把自己交給外在權威，是阿彌陀佛也好，是

---

34 轉引吳汝鈞，1998，《絕對無的哲學：京都學派哲學導論》，臺北：臺灣商務印書館，頁 38。

耶和華也好，都不容易。所以不可輕視這種思想、這種實踐法門。

林美惠：宗教是為眾生提供一套救贖或救渡的服務，淨土宗的救贖
或救渡建立在他力的層面上。田邊元強調需要有懺悔的行為或活
動，才能得到救贖的保證，所以說懺悔是一種活動，一種具有意義
的宗教救渡活動。田邊元說：

> 倘若救渡是不需要懺悔的媒介作用而得到保證的話，則是最
> 早發生的救渡，不是人的精神對於絕對者的精神的關係，而
> 是與人的行為完全離脫開來的同一性的自然存在這樣的事實
> 了。這便不是作為最初的精神的轉化的行、信、證的救渡活
> 動了。還有，倘若懺悔單單只涉及自家的分別心的問題，不
> 涉及在救渡性的轉化中的媒介，卻是只及於心理經驗的話，
> 則這只是悔恨、後悔之類的有限的、相對的經驗事實而已，
> 不能說精神性的體驗，沒有絕對的、超越的轉化意義的行、
> 證可言。[35]

這一段話的內容是，田邊元認為懺悔是在精神上、自覺意識上的體
驗，與宗教的救渡有密切的關連。宗教的救渡活動，是發自良知、
道德、情感上的悔意，是當事者對於絕對者的信賴，需要懺悔行為
作為媒介來協助，才能使當事者的精神轉化，從行為、信仰、體證

35　轉引吳汝鈞，2011，《佛教的當代判釋》，臺北：臺灣學生書局，頁
582-583。

中了悟救渡活動的意義。所以說，田邊元的懺悔是通往淨土彌勒世界的通道，是一個絕對的媒介，根源於絕對無的極樂世界。彌陀淨土是一個絕對無的天堂樂園，是信仰者心目中存在的一個普遍真理，內在於信仰者心中深處。在一個雲深不知處的遙遠的心靈深處，每個人都能進行懺悔，更接近絕對的他力大能，這便是田邊元的懺悔道哲學。他說：

> 懺悔自始至終都要謀求一種通過他力而來的行與信的立場，堅持一種在絕對者與自我之間的交互的媒介的超化關係。
>
> 懺悔的心是轉化或超化的經驗，憂傷和悲痛會轉為歡樂，羞恥和屈辱會轉成感激。
>
> 懺悔實是對於由追悔而來的痛苦的止痛膏，同時也是一種絕對的光的根源，這絕對的光弔詭地使黑暗能照明，但又不會把它驅逐開去。把懺悔的超化的力量，作為一種由他力而來的恩寵來接受的經驗，如我們將要見到的，正是懺悔道的核心。36

懺悔使人徹底轉化，它能使人由過去的罪過所凝成的情感上的憂鬱之結鬆開，轉向光明的、新的開始。懺悔的超化力量來自另一個世界的一種他力。這他力自然是指淨土真宗的阿彌陀佛。

36　轉引吳汝鈞，1998，《絕對無的哲學：京都學派哲學導論》，臺北：臺灣商務印書館，頁 40，41。

㈣西谷啟治

林美惠：西谷啟治（1900-1990）上承西田幾多郎、田邊元，下開阿部正雄、上田閑照，與久松真一同為第二代出色的中堅人物。他的著作很多，有《宗教是甚麼》、《神與絕對無》、《根源的主體性的哲學》、《虛無主義》等，其中，《宗教是甚麼》一書被認為是最重要著作之一。[37]

老師：《宗教是甚麼》是他的成名作，當然是日文本。現有四種翻譯本，有德文譯本、英文譯本、中文譯本。中文譯本是陳一標向國科會申請經費把它翻譯出來。另一種不知道是義大利文還是法文，我不清楚了。

　　西谷啟治是一位國際學者，他寫的書很多涉及客觀的問題，如虛無主義的問題。他說，近代以來宗教沒落，上帝被否定掉了。尼采不是說上帝死了？他要建構他自己的超人世界，結果還沒完成心願，自己就瘋了，就死了。這說明宗教在一直沒落。另外一方面科技在快速發展，一般人追不上發展的速度，人失去了終極的依據、依歸，結果出現虛無主義的現象。西谷啟治在這方面下過很大工夫，他探究人在思想上、生活上的虛無主義的種種情況，吸收佛教的般若思想和中觀學的空的觀念，然後以空作為基礎，提出人應該如何克服虛無主義的問題，建構一套空的存有論。以空的存有論解決虛無主義的問題。他這麼說跟海德格也有一定關係，他年輕時期

37　參閱吳汝鈞，1998，《絕對無的哲學：京都學派哲學導論》，臺北：臺灣商務印書館，頁 121。

到過德國，上過海德格的課，研究海德格的思想。海德格也反對現代科技極端的發展，反對以機械性、科學取代人類的人文、情感、自然，他非常關心這方面的問題。西谷啟治就受他影響，但他不僅注意東方思想，還注意整個世界，特別是歐美方面。他在佛教義理中找到空的觀念，以解決西方虛無主義造成的種種問題。

瞿慎思：老師請問一下，虛無主義跟空可以看成是同一層面嗎？

老師：應該不一樣。虛無主義是完全沒有積極行動的念頭，沒有人文、精神、文化的成分，它的矢向只有破壞，沒有建設。如果整個世界都是走向虛無主義之路的話，那就完蛋了，人沒有價值觀，沒有上帝，失去終極真理的觀念，也沒有一般的人文生活，人倫系統被解構了。在人類文化上開不出道德、宗教、藝術、科學的成果，都被虛無主義壓倒了。這個問題一定要解決，人類的文化才有前途，否則就是文化自殺。西谷啟治重視的問題是國際性的問題，不是單指某一個國家或某一區域性的問題，而是大環境世界。他的眼光不是侷限在日本的文化、哲學、宗教的範圍，而是全球面臨的問題、全球努力的問題。

瞿慎思：那空要如何解釋呢？

老師：空是對事物的本質，有一種正面的了解。事物是緣起的，沒有常住不變的自性，我們不應該對事物執著，因為有執著，煩惱就來了。明白這道理就能去除對事物的種種執著。如果對事物不執著，就不會產生種種不正確的、顛倒是非的見解。沒有顛倒的見解，就不會生起顛倒的行為。如果人生活在顛倒的行為裏面，這個

人就垮了。所以一定要從顛倒的行為中跳脫出來。如果人遠離顛倒的行為，那就是表裏一如的人，就是快樂的人，沒有苦痛煩惱。在這裏講宗教，就沒有憂慮、煩惱，靈臺明覺心就顯現了。有了靈臺明覺心就能看清楚空的真理，就覺悟了，就解脫了，這就是宗教的目標。所謂空，不光是真空，還有妙有作用。真空有負面意味。妙有有建設性的意味。有是種種文化的有，開拓出種種成果，包含科學、藝術、宗教、知識，這些文化活動都可以透過空為基準而成就。原始佛教講緣起性空，西谷啟治講真空妙有。這真空妙有對正面、負面都有照顧到，是我們所要追求的終極真理，有宗教意義的終極真理，是我們生死相許的真理。

瞿慎思：聽起來好像是追求真空妙有。

老師：對啊！妙有從唯物論來講，講不出文化。從唯物論觀點講妙有，非要講階級鬥爭不可。講到階級，那整個世界就四分五裂了。有資產階級，有無產階級，有地主階級，有小資本主義階級，這怎麼談人性啊！在馬列主義的教條下，人性也有階級性，有資產階級的人性，有無產階級的人性，有地主階級的人性，有小資本主義階級的人性，有革命的人性，也有反動的人性。那這人性就不是完整的一體，而是四分五裂的人性，人性的超越性不見了，全部都是經驗的人性。現實的世界被唯物論充塞了。如果世界建構在唯物的基礎上，那甚麼文化都不能說了。因為文化的普遍性，背後都需要一個人性來支撐，來開拓，如果沒有人性的普遍性，人性的客觀性，那文化就開展不開來。整個世界就變成以物質為指標的世界，可以說，是漆黑一團的世界。沒有光明，沒有理性，沒有慈悲，沒有

愛,沒有仁義,一切都隨物質的腳跟轉,跟著物質起舞。這世界還會帶給人希望嗎?跟動物世界有何不同呢?

林美惠:我們現在討論西谷的空的宗教理論。空的宗教理論是參閱老師您所作的《絕對無的哲學:京都學派哲學導論》而來。西谷啟治提倡空的存有論,就宗教而言,宗教應是以這種空的存有論為基礎。他提出兩個問題,1.宗教的意向是甚麼?2.從空的立場看精神轉化後,捫心自問自己的存在是為了甚麼?這顯示在宗教問題上,西谷注重有關自身的生命存在的問題。「生命存在的問題」的基礎是「實在的真正的自我實現」。西谷的宗教觀的證成是從佛教空思想到真正的自我實現,實現宗教的本質。要站在自我實現的立場證成宗教自身的轉化,不是以自我意識立場,把宗教當作對象去表述,去研究。[38]

老師:你們看這裏提出一個很重要的觀念,就是真正的自我。這是一個非常大的宗教性問題。嚴格來講,這個自我不是一般科學的經驗對象,不是心理學的對象,而是宗教、道德的對象。譬如說,康

38　西谷以為西方哲學家如亞里斯多德、康德他們對實在的探究,都受到自我意識的障蔽。實在論與觀念論都假定主客的二元對立性,事物都是在意識的場所下被體現出來,因而都不能免於表象性。即是說,它們實際上不能離開自我意識的表象作用,因而不能以其本來的真正的狀態而如如地呈現。所以要體現、達致實在,必須步出自我意識的場所。自我意識阻礙我們對事物的真相的體認。參閱吳汝鈞,1998,《絕對無的哲學:京都學派哲學導論》,臺北:臺灣商務印書館,頁126-128。

德在第一批判裏說到，自我有三個層次，有現象的自我、純粹智思的自我、睿智直覺的自我。康德的睿智的直覺的自我是我們真正的自我。

我們也可以從自我設準的問題，看真正的自我，像我寫的《佛教的當代判釋》那本書，就提出很多自我設準的問題，有經驗性心理學的自我，有認知的自我，有道德的自我，有宗教的自我。宗教的自我又可分三種類型，一種是讓自己得到覺悟的明覺的自我，一種是淨土宗的委身他力的自我，最後一種是迷覺背反的自我。自我有不同的層次，在開拓自我時要抓到不同層次的焦點。

弗洛伊德（Sigmund Freud）講精神分析（psycho-analysis），或者是深層心理學，他講自我也有不同層次分別：當下的自我意識、潛意識、前意識、超我。在意識的底層有一種潛意識的自我，就是佛洛伊德講的本我，本我中含有無數的無明因素；前意識是介於意識與前意識之間，有溝通的媒介作用；超我則有道德、宗教的約束作用。

佛教說慈悲的主體或佛性。日本的道元是曹洞宗的一代宗師，講自我，認證自我，體證自我。自我光說沒有用，要把它體現出來。有一次有人問道元：「甚麼是佛學？」道元說：「就是學佛。」又問：「甚麼是學佛？」道元說：「就是學自己。」又再問：「怎樣學自己？」道元說：「學自己就是忘掉自己。」這問題就是怎樣體證自己。他講的佛就是佛性，佛性就是真正的自己，就是無我，沒有自我中心的意識，沒有執著，這是從佛教脈絡說的。也就是智慧能夠超脫出來，通明無礙，這涉及實踐的工夫。要怎麼體現它呢？先要忘掉它，去掉對自我的執著，才能建構有生命意

味、有文化意味的自我。孟子、王陽明說良知，那西谷所謂真正的自我實現，在西谷京都學派的脈絡下，是甚麼的自我呢？瞿同學你說？

瞿慎思：可以說是佛性嗎？

老師：佛性是佛教裏面說的。西谷這個「自我」一定是宗教性、實踐性意味的自我，而且像道元所說的沒有自我意識、忘掉自己的自我，這種自我能開拓出宗教文化。自我對人而言很重要，假使人沒有自我的信心，這個人會很慘。就像《紅樓夢》中的林黛玉，整天哭哭啼啼的，哀哀怨怨的，連看到落花也要哭，幫落花埋葬，還聯想到往後我死了誰來埋葬我呢？「一朝春盡紅顏老，花落人亡兩不知」，花是植物的一部分，有生機的，可是落花落葉在每一個角落都有，在宇宙間也不是很重要的事情，林黛玉就像是埋葬親人一樣把它埋了。這就說明在她日常生活中沒有甚麼事情值得她更關心的，去付出的，就只好去葬花。她自己的自我主體性非常脆弱，她的生命是建立在他人的支持上，如果沒有他人的支持，她就會自我解構。所以說林黛玉沒有把自己真正的自我認證出來，卻埋在她自己心裏面。有沒有問題？

張雅評：老師，信仰一定要有宗教嗎？

老師：不一定。

張雅評：這樣子的話，信仰沒有宗教，就不會那麼悲慘。

老師：可以這樣說，宗教信仰對你有幫忙，有作用。當你感受到最

寂寞、最淒涼的時候，就是跟宗教靠的最近的時候。一個人為甚麼有宗教信仰呢？跟宗教有甚麼關係呢？這跟真正的自我有關係。在儒家的立場，家庭倫理、社會立場就是他的宗教，所謂宗教的自我，對儒家而言就是道德的自我。有道德的自我就不需要宗教的自我，因為道德自我有自己的獨立性，可以撐起自己的信心，道德的主體性能夠面對外在殘暴的、可怕的、破壞性的東西。在儒家思想上有道德主體性作為支撐點，所以道德主體性就是儒家的真正自我，是心靈性格的真正自我，不是經驗性格的自我，不是外在性格。我們可以說儒家思想沒有宗教儀式，但是有宗教作用。所以有人把儒家，成立新的名相，就是儒教。這有道理的，如果不重視儀式的話，也可以把儒家放在宗教領域裏談。

像項羽是對武力感到一種自信，他是一夫當關，萬夫莫敵的典範人物，一百萬軍中去取上將首級如探囊取物的人，天下無敵，打不敗就是他的自信。最後被劉邦打垮了，很無奈啊！唱出「力拔山兮氣蓋世，時不利兮騅不逝。騅不逝兮可奈何？虞兮虞兮奈若何？」項羽也有沒落無奈的遭遇，因為他把自我放在武力上，以為自己是天下無敵，劉邦要打敗他是不可能的。他把自己的武力，看成是自己的上帝。這麼有自信的人，很難聽別人的勸諫，他的軍師范增是有智慧的人，常常進言給他，他聽不進去啊！他以為武力可以解決一切。張良是劉邦的軍師，諫言給劉邦，劉邦就能接受，結果劉邦贏了。項羽是一個有慈悲心的人，但是婦人之仁，不是成大器的人，敗了之後，跑到烏江自刎，他的自信心垮了，沒有真正的自我，生命也結束了。這武藝高強，又那麼有自信的人，怎麼會走到這地步呢？很難想像啊！他就是因為沒有真我在他自己心裏，或

者說他已經迷失了真我。假使人沒有將真正自我挺立起來，或者說他的自我已經解構了，那會很慘，是不是呢？

　　文天祥就把自己真正的自我顯現出來，岳飛就死的不值得，還逼著兩個兒子一起送死。死有輕於鴻毛，重於泰山。岳飛死的就莫名奇妙，不值得死也死，沒有真正的自我，迷失了自我。

林美惠：老師剛剛您提到「儒教」名相的問題。我看過韋伯的《新教倫理與資本主義精神》，這本書主要是表述一個論點，就是西方資本家認真努力賺錢，最終目的就是為了榮耀上帝，因為他們認為他們都是上帝的子民，所以我們可以說，西方人的衣食住行，一切生活日用都是將《聖經》教理實踐在生活中。當西方人看到華人的社會形態，都是依循儒家經典作為生活規範的同時，不由自主的就會把儒家經典與《聖經》視為等同，所以就稱儒家是儒教。這是我個人想法。請問老師是這樣嗎？

老師：因為宗教提供給人一個安身立命的地方，讓人生死相許，在西方人的心目中，非要有宗教不可，只有宗教才能有這種功能。

林美惠：虛無（nihility）的字面意思是事物的存在的否定。西谷啟治表示「虛無在它沒有碰到虛無這一事實中使人感到它的存在」，「即使是他的意識和理智沒有碰著虛無，他的存在卻碰著哩」[39]，

39　參閱吳汝鈞，1998，《絕對無的哲學：京都學派哲學導論》，臺北：臺灣商務印書館，頁 128-136。虛無不同於空，空除了有消極的意思外，也有積極的涵義，它是絕對無，是透過否定的否定而達致的。它不與有（being）或相對的有相對峙，它是絕對的。虛無是與相對的

顯示虛無是一種自我存在的模式，是逃不掉的。只要有自我的存在，便不能免於虛無。西谷啟治的意思是，虛無本來存在於人的生命存在的深處，由於近代科學的和數學的機械的觀點，使人的情感變得麻木，價值觀僵化，精神上失去依據，感到無比的空虛，虛無便有機會悄悄地作動，顯露它自己，而且不斷肆虐。

在西谷啟治的哲學中，虛無對人而言，有其重要的正面作用，它可以引發對生命的懷疑或大疑，有助於我們對存有的真實性的探索。因此西谷啟治特別提到，自我意識是概念化的來源，能障礙我們對實在的探究，因此要踏出自我意識的場所。只要克服了自我意識，由它而來的概念化的障礙也隨之崩解，而虛無也乘虛而入，那麼自我與事物的存在即能以實在的姿態披露出來。

老師：在這裏更進一步說明虛無的意義。如果我們對虛無主義有正確了解，在運用上有恰當性，那虛無還是可以上提為正面性的建構的功能。西谷的意思是虛無還是可以成為一種非常鋒利的刀，可以把人的二元意識摧破。人往往被分別意識所誤導，一般人在生活中都有二元意識的分別性作祟。分別性是需要的，它可以幫助我們對事物有清楚的分析。可分別運用的不恰當，會成為我們體證真理的障礙。對生活事物的對象應該以分別心來處理。對體證真理我們應該以無分別心來處理，我們可以利用虛無的心靈狀態把運用不恰當的分別心徹底消滅。分別是知性的功能，處理不當會對絕對真理的

有相對反的無，是相對的無。它在一般情況下傾向消極的意味。轉引吳汝鈞，1998，《絕對無的哲學：京都學派哲學導論》，臺北：臺灣商務印書館，頁 128-129。

體證帶來傷害。

　　從最高層次講人性，應該有普遍性、有超越性、有客觀性。如果用分別心來理解人性，那人性就變成四分五裂，殘破不堪，支離破碎的人性，不完整的人性，變成唯物論的人性。這就捉錯用神。若只有階級的人性，人性會失去該有的本質。所以看人性應以無分別心來看，它有超越性、恆久不變的性格。

薛錦蓮：老師，西谷在講虛無主義的時候，是不是要在真空妙有下找到虛無，當虛無浮現時才能找到真正的事物的本質，才能體證真理。

老師：嗯！對啊！對虛無的取向、負面的性格，要有正確了解。在通過一種反思，把虛無的性格糾正過來，破除虛無主義的消極的思想。還有其他問題嗎？

瞿慎思：虛無只是一種心靈狀態，不能把它概念化嗎？

老師：虛無可以說是一種觀感，或是看事物取向的態度。所以說表面上虛無主義是負面思想，通常只有破壞性，沒有建構性。但處理得宜，雖是負面我們也可以讓它起積極作用，就像是一把匕首，割除那些破壞成分，不讓它有再發的機會。把它作為一種工具來利用，來運用。

薛錦蓮：那虛無也算是一種無明嗎？

老師：我想這是精神上的問題。尼采就患了這種問題，自己沒辦法解決，五十多歲就死了。聰明不是不好，聰明是一種才氣，是經驗

性的,不是超越性的。經驗的東西是氣,都有一個限度,超越性的是理,沒有限度。所以說一個人,氣盡而死,沒有永久性。可理是無限的,不會消失消滅。尼采五十多歲就死了,王弼二十三歲就死了,岳飛、文天祥,死時是三十九歲。蕭邦和孟德爾頌,死時是四十歲上下。莫札特三十五歲,舒伯特三十一歲,都死了。才氣用完就死了。

林美惠:關於虛無,西谷啟治的表示如下:

> 虛無的自我呈現,是虛無從埋藏在自我和世上一切東西的根基中的狀態真實地呈現出來。在意識的場所中,這虛無被掩蓋著,不能使自己真正地呈現。……那隱藏於自我和一切事物的根基上的作為實的虛無,作為一個實在展示在自我之前。在這種展示中,自我存在並一切事物的存在都轉成一個單單的懷疑。當懷疑者和被懷疑者的區別泯失,當那個區別的場所被跨越,自我便變成了大疑。[40]

在虛無中,人對一切都感到疑惑,對自己的生命存在的價值性,也茫然無知,這是人對未來的「大疑的自我呈現」。人必要先有疑惑,才能覺醒,有大疑才有大覺。虛無的呈現產生大疑,在這懷疑中,自我的存在與一切事物的存在都變得蒙昧起來,轉成一個超越

40　轉引吳汝鈞,1998,《絕對無的哲學:京都學派哲學導論》,臺北:臺灣商務印書館,頁 132-133。

內外分別的問號。若是這懷疑進一步深化，以致不知誰是懷疑者，誰是被懷疑者時，這懷疑便膨脹起來成為大疑。若能突破這懷疑，便能徹悟生命真理與存在的真相。西谷啟治是以懷疑論的方法，教導人們透析人生真理，而不是西田的悲哀論、田邊元的懺悔論，他提出的大疑，是要透過自我意識的突破去體現真理。

　　虛無產生懷疑，懷疑得不到解答，持續發生作用，擴大膨脹起來成為大疑，大疑是人們追求生命真理的契機的大門。光有虛無還是不夠，就像是火箭要發射到外太空，需要具足燃料。故虛無也需要一種精神的燃料，西谷以佛教的空作為虛無的燃料，令虛無轉進。關於這一點，西谷表示，在空的場所中，事物依據它們自己的存在模式而呈露，又再度回復它的凝聚的能力，使自己回歸向自己，然後重新被復位到它自己的德性中。總言之，虛無只能使事物形相消散，失去蹤影，空則使事物凝聚自身的能力，挺立起來，回復本來狀態。所以要克服虛無，轉向空，建立空的存有論。

林美惠：接著談空的存有論。[41]西谷啟治的哲學核心以人的存在為標的，提出對人的自我的問題的探討，是對實在的探究與體現，是「實在的真正的自我實現」。西谷提出空（śūnyatā）的立場或絕對無的立場，來克服機械主義和虛無主義，他以佛教的空或絕對無來說實在，實在不是空的概念，而是體現的意味，這便是「實在的真正的自我實現」。

41　參閱吳汝鈞，1998，《絕對無的哲學：京都學派哲學導論》，臺北：臺灣商務印書館，頁 122-124；頁 137-141。

老師：這裏提出「實在的真正的自我實現」，這在他的哲學理論裏面是很重要的。這實在的真正自我的觀念，是作為人生命存在的基礎，要先認悟在生命裏面哪一個是自己的真正的自我（the true self），先確認了，然後在自己生命裏頭讓它發揮作用，把德性提出來。所以這自我觀念跟原始佛教講的諸行無常、諸法無我、涅槃寂靜的意思不一樣。諸法無我講的是一個實體性的我，要把它否定掉，因為有實體性的觀念，就會有我執存在，這我執是一切煩惱生起的根源，所以一定要斷我執，生起無我，這是原始佛教講的無我的涵義。

西谷在這裏講的自我不是原始佛教講的無我的自我，而是一個大我，是生命裏面一個真實的主體性。要把這主體性先確認出來，然後進行修行，在實踐裏面展現真實的主體性。要這麼做才能說覺悟、解脫。這覺悟、解脫的理想，主要是建構在對真正自我的體證上。如果找不到真正自我的話，那就是在迷的狀況內，給自己生命很多無明的因素，包括貪、嗔、痴的嚴重煩惱。真我被它們給蓋住了，出不來了。先要做到在生命裏展現真正的自我，把它實踐出來，就不會有我執所產生的自我中心的想法，這就是無我。原始佛教講的無我跟西谷講的自我，這兩個「我」不是一樣的意思。西谷的空的哲學的真正核心，就在體證或者體現真正的自我。我們也可以問，這個自我不是釋迦牟尼所說的無我，那有哪些佛教派別的我的教理，與西谷的真正的自我相應呢？我可以說：有。在文獻學上有經典根據，就是《涅槃經》中常樂我淨的我，《大般涅槃經》講真正的自我；中國佛教中竺道生講的一切眾生皆有佛性的我。發展下來天台、華嚴、禪也都有講自我，不過他們用佛性的觀念來描

述。到了惠能的《六祖壇經》把語詞、觀念改為自性，《六祖壇經》所說的自性就是佛性，不是中觀學、般若思想要否定的那個自性。佛教講的自性有兩種，一種是傳統下來要否定的自性，如果執著這自性就是有我執。西谷在這裏說真正的自我的實踐，這個自我就相應於《涅槃經》中的我和《六祖壇經》講的自性。

林美惠：實在的真正的自我實現有兩個意思：1.我們對實在的實現；2.實在在我們的實現中實現它自身。實在的實現不能離開我們的生命存在，實在與我們息息相關，內在於我們的轉化中，實在顯現的場所正是我們自身。

老師：他這裏所說的實在就是自我。西谷以自我看成實在的中心，一個核心。通常講實在的觀念，可以從客觀方面講實在性，也可以從主體性方面講實在性。西谷這裏的實在，就是以自我為主，亦即是真正的超越的主體性。

林美惠：具體的說，西谷以佛教的空的哲學，解決人類追尋生命存在的問題，以及事物的存在的問題。這種空的狀態的實在的背景，是一種空的存有論。關於空的存有論，西谷說：

> 真正的空是作為我們自身的絕對的自性而達到我們的覺識中。再者，在這空中，所有被視為存在的質體都臻於呈顯的狀態：以在其自身的姿態而呈顯，以其如如的方式而呈顯。在這個場所中，我們對自己的真正自性的覺識……和所有事物在如如狀態中的自己性同時出現，或結合起來出現，或更

> 確切地說，自我同一地出現。……存有倘若與空化而為一，
> 則它只是存有。每一存在的東西只在空的場所中站在它自己
> 的本根之上。在這空的場所中，它就其如如的性格而是其自
> 己。即使我們說事物就其實體而再表現出來，我們只指那種
> 從與空同化為一的狀態下冒出來的實體性。在空的場所中，
> 實體性是一種絕對地非實體的實體性。[42]

老師：這一段引文非常重要，我們先看它裏面的幾個觀念。第二行
「在這空中，所有被視為存在的質體都臻於呈顯的狀態：以在其自
身的姿態而呈顯，以其如如的方式而呈顯」。這讓我們想到康德所
提的物自身的觀念，根據西谷的詮釋就是「在其自身的姿態而呈
顯」。在真正的自己超脫了時間、空間的限制，一切相對的意思所
突顯的一個絕對的主體性，也就是在其自身或者是如如方式，是以
物自身（Ding an sich）的狀態而呈現，不是以現象的狀態而顯
現。物自身是超越時空的，超越一切相對性。現象有時空性的限
制，也沒有絕對性，它是相對性。在這裏可以看到在物自身與現象
對比的前提下，物自身的性格是以它自己本來的姿態而呈現，呈現
在我們的真我面前。真我的明覺有能力去體現物自身，這需要有康
德的哲學基礎才能理解。物自身是一個涵蓋很廣的觀念，裏面有主
體性，有客體性。主體性方面就是真我的狀態，客體性就是所謂的
真如。種種事物以自己作為依據而呈現，不是以現象而呈現，這方

---

42 轉引吳汝鈞，1998，《絕對無的哲學：京都學派哲學導論》，臺北：
　　臺灣商務印書館，頁138。

面有現象與物自身的對比。牟先生的《現象與物自身》就是將現象
與物自身作對比來講。西谷說實在的真正的自我，正是物自身狀態
的自我。所謂的真如，就是一切的事物以物自身的姿態而呈現，而
不是以現象的姿態而呈現。這種物自身的狀態就稱為真如
（tathatā）或者是如如，就是如其所如，不增也不減。這主要是指
客觀的物自身世界，但也是自我、真我。自我本源的狀態發出明
覺，能照見真如。真如是主客相兼，是客體，也是主體，萬物的物
自身以他們自己本來的面目呈現，沒有時間性，沒有空間性，沒有
相對性。我們以自己的明覺來看這萬物，那萬物就是真如。

　　注意「每一存在的東西只在空的場所中站在它自己的本根之
上。在這空的場所中，它就其如如的性格而是其自己。」以及最後
一行「在空的場所中，實體性是一種絕對地非實體的實體性。」這
空的場所的觀念，跟絕對無的場所基本上是一樣的，西田注重絕對
無，西谷注重空。西谷的空就是在如如的場所而表現自己，還有物
自身的發展的意味，都是自我開拓的成果。只是導向不一樣，可根
源都一樣，都是真正的自我、真我，是由超越的終極的主體性所開
拓出來。最後也提出實體性。這實體性跟西方的實體性不一樣，是
以非實體性作為基礎而展現的實體性。就是說這實體性是在空的場
所中展現的實體性，這不是最後的，後面有一種非絕對性格的實體
性支撐著。這裏說的實體性跟非實體性是在不同層次下說的，非實
體性比較有根本的意味，實體性則沒有。西谷也提出非知的知的觀
念，非知的知就是睿智的直覺，意思是說睿智的直覺的知、超越科
學的相對性格的知。

林美惠：西谷的如如的物自身與您的純粹力動的物自身一樣嗎？

老師：不一樣。京都學派講的空，有人視為是佛教的開展，以絕對無的場所做為基本觀念發展出來的一種新的哲學，也可以說是佛教新的教理的一種開展，回應西方文化而做的一些佛教式的調整。所以京都學派的基本精神還是佛教。他們講絕對無的場所，就有空的意味，還講真空妙有。物自身是從這妙有來說，西谷說它是自體，但不是自性。西谷思想的根源還是佛教的非實體主義，他的空是偏向事物真正的狀態。甚麼是事物真正的狀態呢？那便是緣起，事物的緣起，沒有自性或實體，所以是空。它是在緣起性空的脈絡下講空，所以稱為非實體主義。它有動感，在真空妙有下可以看到，可是不夠。但還是展示一種理想，有終極真理的意義。

　　純粹力動現象學的物自身，是在一種超越的活動，沒有經驗內容的而只是一種力動的脈絡中講的，是睿智的直覺的所對。它是動感、力動的凝定狀態。這便有力動即是存在，或化存有歸活動的意味。關於這一點的詳情，要在純粹力動的知識論或量論中才能周延地說清楚。這本書正在撰寫中。力有物理的力和精神的力兩種，純粹力動又是屬於另外一種力動。它不是實體，但有機體意味，是一種超越的、純粹的動感，是我們的生命跟外面世界存在的根源。這力動或活動本身就有力，與終極的原理相連。這終極的原理的性格就是動感。物自身是從這原理開拓出來的。

林美惠：我們可以歸納出西谷啟治的空的存有論的性格，可有四點。第一，事物被對象化，在意識場所中的事物，都不能免於虛妄假構的性格。第二，事物在空的場所中，都能本著其原有的姿態而

呈現，就其為自體、自身的身分而呈現。它們是就其如如的性格而是其自己，等同佛教的真如境界。第三，在空的場所中的事物，自然稟受了空的性格，這些事物不是完全虛空、虛無，卻是有其真實的作用，有其實體。雖名為實體，卻不是住著在那裏凝然不變。第四，事物本是如如呈現，但受了意識與虛無的作用，在意識的場所中，它們被對象化而表象出來，被執取為具有常住不變的自性或實體。西谷啟治以其非實體的實體或自體觀念來置換這自性，以睿知的直覺把握當下事物的真相。

老師：這空的存有論的講法是我自己提來的，用來鎖定西谷提出來的存有論的理論。在西谷的系統裏面，有一套獨特的講法，要把存有從現象的層次，上提到物自身的層次。在佛教來說，現象的層次是俗諦，物自身的層次是真諦。我們可以這麼說，對外在的世界，西谷以空作為基礎，講兩重存有論，一種是現象的存有論，一種是物自身的存有論。物自身的存有論當然是他的理想，主要是看宇宙萬物的層面，從現象的層面上提到物自身的層面，也就是從俗諦上提到真諦，就構成了空的存有論。以緣起性空作為根基，建構一套存有論。我有一些朋友到日本去，見到花岡永子，花岡永子是西谷的一位優秀弟子，她說西谷沒有提空的存有論，西谷是提空的哲學。我的回應是，西谷有沒有提空的存有論，這無所謂，但是西谷對世界的觀察、分析與綜合，最後歸結到上面所講的，從世俗諦上提到勝義諦的境界，或者說從現象層次上提到物自身層次，最後就建構了一套存有論，這就是空的存有論，因為它以空作為基礎。他有沒有說自己的那一套哲學是空的存有論，並不重要，但我們可以

把他那一套存有論定位為空的存有論。所以這花岡永子是一位比較保守的人，他忠於他的授業的老師，就是西谷啟治。花岡也研究西田哲學，當他講京都學派的時候，通常以西田、西谷為主，加上田邊元。第一代是西田幾多郎、田邊元；第二代為久松真一、西谷啟治；第三代為武內義範、阿部正雄和上田閑照。花岡永子我就把她放在第四代。其實京都學派有沒有第四代，還沒有一個共識，第四代是在慢慢形成中。這裏沒有問題就繼續。

林美惠：關於身土不二的思想，是參閱老師您《佛教的當代判釋》這本書的 573-575 頁的文本。西谷的思想前期注重虛無主義，後期漸漸關心宗教救贖的問題。西谷啟治的宗教救贖說提到「土」的問題：人得以生存下去的動力在我們的最內在的處所中展現出來，發揮它的動能。人在身體方面，需要呼吸空氣、吸收水分和陽光，才能生存、發育，讓生命持續地成長。在心靈方面，則需要如來的本願力與神的愛來滋潤。所謂土，即是作為一個場所，必須要有淨土與神的國，才能讓人在根本的層面生長、延續下去。

土的觀念是從空的超越轉為土的超越，於是西谷提出空的「形象化」與有的「透明化」來說明。所謂形象化是，如來或神為了方便渡生，需要展示如來的本願和神的愛。這種展示對西谷而言是，空要讓自己發揮動感，主動地移向淨土、神的國土中，而形象化為土，如來自身亦內在於這土中。空呈顯為淨土，就是形象化。透明化表示形象化的土不能被執取為滯礙的東西，而是要被透明化，形象便是透明的性格。就人而言，西谷的意思，在人的生命存在裏，本來便有形象化的傾向，我們的身體中有一種無意識的力動在湧

現，走向形象化，這是在人所居住的世界中的原始的自發性活動。

　　身土不二是西谷的淨土觀念的基礎。身，是指我們的身體；土，是淨土的極樂世界；不二，是自動性，也是透明性。西谷認為宗教救贖是人原始的、內在的自發性活動。世界是一個大我，個人是一個小我，兩者焦點重合，自然與自我融為一體，互相無間透明化，無有障礙，無有隔閡，彼此的生命都是在清晰明朗中成立。這就是身土不二。

　　從淨土宗談身土不二觀，關連到工夫實踐來說，修行者的心與淨土的阿彌陀佛之間要有不二的關係。阿彌陀佛象徵超越的淨土，是清淨無染的性格，是絕對的極樂世界。阿彌陀佛隨時會啟動如來的慈悲力，滲透到眾生的生命裏，幫助他們脫離苦海，覺悟、解脫，故修行者若能自覺，深深信仰祂的願力，便能追尋一個具足生命意義的世外桃花源。

老師：這裏面有一點要注意，就是身土不二的思想。身 body，就是我們的肉身；土 earth，是指現實的環境；我們自身與周圍環境有一種不離的關係，就是身土不二的關係。從身可以觀察到我們的自我，土可以關聯到淨土。這也涉及阿彌陀佛慈悲的本願，接引作為凡夫的眾生到淨土的世界，就是西方極樂世界。我們生活在這麼一個現實的世界，本著父母所生的身體，在現實的世界裏面，以大地為環境進行種種活動，這是從物理的層次來講身土的關係。然後上提到精神性層面，那身就成了一種意識的自我、精神的自我；土就成了淨土。淨土與自我有一種不二的關係，有一種互相關聯的關係，這種關係不是現實的身土不二的關係，而是超越現實的一個理

想性的層次、勝義的層次，以建立現象學的身土不二關係。

這個土不僅指向淨土，可以進一步指向阿彌陀佛，因為阿彌陀佛是西方極樂世界的主人，他天天都在西方說法。西方在哪裏呢？西方就在距離地球，中間有三千大世界，非常遙遠的一個世界，這是一個天文數字的距離。但如果從精神上的心願相通的觀點來理解，那距離就不是距離，身即是土，土即是身，土變成了人人心中的阿彌陀佛。阿彌陀佛是土的主人，阿彌陀佛與人有非常密切的關係，因為阿彌陀佛是信仰淨土的眾生所皈依的主人，是幫助眾生成解脫得覺悟的他力大能。委託於祂便是將自己一切交到祂手上，祂就是自身的本尊。另外，這裏提到身土之間的關係，由這關係進展到形象化、透明化。形象化、透明化不能從物理的層面理解，而是要從意識、精神的層面理解。

意識、精神的層面也不能完全表達身土不二思想，因為意識還是有自我執著在裏面，這自我意識會讓人進一步發展出自我中心主義的情況。但我們要超越它、克服它，這就是意識上提為無意識。所謂無意識並不是說失去思考功能，而是超越作為相對的認知的主體性的絕對的無意識。這無意識關聯到覺悟、解脫的目標，也是阿彌陀佛會發願，幫助我們達到的境界。這不是讓眾生馬上達致覺悟、解脫的目標，而是漸進的關係。甚麼是漸進呢？祂的慈悲心引領眾生到淨土世界，因為眾生現在住的世界是穢土的世界，淨土恰恰相反，是清淨的世界。阿彌陀佛的願力引領眾生到淨土的世界去修行，和那些善知識一起修行，在淨土世界裏慢慢地把自己的心靈世界純粹化，去掉不乾淨的想法，慢慢地以一種漸教方式展現自己的明覺。這明覺讓自己了解到這世界是緣起的，是空的，沒有自性

可得的。那就不會產生執著，消除種種執著後，就不會有種種邪見。沒有邪見，就有正確的見解，就有真正的行為，不是虛妄的行為，不是顛倒的行為，那就無煩惱，就覺悟了。

　　所以阿彌陀佛信仰不是頓教的修行方式，而是漸教的循序漸進的修行法門，並不是一下子就讓眾生掌握到終極真理，而是先培養對世界的正確的見解，排除心裏面的一切邪見，真正的善的行為就出來了。那距離覺悟的目標越來越靠近，最後瓜熟蒂落，水到渠成，得成正果。

林美惠：對西谷啟治來說，身體是小場所，土是大場所，身體最終還是要回歸到土方面去。身體是有生機的，是生物，身體的存在與土有密切的聯繫，才能維持旺盛的生命力。身體、土、自然三者能夠開啟超越的空間、場所，淨土的極樂世界在這樣脈絡下便登場了。在西谷的觀點，人自己通過身體與土相連，展開一連串的行為、活動。這一切都是以土作為依據，進行透明化的生命活動，從自己的存在的根源，感覺到身體與土緊密相貼，在自然環境舞臺中展現生命。身體該如何回歸到土呢？西谷提出「情意中的空」的觀念。這情意中的空是形象的世界的證成的基礎，空由虛空、虛無下降、沉澱，在情意的脈絡中顯現出來，以形象的形式在我們眼前出現。空又如何與構想力結合呢？空可在人的內在心情中被察覺到。西谷以「在情意中映現的空」去理解，他提出如下說明：

　　　　空這種東西，在日本和中國文學中以種種意味結合而展露開
　　　　來。此中的特色是，這空在日常經驗所包含的感覺、知覺、

感情、心情等等中作為規定它們的契機而展現出來。空是感
性的東西、情意的東西自身或特殊的特徵。[43]

西谷的空的存有論是美學的轉向，他把空關聯著形象來說，這形象
是美學的形象。西谷的空觀轉向美學，由美學峰迴路轉進至宗教的
救贖層面，與淨土思想中的往相相接軌，[44]以超越的活動、自我淨
化為修行的重點。修行者在絕對世界中映現空的形象，另一面也是
身體與超越世界的透明化。在往相與還相中，將自身累積的功德迴
向現象世界，在一來一回中表達出淨土的崇高境界。

---

43 轉引吳汝鈞，2011，《佛教的當代判釋》，臺北：臺灣學生書局，頁
579。

44 所謂往相是不停作工夫，不停念佛，讓自己的心念集中到清淨的佛方
面來，遠離生命的煩惱與世俗的煩囂，從經驗世界走向超越世界，讓
精神境界步步高升，留住在超越的世界中。但超越世界高處不勝寒，
眾生仍在六道輪迴的生活中飽受苦痛煩惱的煎熬。修行者於心不忍，
復又從超越的世界下來，迴向經驗的、濁塵的世界，慈悲渡生，這是
淨土教法的還相。轉引吳汝鈞，2011，《佛教的當代判釋》，臺北：
臺灣學生書局，頁556。

國家圖書館出版品預行編目資料

佛教的當代判釋的對話詮釋

吳汝鈞等著. – 初版. – 臺北市：臺灣學生，2013.01
面；公分

ISBN 978-957-15-1579-3 (平裝)

1. 佛教宗派 2. 佛教教理 3. 文集

226.07 101021854

佛教的當代判釋的對話詮釋

著　作　者：吳　　汝　　鈞　　等
出　版　者：臺 灣 學 生 書 局 有 限 公 司
發　行　人：楊　　　雲　　　龍
發　行　所：臺 灣 學 生 書 局 有 限 公 司
　　　　　　臺北市和平東路一段七十五巷十一號
　　　　　　郵 政 劃 撥 帳 號：00024668
　　　　　　電　話：(02)23928185
　　　　　　傳　眞：(02)23928105
　　　　　　E-mail：student.book@msa.hinet.net
　　　　　　http://www.studentbook.com.tw
本 書 局 登
記 證 字 號：行政院新聞局局版北市業字第玖捌壹號
印　刷　所：長 欣 印 刷 企 業 社
　　　　　　新北市中和區永和路三六三巷四二號
　　　　　　電　話：(02)22268853

定價：新臺幣三八○元

西 元 二 ○ 一 三 年 一 月 初 版

22610

ISBN 978-957-15-1579-3 (平裝)